LEGENDARY TALES
OF FOO

足球传奇

阎峻峰 著

社会科学文献出版社
SOCIAL SCIENCES ACADEMIC PRESS (CHINA)

序

金汕

确实遇到过有人让我写序，我都谢绝了。因为有资格写序的都是行业内响当当的人物，我没有这样的积淀，内心也知道自己吃几碗干饭。但跟《足球传奇》作者阎峻峰接触过一段，尤其看了他的书稿后，感受到他对足球有发自内心的热爱，比一般球迷有更深邃的思考，也就答应赶鸭子上架写个序。说实在的，其过程也是在督促我向年轻新锐学习。由于在圈子里耗的时间长，我多次被人称为"专家"，其实内心惶恐。年龄是一个难以跨越的鸿沟，看看年青一代对新事物的理解，不能不承认自己很多方面落伍了。

阎峻峰是苏州人，虽然"人杰地灵"有些用滥了，但配以苏州都认为很正宗。不过苏州在足球方面好像乏善可陈，印象中苏州都没有出过像样的国脚。确实，踢足球所需要的对抗、碰撞、狂野，与内敛、本分、稳重的苏州人有些相悖，但苏州人热爱足球的程度在近些年以飞快的速度增长。20 世纪 80 年代世界杯、五大联赛转播在中国落地，加上中国足球冲击世界杯几度功败垂成，都培育了一大批青年球迷，尤其是大学生球迷。苏州也融入了这股洪流，阎峻峰就是其中之一。他在大学时，经常与同学纵论世界足球的走向与经典战役，分析中国队为什么只差一步到罗马，也确实因为"黑色三分钟"而与同学聊到深夜未能入眠……

大学毕业后 20 多年过去，阎峻峰的工作和生活经历了很多改变，但唯一不变的是对足球的爱。几年前，他因送女儿去美国读高中有颇多心得，写了本《送孩子去美国读高中》[1]，没想到成为上榜的畅销书，一时间被列入很多家长的必读书目。这也鼓励他为前半生最大的业余爱好——足球写一本书。他心里凝聚着太多的心得，有那么多肺腑之言，有说不完的带有诗意的足球体验，于是他动笔了。

当今，足球是最热门的话题之一，占据最多的媒体是电视和网络。电视可以看直播，让人的心与现场同步跳跃；网络可以最早得到信息，而且人人可以评论甚至开骂，连报刊都在电视和网络的冲击下退避三舍，足球的书籍，除去教材外似乎更难生存了。而阎峻峰显然熟谙这种变革，他尽量写网络所没有的，也避开网络文字的"快餐"风格，而是注重挖掘足球的文化与历史。他文学性的描绘俨然一篇篇足球美文。中外足球的历史、足球文化的碰撞、足球史上让人怦然心动的鏖战、那永远留在人们记忆中精彩绝伦的片刻，他都娓娓道来，我也随着生动的描绘回忆起那些岁月。

足球被越来越多的青少年追捧，尤其是史无前例地被列为国家战略后，更让人感到中国需要补课的太多。那些在看台上狂热呼喊，甚至把俱乐部视为图腾的青少年球迷，也许只会喊而不会踢。他们可能

1　2015 年再版时更名《完美的计划：用一年申请美国高中》。——编者注

序

对俱乐部球员的家庭情况了如指掌，却对中国足球和世界足球的基本常识浑然不知，这都是中国足球亟须补上的课程。《足球传奇》就是一本足球的启蒙书和教科书，读完它，脑海中对中外足球的嬗变有了轮廓，至少我的感受是这样。

体育－历史－文化－游记－观察

自序：那只让人又爱又恨的球

阎峻峰

2014 年夏天，巴西世界杯在地球的另一端热火朝天地进行。对于中国球迷来说，看直播就意味着黑白颠倒、晨昏失序。我一直认为，要在长达一个月的时间里做到天天坚持后半夜精神抖擞地看球，其实是一件很痛苦的事情，绝对是对人的精神和体力的一种考验，尽管足球本身能带给球迷无穷的快乐。

为了陪女儿看直播，我不得不一次次被她从梦中叫醒，睡眼蒙眬中一边看球一边给她讲着足球掌故、比赛规则和打法阵型。她听得津津有味，我却讲得迷迷糊糊，不知所云。

听到女儿在一旁大呼小叫，我仿佛回到了二三十年前的青葱岁月。那时的我也和她现在一样，从来都不知疲倦。只要是足球，别说世界杯、意甲和中国队的比赛，就连街头足球，我都会不由自主地停下来看上两眼。

真是江山代有球迷出，各领风骚数十年。

为了打发中场休息的时间——免得自己睡着，我尝试着在微信朋友圈里发一些评论和感想，打算和一些依然在熬夜的老球友们互动一下。谁知消息发出后一下子收到好多回复，同意者有之，批评者有之。更多的是讨论，热情、激烈的讨论。无声的朋友圈一点也不亚于若干年前大家喝着啤酒围在一起看球的热闹场面，叫好声、怒骂声、赌咒发誓的声音仿佛依然在耳边回响。

看球的精神也为之一振。

于是我写了更多的评论，有预测的，有总结的。等世界杯结束后一看，前前后后加起来有好几万字，有朋友说，这些评论无论文笔还是观点都颇有可看之处，建议把它集结成书出版，听起来很让我心动，于是就决定加以整理。

但这种即时性的评论最大的特点是时效性，比赛过去了也就没有什么太大的价值了，所谓"过了这场比赛也就不需要这个评论了"，如果真的要写点足球的东西，只能重启锣鼓另开张。

好在百年足球史，风云激荡，世界杯、欧洲杯、欧冠联赛、丰田杯、欧洲五大联赛异彩纷呈，风格迥异的欧美强队在世界足球舞台上演绎了一幕幕爱恨情仇、生死恩怨，让我们惊叹不已的同时也留下了大量可写的素材。贝利、贝肯鲍尔、克鲁伊夫、马拉多纳、济科、范巴斯滕，那些熠熠生辉的球星们，在绿茵场上留下了无数经典的画面，他们是球迷心中永远的上帝，也是无数书籍、影像永恒的主角。

好在我也算资深球迷，关注了30多年世界足球的风云变幻，不说成竹在胸，也算是略知一二。对于自己所喜爱的球队和球星也一直是爱之深，苛之切，生死以之，那一份情怀至今想来还充满着甘甜和苦涩。如今把它写下来，也算是一种追忆，趁着往事尚未成烟。

于是就有了这一本关于足球的小书。

是为缘起，权作序。

目录

LEGENDARY TALES OF FOOTBALL

我们为什么

爱
足球

场景一：如痴如狂

1987 年 12 月 13 日，日本东京漫天大雪。

一年一度的丰田杯在狂舞的雪花中照常进行，由代表欧洲的葡萄牙波尔图队对阵南美劲旅乌拉圭佩纳罗尔队。

20 世纪 80 年代末的中国球迷，还很少能看到国际高水平的比赛，欧洲的五大联赛除了意甲有直播，其他的最多能看个集锦。因此每年年末的丰田杯决赛，可以说是球迷的节日，连篇累牍的报道和讨论让每个球迷都如饥似渴。

记得那天是周末，江南也是一样的天寒地冻。比赛开始的时候我还在路上，赶回家最多只能看下半场了。于是我把自行车往路边一停，就近找了一家商场直奔电视销售柜台。那儿果然已经挤满了人，在一片大呼小叫之声中仍能听到宋世雄老师那清脆而又亲切的声音。

从电视画面里可以看到，东京国立竞技场白茫茫一片，模模糊糊的看台上挤满了球迷，依稀能看得出有打着伞的，有穿着雨披的，当然更多的是站在雪中的。当电视镜头拉近时，才看得出他们每个人都在声嘶力竭地呐喊着、尖叫着，如痴如醉。

绿莹莹的球场变得一片灰白，只有佩纳罗尔队球员的一袭黄衫显得分外耀眼。本来应该是黑白相间的足球，被特意换成了黄底黑纹的，以方便远处的球员判断球到底在哪里。

一场鲜明的力量与技术的对抗赛，变成了简单的大脚互踢，仿佛在足球场上打乒乓球。双方拼抢依然勇猛，对抗更加激烈，人仰马翻的场面层出不穷，很快就连球衣号码都分辨不清了。每一脚下去，飞起的不仅有球，还有大片的雪花和淤泥，把一片洁白弄得斑斑点点、丑陋不堪。

球迷们依然热情如火，不论是现场的还是我们这些在电视机前的。我们为每一次拼抢而欢呼，为每一次失误而惋惜，甚至一脚毫无目的的解围也能引来阵阵喝彩；我们常常为一个球应该怎么踢而争得面红耳赤，但一转眼又为一个好球而击掌相贺。

外面冰天雪地，屋内热气腾腾。

输赢和我们无关，我们只在乎看球的过程。

这是中国球迷的少年时期。

场景二：痛不欲生

1990 年的"意大利之夏"给人留下最深印象的，无疑是那个哭泣的巴西女孩。

1/8 决赛中，巴西队遭遇阿根廷队。这场赛前看似一边倒的比赛却被马拉多纳给逆转了，一次不可思议的助攻让"风之子"卡尼吉亚打进了他一生中最重要的一球，也让伟大的巴西队再次倒下。

当阿根廷人狂喜的时候，摄像师不可思议地在人海茫茫的看台上捕捉到一个镜头：一个金发碧眼的巴西姑娘，歪戴着一顶遮阳帽，两

我们为什么爱足球

眼含泪，失神地看着前方，目光呆滞。她的右手放在嘴边，大拇指咬在嘴里。不知道她是下意识地捂住自己的嘴，还是想咬一下手指，看看自己是不是在做梦。她绝对无法想象，一分钟前还气势如虹的巴西队怎么会被这个小个子算计。接下来还有 10 分钟，巴西队怎么办？自己是不是要和巴西队一起回家了？

可怕的后果让她不寒而栗，唯有泪水无声地流过她那娇艳的脸颊，诉说着一腔茫然、无奈和撕心裂肺的疼痛。

一个哭泣的巴西女孩，把足球带来的甜酸苦辣演绎得淋漓尽致，成了足球史上的一个经典画面，永远地感动着一代又一代的球迷。

不知这个女孩后来怎么样了。2014 年，已届中年的她还在为巴西队哭泣吗？

场景三：时尚先锋

足球、音乐和美女模特！

当今世界流行文化中最火爆的三元素，每一样都能让你如痴如醉、神魂颠倒，更何况三者的结合？

谁能做到？

只有浪漫的意大利人！

在 1990 年的意大利之夏，我们感受到了有史以来最惊艳、最刺激、最时尚先锋的开幕式。

天空中飘荡的那一只只足球，仿佛一个个小精灵，在接下来的一个月中将逗弄那 24 支球队的数百条彪形大汉，让他们欣喜若狂或痛不欲生。它也将勾走我们的魂灵，让我们日夜颠倒，魂不守舍。

意大利流行音乐天皇巨星吉奥吉·莫罗德和吉娜·娜尼尼演唱了

《意大利之夏》。嘶哑的嗓音和尖声的嚎叫、舒缓和急切、低沉和高亢，一切都搭配得那么完美，就好像球员在球场上的表现，静若处子，动如脱兔。后来的岁月里，不论在什么地方，只要一听到这首曲子，我的思绪立马就能回到 1990 年的那个夏天，回到那火热的意大利，回到那熬夜看球的青春岁月。

开幕式的高潮是一排排向我们走来的模特。高挑的身材，妙曼的曲线，风情万种，仪态万千。她们身着各个参赛队伍的民族服装，如风摆杨柳一般。她们的出现让本已开了锅的球场彻底炸了锅，口哨声、尖叫声、呼喊声、献媚声不绝于耳。

美女永远是万众瞩目的焦点，更何况这个美女的世界。

足球、音乐和美女，意大利人打造了一场完美的视觉与听觉盛宴。

现代足球的

前世
今生

LEGENDARY TALES OF FOOTBALL

　　我很想知道究竟是谁发明了足球。我们不必为他立碑，因为他一定会与那些伟大的天才们一起，成为历史的一部分。比如那些发明了盘尼西林、电话、电视机，还有发现地球引力的人，他们都是历史上最伟大的天才，而我们要像看待神一样，看待发明足球的人。

—— 乌戈·桑切斯

（墨西哥人，20 世纪 80 年代皇家马德里队杰出球星）

　　乌戈·桑切斯想知道的，也是我们绝大多数球迷在看球之余，偶尔会想到的。只不过，乌戈是墨西哥人，多少会受到拉美印第安土著文化的影响，把发明足球的人看成"神"，而我们更多的是好奇。

人类童年的游戏：遍布全球的"足球"

　　人类似乎天生就有种看到某样东西就想上去踢一脚的冲动。如果那是一件小东西，又是圆圆的，又正好在脚边，那就免不了挨踢的命运了。看着那个小玩意骨碌碌地滚向远方，我们每个人都会由衷地流露出自豪感，仿佛自己腿中蕴含着千钧之力。

这是一种自然而然的行为，甚至是一种完全无意识的行为，从人类的童年开始，这种行为就深深地根植于我们的意识深处，随时随地流露出来。不论我们的物质文明发展到何种高度，也不论我们的精神生活如何丰富，那种"踢一脚"的冲动都无处不在，而且，不分光脚与穿鞋。

或许这就是足球能风靡全世界的真正原因。

在现代足球诞生的很久很久以前，在人类文明的童年时期，在亚洲，在欧洲，甚至在不为人知的美洲大陆，都出现了类似于足球的游戏。

这种游戏在古希腊被称为"episkyros"。据记载，当时的人们在一个长方形场地中，将球放在中间的白线上，用脚把球踢滚到对方场地，不知道他们是如何判断胜负的，或许就是比谁的腿部力量大，比谁踢得更远。或许也像中国的蹴鞠，有所谓的球门。

还有一个例子，雅典的卫城博物馆内有一件石雕作品，刻画的是一名裸体希腊运动员将一个球控制在抬起的大腿上，或许是在做膝盖颠球的动作。

尽管戏剧家安提法奈斯的喜剧里已经提到了"长传""短传""前传"等看起来很专业的名词，但我们相信，这种游戏在古希腊一定只是市民茶余饭后的消遣而已。古希腊的奥林匹克运动是献给奥林匹斯山上的众神的，每个项目都非常崇高而神圣，显然这种踢球游戏当时还难登大雅之堂。

episkyros 通过罗马人和奥林匹克运动一起传到罗马，演变为一种被称为"哈巴斯托姆（harpastum）"的游戏。

务实的罗马人将这项运动和角斗一起视为军事训练的一种手段，因此赛场上异常血腥，球员死于非命是经常的事。甚至每支球队的支持者之间也是斗殴不断，有点像后来的英格兰足球流氓。

harpastum 的比赛双方都排成四列，分别代表四个不同的位置，这让人想起罗马军团威震四海的方阵。据说这四个位置后来演变成足球场上的守门员、后卫、中场和前锋。

古罗马的那些巨头们都很喜欢这个游戏，在真真假假的传说中，恺撒的双腿异常灵活，而皇帝尼禄根本不会射门。

与现代足球被盎格鲁－撒克逊人通过坚船利炮和工业产品带向全世界一样，古代欧洲的足球游戏也因罗马军团的远征而被带到了整个地中海世界：高卢、不列颠、安达卢西亚和北非……1066年诺曼底公爵威廉征服英吉利，足球随之传入英国，然后就在英国蛰伏、生根和发芽，等待着崭露头角的那一天。

欧洲足球传播的路线清清楚楚，和欧洲文明的传播路线大体一致，可信程度颇高。

episkyros传入英吉利后演化成现代足球，其尚有一缕余脉留在亚平宁半岛，演变成一种叫作"calcio"的风靡于中世纪佛罗伦萨的一项球类运动，作为一种民间游戏至今仍在意大利的一些乡间开展。意大利人认为calcio这项运动才是现代足球的起源，他们为此与英国人争夺足球发明者的地位，结果当然是不言而喻的。

佛罗伦萨有着悠久的历史和灿烂的文化，罗马帝国时期的足球传入佛罗伦萨后，就被当地人一直保留着，视为自己的传统，并且把这种传统同自己反侵略的传统结合起来。

1530年，佛罗伦萨被帝国的查理五世军队包围，为了保留在节日期间比赛的传统，市民们在2月17日踢了一场比赛，以此来藐视包围他们的军队。这个故事表明，这项运动在中古意大利带有很浓重的血腥色彩，体现着人们战胜恐惧、挑战自我和征服对手的情结。据记载，在这场比赛中，一个叫但廷·里奥尼的人最能体现这种精神。当时比赛的一个规则就是球不能停，一个叫安东尼诺的队员拿到球后，并没有传，而是紧紧地抱着球。但廷跑过去，将他连人带球抱了起来，这样球虽然没有传出去，但还是处于运动之中。他跑到对方的球门前，

连人带球扔进了球门，得分！

这项运动在佛罗伦萨受到了从贵族到平民所有人的喜爱，人们在城市的几乎每一个角落踢球，造成的混乱可想而知。于是，最终它也遭到了和在中世纪英国同样的命运——被统治者所禁止。

让人吃惊的是，在遥远而又充满神秘的美洲大陆，在古代文明世界的化外之地，在幽暗的尤卡坦半岛的森林里，在血腥的祭坛旁，一群赤身裸体的玛雅人也在玩着同样的游戏。据说他们的"足球赛"里手脚都不能用，只能用臀部、膝盖、肩部和背部触球。他们疯狂地追逐着那个"球"，狂热而又虔诚，仿佛是祭神前的一种庄严的舞蹈。真无法想象，万一球落地后没有弹起来，该用什么部位把它弄起来呢？

乌拉圭著名作家爱德华多·加莱亚诺用诗意的语言描述了这场足球赛的最后一刻："当球接近终点时游戏也将结束，在穿越了死亡的领地之后，太阳于黎明时分到达，然后鲜血洒出，旭日东升……上帝选择的贡品将献出他的鲜血，大地将因此而丰隆，上天将因此而慷慨。"在玛雅人极度嗜血的宗教祭祀仪式中，失败者明显是被神抛弃的人，只能当祭品。

在南美洲的亚马孙地区，那些丛林战士说他们从很久很久以前就开始踢球，踢的是一种又大又重的橡胶球，在两根柱子之间来回踢。很明显，这种游戏能锻炼战士们的力量和灵活性。

而18世纪的一位耶稣会神父，也描述了南美巴拉那地区瓜拉尼人的这一古老习俗："他们不像我们那样用手抛球，相反他们光着脚用脚面带球前进。"

从落后的印第安人也能发明"足球"来看，我们宁愿相信，这种古老的游戏都是在各地先民中独立发展出来的——踢石头子谁不会？

在所有那些和足球相关的古老游戏当中，最像足球的，自然是中国的蹴鞠游戏。

中国的蹴鞠：神话与真相

如今四年一度的世界杯狂欢，尽管中国队只能当看客，中国球迷也只能在电视机前为别人如痴如醉，手舞足蹈，但一想到那颗欧美球星们脚下追逐的球，那给他们带来无上荣誉和无穷金钱的球，竟是中国人发明的，就不免让人沾沾自喜，自豪之气油然而生。没有我们老祖宗发明了足球，那些勒夫、C罗、梅西们凭什么还能那么牛？凭什么受到全世界球迷的顶礼膜拜？

足球是中国人发明的，似乎已经是板上钉钉的事了，有国际足联的官方认可为证。1980年4月，国际足联技术委员会主席布拉特在亚洲足联举办的教练员训练班上做足球发展史报告时说："足球发源于中国。"

1985年6月，北京举办"柯达杯"世界青年（16岁以下）足球锦标赛，时任国际足联主席的阿维兰热博士在开幕式上致辞，也强调说："足球起源于中国。"

2004年7月15日，亚洲足联秘书长维拉潘代表国际足联、亚洲足联向临淄颁发了足球起源地纪念杯和证书。国际足联郑重地认定，蹴鞠就是足球的起源，临淄是世界足球的起源地。足球作为一种文化、一种艺术，从中国的淄博起源，并发展成为世界最具魅力的运动。

清清楚楚的"认可三部曲"。而且连足球起源的具体地点都有了：山东，淄博。

山东淄博临淄足球博物馆中有一张地图，上面画了一条从中国淄博延伸至埃及、希腊、罗马和法国，终止于英格兰的线。表示这种叫"蹴鞠"的游戏慢慢地从中国的齐鲁大地出发，游走于欧亚大陆，最终落脚于英格兰，变成了"足球"。

所以，英格兰别牛，别以为你发明了现代足球就了不起，足球的"根"

在咱们中国呢！足球这鹞子飞得再高，这线还在咱们中国人手里拽着呢！

这是最最最经典的中国式思维。

平心而论，如果说蹴鞠是最早出现的足球游戏之一，在中国大地流传了两千年，形成了中国独有的踢法和规则，或许还有一定的道理。但能完整地论证出足球传播的线路，确实有点让人匪夷所思，要知道这条传播线路横贯了整个亚欧大陆，比丝绸之路还要长很多。本人孤陋寡闻，不知道国际足联论证的依据是什么。是有文献记载呢，还是有出土的足球实物来佐证？在这条漫长的道路上，每个落脚点的足球形态都是一样的么？何时何地仍是"蹴鞠"？何时何地演变成了"足球"？

争论自然是难免的。反应最激烈的当然是现代足球的发源地英格兰。

想想也是，英格兰自从 1966 年在本土世界杯"撞大运"得了一次冠军后，在国际足坛上基本是一年不如一年。除了曼彻斯特联队、切尔西等几家俱乐部还能偶尔长脸以外，在世界杯和欧洲杯赛场上每每都是乘兴而来，败兴而归，让全世界的英格兰球迷顿足捶胸，"发源地"脸面无存。如今连这点起码的面子都要被国际足联剥夺了，以后在国际足坛怎么混？让德、意、法、西怎么看？让苏格兰、威尔士、北爱尔兰三个小兄弟如何服气（难怪苏格兰要公投独立了）？好歹小小英伦三岛有四个独立的足球协会，是可忍孰不可忍？！

于是英格兰的历史学家纷纷跳出来痛斥国际足联的谬论和荒唐。

历史学家汤姆·霍兰认为，足球始于 19 世纪。他说："很遗憾，我对足球的古代起源一无所知。原因很简单，不存在这种起源。"他的结论很明确："将某种物体踢来踢去是人类常见的一种活动。世界多个地区的多个民族也许都进行过此种活动。这并不能证明他们就是足球的发明者。"

　　而英国斯坦福德郡大学的文化、媒体和体育教授埃利斯·卡什莫尔还对国际足联的动机提出质疑,他认为国际足联把足球的发源地放在中国是为了"讨好中国"。卡什莫尔在他的著作《足球之暗面》一书中探讨了当代足球运动中的腐败现象。他说:"为了维持足球在商业上的统治地位,他(指布拉特)需要不断征服新领土。显然中国就是。国土广大,经济快速发展,民众已对这一运动显示出兴趣。"

　　可以理解英格兰人的愤怒和失望之情,当然他们在反驳的依据上也有点信口开河、胡搅蛮缠。我们自然是兵来将挡,水来土掩,见招拆招,有理有节,不用太过在意。由于立场的不同,这种争论或许永远是公说公有理,婆说婆有理,永远也不会有什么结果。

　　人类社会有着无穷无尽的纠纷和争论,其中绝大部分矛盾的产生与其说是因为理念的不同,不如说是对事实掌握的不同,其实都处于盲人摸象状态。当人们对"象"有全面清晰的了解后,只要不带有预置的偏见,矛盾和争论自然就烟消云散了,毕竟人类社会的绝大部分理念和价值观都是差不多的。这也是历史学为什么能够存在的理由。

　　我们来看看,这个被国际足联"钦定"为足球的老祖宗的"蹴鞠",到底是一种什么东西。只要彻底了解了蹴鞠,我们每个人就都能判断出它同现代足球的关系。

　　在中国的文化传统里,我们祖先发明的每一件值得夸耀的东西,都会和某位上古神话中的伟人联系在一起,以显示它的根正苗红。

　　和蹴鞠有联系的是中国伟人排行榜第一、伟人中的伟人——黄帝。而故事听起来也绝对的高大上。黄帝在逐鹿之战中击败了蚩尤。按照古代打仗的惯例,自然要割下蚩尤的头颅,悬挂高杆,号令天下。黄帝却没有这样做,反而让他的士兵们把蚩尤的头当成球踢来踢去,当作对蚩尤部落的一种羞辱。后代的很多通俗演义里,人们动不动就会

说"把你的头割下来当球踢"，也许就是来源于此。

传说的另一种版本是，割下来的是蚩尤的胃，并在里面塞满毛发青草等物，让士兵们踢来踢去。你还别不信，这事明确地记载在长沙马王堆汉墓出土的帛书《十大经·正乱》里，这本书的作者相传是大名鼎鼎的老子。

总而言之，可怜的蚩尤的尸体被糟蹋得乱七八糟。

如果还不信，那么可以去看汉代最伟大的学者之一刘向在《别录》里所记载的，信誓旦旦——"蹴鞠者，传言黄帝所作。"

如果历史学家的考证没错，逐鹿就是现在河北涿州的话，那么世界上第一场足球赛我们可以很自豪地说离北京真不远。而第一只足球嘛，当然是蚩尤的人头或者胃了。

当然传说就是传说，谁也不会当真。抹去蹴鞠起源上的神话色彩，真实的故事大概是这样的。

蹴鞠，或称踏鞠。蹴也好，踏也罢，都是指用脚踢，"鞠"字从革，当然是一种皮革的东西，中间填充了一些实物。

这种来自民间的物件，最初的源头肯定是无法考证的。或许就是从孩子踢小石子，演变成了一种民间踢着玩的娱乐游戏，后来被官府（或部落首领）发觉可以用于军队的训练，既能锻炼士兵体能，又能娱乐大众，一举两得，于是就登大雅之堂了。

刘向又说："蹴鞠，所以练武士知有材也。"

军队本来就是个系统化、程式化的地方，蹴鞠在其中厮混，也就慢慢变得"高富帅"了，于是重新"军转民"，成为人民群众喜闻乐见的娱乐活动。这和现在很多东西的发展一样，比如手机，本来就是军事通信工具，后来走出军营就在民间普及起来了。

这就像战国时期最了不起的舌辩之士苏秦，为拉拢东方大国齐国合纵抗秦，而在"忽悠"齐宣王时所说：齐都临淄确实有钱，老百姓喜欢以吹竽、弹琴、斗鸡、赛狗、赌博、蹴鞠为乐。

最早关于蹴鞠的记载就在这里，史见《战国策·齐策》和《史记·苏秦列传》。这也是淄博被国际足联认可为足球起源地的依据之一。齐国的都城就是临淄，现在的山东淄博。

苏秦是把让我们现代人极度自豪的足球与"斗鸡走狗"并列的，可见它的出身之低。是不是有点泄气？有点失望？但这也没办法，古人没有我们现代人的觉悟和雄心，在传统中国士人眼里，这些东西真的都差不多。

在后来两千多年的漫长历史中，蹴鞠和斗鸡走狗、踢毽子之类的游戏一起，成了中国百姓娱乐生活的一部分，时断时续而又延绵不绝。可惜现在看不到民间是如何玩这种游戏的详细记载。想必官府也不鼓励老百姓玩这些东西，因为这很明显会培养民间的"好勇斗狠"之气，不利于社会的稳定和谐。否则，现代足球说不定真的就在中国起源了呢。

载诸史册的蹴鞠，在汉代以后就变成了一种宫廷游戏，或成了王子王孙、达官贵人的准军事训练科目。这也难怪，煌煌廿四史本来就是帝王将相的家谱（梁启超语），记载帝王们的游戏娱乐项目自然也是不能少的。

汉唐两朝都称盛世，而这种踢着玩的游戏当然也成为这盛世中一个小小的点缀。

传为炼丹术士葛洪所著的笔记体小说《西京杂记》中，有这样一段故事：亭长刘邦夺取天下后，要把他的父母接到长安城里享福。但老刘每天吃着山珍海味，穿着绫罗绸缎，却始终提不起精神来。刘邦一打听才知道，原来他爹想念家乡的斗鸡、走狗、蹴鞠了，还想念一起玩的那些狐朋狗友。想到老刘的品味，小刘就气不打一处来，但没办法，谁让人家是爹。刘邦只好派人在长安城东百里之处，仿照老家沛县丰邑建起了一座新城，城里设有专门的球场，唤作"鞠城"。又

现代足球的前世今生

把丰邑的那帮狐朋狗友全部迁来。便宜了那帮混混，摇身一变都成了"国家公务员"。而从此，老刘就整天在这里蹴鞠、斗鸡、走狗，乐不思家乡了。小刘这才算是把老刘的思乡之情摆平了。这似乎是中国帝王家的一个传统，喜欢哪里，就要一模一样在自己地盘上再建一个。这种传统发展到清代，就建成了一座集天下美景于一园的万园之园——圆明园。

"国父"们都是如此，子孙们自然是有样学样。史载，西汉的武帝、元帝、成帝，都爱好蹴鞠之戏。元帝就是著名的王昭君的老公，而成帝则是飞燕、合德姐妹的老公。看来，汉末帝王们的业余生活是极其丰富的，难怪会被王莽篡了权。

那么汉朝人的蹴鞠是怎么踢的呢？

汉代专门踢球的地方叫鞠城。东汉有位名叫李尤的人，专门写了一篇铭文，刻在一座崭新鞠城的墙上，题目就叫《鞠城铭》。从这篇铭文中可以看到汉代人玩蹴鞠的一些基本规则。

"圆鞠方墙，仿象阴阳，法月冲对，二六相当。建长立平，其例有常。不以亲疏，不有阿私。端心平意，莫怨其非。鞠政由然，况乎执机。"

全文总共 48 字，基本上把场地、人数和场面都说清楚了。结合着一些出土的汉代石刻，我们可以清楚地了解到蹴鞠比赛用球是圆的，而场地则由长方形围墙围起来，代表天圆地方。球门叫"鞠室"，双方共设立 12 座球门，暗合每年 12 个月，分布在球场东西两边，每边 6 座遥相对应，形状是半月形，嵌在"鞠城"的墙里。每座球门设一位守门员，双方旗鼓相当。比赛还专门设立了裁判员以维持比赛的公正。比赛场面非常壮观，双方基本是拥挤和推搡在一起，很像现代足球、橄榄球和冰球的混合产物。比赛以踢进对方鞠室次数多者为胜。

通过公正的比赛，作者还联想到朝廷执政的公正 —— 鞠政由然，况乎执机。这也是中国的传统之一，往往能从一些小事情中看出大道

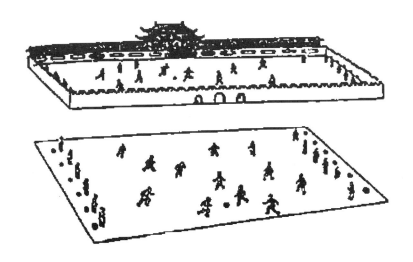

汉代"蹴鞠"场地和竞赛图：每方6个进攻球员和6个守门员

理，否则就真的是玩物丧志了。由此，中国古代的"泛政治化"倾向可见一斑。

不光有实践，还有理论。汉代有本奇书叫《蹴鞠二十五篇》，基本可以认为是人类有史以来第一本专业的足球理论专著，当然也可以理解为足球"秘籍"或"宝典"之类的。和大部分中国的传统秘籍命运相同，这本书也散佚在茫茫的历史迷雾中了，真让人扼腕叹息。否则，若拿来指导现在的中国足球队，别说世界杯，宇宙杯都能拿！

从实践中看，《蹴鞠二十五篇》被编录在班固的《汉书·艺文志》中，归类于"兵技巧十三家"。"技巧者，习手足，便器械，积机关，以立攻守之胜者。"可见主要还是用于训练士兵的体能和技巧，而踢得怎么样，就不重要了。

从这个侧面也可以看出，为什么蹴鞠就只能是"蹴鞠"而不会演变成"足球"；为什么世界上第一个足球协会和第一部竞赛规则没有诞生在中国；为什么玩了两千年蹴鞠的中国人，反而只能从海外重新引进现代足球。

当然，蹴鞠娱乐帝王的功能始终是存在的。根据市场理论，有需求则必然有供给，即使这种需求很有限。于是史上第一批职业足球运动员——鞠客出现了。这些人和那些为娱乐帝王而插科打诨的宫廷小人之流也差不太多，主要就是给君王逗乐的。据说汉哀帝的男宠董贤就养了一批鞠客，专门用来讨好汉哀帝（汉哀帝和董贤的关系引出一个著名的成语"分桃断袖"，这两年国人越来越熟悉这类故事了）。

从前陈毅元帅有句名言叫"国运盛，棋运盛"，说的是中国围棋和国家命运的关系。其实每一种运动都是如此，历史上的蹴鞠也不例外。

东汉末年分三国，天下大乱，中国进入了近四百年的动荡期。帝王将相和达官贵人居无定所，哪里还有心思玩球。这一段时期，中国的蹴鞠运动基本消失。到了唐宋时期，中国历史进入了一个新的繁荣期，蛰伏已久的蹴鞠又重新粉墨登场，这回是旧貌换了新颜。

首先是制球工艺水平的提高。一种新型的比赛用球出现了。这是一种内外两层的充气足球，学名叫"气毬"。球的内胆叫"胞"，就是动物的尿泡。洗净后充气，做球胆，外面再裹一层皮革，这样就是一个弹性充足的球，其制作工艺和现代足球相差无几。

北宋时文人刘颁编了一本《中山诗话》，里面有一则故事："归氏弟子嘲皮日休云：八片尖皮砌作球，火中燀了水中揉。一包闲气如常在，惹踢招拳卒未休。" 此诗把气毬的制作工艺讲得很清楚，也把晚唐大诗人皮日休比成了打不破、踢不烂的皮球。可见当时制球工艺有多高超，当然也从另一个侧面反映了蹴鞠运动流传之广。

气毬的充气也很讲究："打揎者，添气也。事虽易，而实难，不可太坚，坚则健色（即足球）浮急，蹴之损力；不可太宽，宽则健色虚泛，蹴之不起；须用九分着气，乃为适中。"太多太少都不好，九成气足矣，非常科学。

其次，比赛的打法更加具有观赏性。比赛用球的更新也带动了打法的更新。唐宋时期蹴鞠的玩法和两汉时期完全不同，变化最大的就是鞠室变成了球门。《唐音葵签》记载："唐变古蹴鞠戏为蹴球，其法植两修竹，高数丈，络网于上为门，以度球。"

唐代的蹴鞠，有用两个球门的比赛和双方共用一个球门比赛两种形式，称作"筑球"，一般在正式场合进行表演。这种玩法中，每队有固定人数和固定位置，规定队员只能在自己的位置上踢，不能移动；而有多人参与拼抢的称为"跃鞠"。此外，还有不用球门，中间挂一个网子，球员在网的两边互踢的玩法，称为"白打"。有点像现代东南亚的藤球比赛，多流行于民间。另外还有一些纯技巧类的比赛，如比赛颠球次数的"打鞠"。总之，玩法多多，应有尽有。

所有这些都记载在宋元时期两本重要的蹴鞠文献《蹴鞠谱》和《蹴鞠图谱》中，书中把唐宋时期蹴鞠球门的样式描述得非常清楚。总体上看，唐宋时期的蹴鞠激烈程度降低了，更加突出表演性和娱乐性。

唐宋时期蹴鞠的普及，产生了一批著名的球星。其中最有名，也是中国有史以来球技最好（没有之一）的球星，就是高俅。这位球技精湛的太尉的事迹在中国可以说是家喻户晓，除了陷害林教头，就是踢球。据说他因为一个偶然的机会，在后来成了宋徽宗的端王面前露了几脚，得到了爱踢球的端王的赏识，终于一步步爬到了殿前太尉（相当于现在的首都卫戍部队司令）的职务，最终也成了中国历史上有名的奸臣。

我们现在能看到这位"道君皇帝"宋徽宗的字和画，但无法得知他踢球的技术如何，真是遗憾。

足球传奇 SOCCER LEGEND 现代足球的前世今生

无独有偶，《中山诗话》里则记载了另一个因踢球而谋得官位的人。宋代有个秀才叫柳三复，颇善踢球。他知道宰相丁谓喜欢踢球，为了升官，他天天等候在宰相府球场的围墙外。有一天终于等到球飞出墙外，柳三复捡起球，以还球为名进了相府，在拜见丁谓时大展球技。丁谓大悦，给了他一个官职。顺带说一下，这个丁谓在北宋也是个有名的奸臣。

　　可见在北宋，球技已经能成为进身之阶了。在儒家文化传统里，像高俅、柳三复这种不靠求学上进，而是靠着所谓"奇巧淫技"上位的人，一般都被称为"佞幸"。光看这个名字就知道这类人不是什么好鸟。

　　元代留下一张画，叫《宋太祖蹴鞠图》。图中几个人围在一起，津津有味地看着中间一个颠球的人，此人显然是赵匡胤。一招一式非常专业，难怪有宋一代出了那么多球星。所谓上有好者，下必甚焉。

　　领导的重视在中国向来是事业发展的最重要源泉和保证，有这么多皇帝和大臣喜欢踢球，朝廷自然就重视起来了。规范化和正规化建设很快就初具规模。据《宋史·礼志》记载，宋朝尚书省把蹴鞠列为一种正式的宫廷活动并制定了专门的仪式。从现在看来，这一做法或许就是中国古代足球最终没有进化为现代足球的直接原因。

　　球星的横空出世提高了这些踢球艺人的地位，他们开始组织自己的团体，或者叫"同业公会"，来规范行业的竞争。其中最有名的一个叫圆社，专门组织和推广蹴鞠运动，据说高俅早年就出身圆社。

　　蒙古人的入侵打断了中国文明的进程，很多极具民族特色的事物在元朝以后就不存在了。蹴鞠或许在民间还有流传，但记载的减少表明这项游戏运动已经不像唐宋时期那样受到官民的一致喜爱了，人们或许有了新的游戏，或许在唐宋以后重文轻武思想的支配下，不愿意去做那些打熬筋骨的事情了。这种逐渐游戏化、贵族化的运动，其最初强健体魄、操练作战的作用基本丧失。而在理学教条越来越严酷的

社会环境中，道学家们也越来越觉得踢球明显属于玩物丧志。

于是，朝廷下决心禁绝蹴鞠。具体实施者就是对中国专制社会晚期起重大影响的朱元璋。洪武二十二年（1389），朝廷下旨：在京的军官，但有军人学唱的割了舌头，下棋打双陆的断手，蹴圆（踢球）的卸脚。还是这个路子，先是在军营实施，后来慢慢地影响到民间。

这样，兴盛了一千多年的蹴鞠慢慢淡出了人们的视线，消失在了明清之际的历史暮霭之中。后来的人们或许通过《水浒传》的故事，才知道古代中国有一种球和有一个踢球的人叫高俅。

又是几百年过去了，19世纪末的中国沿海开放口岸，一群高鼻深目的洋人在追逐着一个球。一群衣衫褴褛、梳着辫子的大清子民漠然地注视着，他们无论如何也想不到，这个叫"足球"的东西居然是自己祖先发明的。

孔子有一句名言叫"礼失而求诸野"，意思就是在庙堂上丢失的东西可以在民间找到。同样道理，在我们中华丢失的东西在周边国家能找到。唯一能确定传入的是日本。和盛唐时期的其他文化一样，通过两国之间往来使节的交流，蹴鞠也传入日本，并且被命名为"日本蹴鞠"。在日本，踢球被视为一种仪式而不是一种竞技活动。这反过来证明，从唐代开始，蹴鞠在中国就是娱乐和礼仪的成分多于竞技和健身的成分。

踢球前，球员们必须让球在神殿里得到保佑，接着到花园里参加一个仪式。他们要选一个特定的人，祈祷国家繁荣昌盛，天下和平，然后才能正式开始比赛。

从现在日本人模仿的日本蹴鞠样式来看，一场活动由6~8人参加，每人都是宽袍大袖，甚至峨冠博带，围成一个圈。通过颠球或其他动作，尽量不让球落地，并且传给其他人。就这样循环往复，和我们现在广场上三五成群围成圈踢毽子非常像。这就是日本蹴鞠的精髓，不论胜负，享受过程。大概唐宋时期蹴鞠的最终演变就是这种形态。

中世纪英国的传说：现代足球的直接祖先

不管我们如何去论证现代足球起源于中国古老的蹴鞠运动，都有一点是可以肯定的，它更多地来源于中世纪遍布英国城乡之间的足球游戏，现代足球直接继承了它的血脉。

有意思的是，和中国传说中的黄帝蚩尤大战产生蹴鞠相似，在英格兰，关于足球的起源也有一个类似的传说。

大概在公元 12 世纪前后（瞧，连传说都比我们晚了 4000 年），英格兰和丹麦发生了一场战争，打得昏天黑地，山河为之变色。战争结束后，获胜的英格兰士兵显然不像现在的英国佬那样，穿个马甲就能做出一派绅士风度。当时还处于"以牙还牙"的时代，获胜者总是想着法地羞辱失败者。于是那一颗颗鲜血淋漓的丹麦首级，就成了英格兰足球启蒙运动的道具。

现代文化人类学和大量的民间传说资料都显示，失败者的头颅有很多功能。如在草原帝国，敌方首领的头颅一般都将被做成胜利者的酒器。而在中国的口头文学中，一般胜利者都要将敌人的首级割下来挂在腰间，回去报功领赏，用成语说叫"首功一件"。

所以，在战场上把敌人的脑袋踢来踢去，应该是一种很普遍的情况。我们不用过分地去怀疑，也不用本着一种善良的心态去给足球寻找一个温情脉脉的起源。其实古代世界很多事物的起源都是非常血腥的，都直接来源于战争和仇杀，只是随着时光的推移，我们人为赋予的一些功能掩盖了那一抹血腥罢了。

或许那些战场上的"球星们"在解甲归田后，依然想着那一颗颗滚动着的"足球"，想得脚痒，怎么办？英格兰的乡间显然没有多余的脑袋让他们去踢，于是人们只能找一些替代品。

目前世界上保存完好的最古老的足球，是 450 年前的一颗英国足球，现藏于苏格兰斯特林郡史密斯博物馆，曾经的主人是 16 世纪的苏格兰玛丽女王。据德国专家鉴定，这是现存世界上最古老的足球。

博物馆的专家麦金尼斯先生说，这颗足球是在玛丽女王寝室的横梁之上发现的，这个房间大约在 1540 年装修过，当时玛丽女王就在这里居住。"这个足球可能是玛丽女王的，也可能是她祖父的。"他不敢肯定女王是否曾经玩过这个足球，但是这个足球确实有这么长的历史。

苏格兰的玛丽女王是一个非常可怜的女人，因为信仰天主教而为她的表姐、信仰英国国教的英格兰女王伊丽莎白一世所不容，长期被拘禁，最终被送上断头台，上演了一出姐妹相残的悲剧，天地为之呜咽。

史载，玛丽女王貌美如花，而且多才多艺，有着极强的语言天赋，能说六种语言，看六种文字。还能歌善舞，会弹奏多种乐器。她在苏格兰有一个收藏大量意大利语和法语诗词的图书馆。她在被囚禁的漫长日子里，在院子里踢上两脚球，排遣一下胸中的闷气，也是很有可能的。

这个古老的足球也是内外两层，内层球胆用猪膀胱制成，用类似自行车打气的方式灌气。外层是紧紧缝合起来的厚皮，很可能是鹿皮。从外观上看，这颗足球和现代足球非常相似，相信中世纪的英格兰球星们，就能用它做出现代足球的一些基本动作了。

中世纪的英格兰足球是一种全民参与的狂欢活动，普遍存在于乡村和城镇。在乡村里，两个村庄的村民只要还能跑得动，就全体上阵，在村庄之间的空地上相互追逐，而大部分人在大部分时间里根本不知

世界上保存完好的最古老的足球

现代足球的前世今生

道球在哪里，只是跟着起哄乱跑，发泄着无穷的精力。

而在城镇更是全民参与。在河边，在街道，大大小小的人群追着球狼奔豕突，场面非常混乱，一片人仰马翻，大呼小叫，甚至是哭爹喊娘的惨状。而本来就拥挤的街道在疯狂的人们呼啸而过之后，经常是狼藉一片。那些不踢球的市民深受其害，称之为"暴民足球"，为此也是官司不断。

对这种没有任何规则约束的所谓"球赛"，当局也颇为头痛，不知道如何管理。于是只能一刀切，禁止了事。

英国国王爱德华二世在1314年颁布王室诏书：鉴于市民为拥抢硕球而引发之巨大噪音，致邪魔顿起，故以上帝之名禁止。同时下令，凡踢足球的人都要被判入狱。爱德华三世在1349年也颁布过相似的法令禁止踢足球，同时把足球列为"愚蠢和完全无用的游戏"。以后英国国王理查德二世、亨利四世、亨利六世、亨利八世都颁布法令禁止踢足球。

在政府的三令五申下，这种暴民足球总算受到一定程度的控制。到1580年，足球只是作为学校内部的一项体育活动在英国大学里开展。1681年查尔斯二世国王允许在他的农奴和伯爵之间进行足球比赛，但1685年查尔斯二世国王去世后，英国王室仍然压制足球活动的开展。

让人意想不到的是，中世纪的这种暴民足球居然在当代的英国还有保留，而且作为一种民俗活动，每年都有开展。

在纪录片《足球史话》里，讲述了这么一个故事：

很久以前，有一个叫特斯卡的部落首领非常残忍地压迫属地的民众，最终他们忍无可忍，揭竿而起，特斯卡被迫跑到了苏格兰的中部山区。当地有个勇士想要青史留名，于是在古城佩斯找到了特斯卡，与之决斗。结果是他把特斯卡杀了，并把他的头割下来挂在腰间。不幸的是，决斗中他的大腿被特斯卡的牙齿咬伤，伤口严重感染。临死前，他凭着毅力回到家乡，爬上大教堂顶的十字架，奋力将特斯卡的头颅扔给底下的人群，让他们知道那个迫害他们的人真的死了。人们对勇士之死异常悲痛，疯狂地踢着特斯卡的头颅，发泄着心中的怒火。

这个传说深深地影响着苏格兰科克乌姆的人们，至今他们还坚持着这一流行了几百年的民间活动。当然，现在踢的肯定不是人头。

这项活动的场地就是整个城镇，参加者就是城镇的所有居民，只要你愿意参加。球门是当地一些相距几英里的标志性建筑。一般来说，进一个球就可以获得胜利，不过这可能要花费一整天的时间。

在科克乌姆镇，参加比赛的有两个队，上门队和下门队。他们争取进球的过程一般都是象征性的。如果下门队获胜，说明太阳很有生产力，然后人们把球扔进海里，这样会给来年的渔业带来很好的收获，因为这一队主要由渔民组成。如果上门队获胜，就能为来年带来很好的农业收成，特别是土豆的收成，因为这一队主要由农民组成。这种明显带有巫术色彩的活动一般在新年来临之际举行，主要目的是期盼来年有个好收获。

整个活动混乱异常，人们拥挤在一起，伴随着尖叫、推搡和踩踏。开始时，球依然从教堂的顶上抛下来，然后就在人们的头顶飞舞，无数的手伸出去徒劳地想抓住它。从社会安全的角度出发，这种活动被历代英王所禁止，确实是可以理解的。当然，对于现在的活动，地方当局肯定采取了非常严格的安保措施。英国足球在政府的压制下艰难地发展着，等待着脱胎换骨的那一天，等待着凤凰涅槃的那一天，等待着展翅翱翔于欧洲和全世界的那一天。

最后，稍稍比较一下中国传统的蹴鞠和英国中世纪的"暴民足球"，是个很有意思的话题。

蹴鞠主要作为宫廷游戏的一种而存在，民间的展开也是跟着宫廷的踢法而亦步亦趋。而在宫廷，任何游戏都是循规蹈矩、遵守一定规

现代足球的前世今生

范的。这种规范不一定是符合足球发展的（如后来的英国的《剑桥规则》），但一定是符合皇家礼仪的。所以从仅有的一些图片中我们也可以看出，蹴鞠是一种很文雅的活动，特别在唐宋后，成了一种固定化和程式化的活动，甚至有向礼仪化发展的趋势。这和中国社会发展到唐宋年间，儒家文明特别是宋代理学发展的高度仪式化有关。在这个温文尔雅的社会中，礼仪已经成为社会交往的首件大事，是人们交流的基本规范。一切社会活动本身都必须遵守这一规范。蹴鞠也和其他宫廷活动一样，首先要承担这一神圣的任务。

所以，如果蹴鞠运动在明清之际得到官方的大力扶植，就像京剧在清代得到官方支持那样，那么它最终的命运或许就是成为如今那些国家级"歌舞团""剧团""杂技团"中的一员。

还记得有部叫《京都球侠》的电影么？主演是张丰毅。影片最后的比赛中，大清队的小太监们在一个大太监的指挥下，不停做着起立、趴下的动作，非常规范，非常符合礼仪。当对方不停进球时，这个大太监还嘟嘟囔囔地说："要让那帮鬼子见识下大清国的威仪。"这也许就是对中国蹴鞠最好的诠释。

反观英国的暴民足球，则完全是一种民间的自娱自乐，得不到任何的资助，一直处于自生自灭状态。并且由于其混乱、野蛮甚至有点血腥的性质，还不断被官府打压。当然，没被打压到灭绝的程度，事实上学校还是很鼓励这项运动的。

这种完全草根性的游戏，就像所有在工业革命时期，来自于民间的发明创造一样（如我们中国人熟悉的瓦特蒸汽机、珍妮纺纱机等），只有在当时英国那种相对宽松、自由自在的环境中才能出现，在没有外在干扰的情况下，才能形成符合自身发展规律的一套规则体系，并最终成为一个成熟的事物，借助大英帝国的力量，得以传播到全世界。

现代足球，就是在英国文化的沃土中发芽、生长出来的一株奇葩，

在全世界得到了发展壮大。现代足球是英国文化对人类文明最大的贡献之一。

花絮一 足球表面有多少块皮？

如果问你：足球是什么样子的？你肯定会不屑一顾，不就是黑白相间的一只球么？

如果问你：足球表面的黑皮和白皮各是什么形状的？全都是五边形吗？你一定要好好想想才能回答了。

如果再追问：黑皮和白皮各有多少块？你或许就瞠目结舌了。

是的，就算资深球迷，大概也不会去关注这些无聊的东西。

足球表面的黑皮是五边形的，白皮是六边形的。因为每块拼在一起，且边长都相等，所以白皮一定比黑皮多。简单的计数或复杂的运算，都可以得出这个结果：白皮有 20 块，黑皮有 12 块。所以足球表面共有 32 块皮。

花絮二 古代女子足球游戏

尽管在古代足球是男人的运动，但在男人矫健的身影中，我们还是能隐约看到一些女子婀娜的秀姿，为乏味的古典足球平添了几许靓丽。

由于唐代皇室有胡人血统，民风开化，因此男女比较平等。盛唐时期皇宫内的几位女子，更是巾帼不让须眉。男人做什么，女人也有样学样，不论是踢球、政变还是秽乱宫闱。唐人女子尚丰满，不知那群胖胖的嫔妃、宫娥气喘吁吁地奔跑是什么样子，她们的领队会不会是太平公主？

而元朝风气更是开放，宫中出现了男女对踢的游戏。

受中国文化影响很深的日本，全盘照收了唐代宫廷制度的一切，连女人踢球也照搬不误。

在日本 1686 年的《好色一代女》中记载，日本妇女经常从事一种由中国传去的在日本称为"一般场户"的鞠球游戏。在另一本《百人女郎品定》中还绘有妇女踢"二人场"蹴鞠的情景。

同样的情景也出现在西方，早在 16 世纪的英格兰，就已出现女子足球游戏。18 世纪末的英格兰爱丁堡及其附近的艾弗伊斯克，每年都要在节庆活动中进行足球比赛，例如在传统的"忏悔节"庆典中举办未婚妇女的足球赛。

现代足球的诞生

学生游戏：足球与橄榄球同源

直到现代足球诞生之前的 19 世纪初，中世纪延续下来的英式足球运动一直混乱不堪，甚至非常血腥。

当时足球在民间受到一定程度的压制，但在贵族子弟一统天下的公学（私立高中）和私立大学中，足球仍得到了广泛的开展，其主要原因和当时的教育理念有关。作为英国社会未来的领导者和中间力量，贵族子弟被要求得到全面的发展，即国人念念不忘的素质教育。这种教育的一个重要方面，就是锻炼健强的体魄，以适应未来为大英帝国的四面征战。

这是积极意义上的原因。而从消极意义上讲，足球是学校控制学生的工具之一。在严谨到刻板的维多利亚时代，英国是个极其讲究纪律的国家，到处充斥着教条式的规章制度。那些精力充沛的男孩子往往受不了这些束缚，越轨逾矩的事层出不穷。如何管理这些男生让学校管理者们头痛不已。于是，足球和其他体育运动就成了管理学生的利器。年轻人精力充沛无处发泄？那就去球场吧！到那个或尘土飞扬，或泥泞不堪的球场上，去发泄多余的精力吧。

球场上也常见打架斗殴，甚至暴力血腥，但至少还在可控制的范围内。随着比赛规则的制定，球场也越来越文明。于是，这项运动把破坏的力量变成了正当的活动，把校园里的流氓变成了赛场上的英雄，把负能量变成了正能量，大获成功。

第三个因素是宗教。基督教往往视体育为有效的宗教训练，认为男孩子的身体健康能带来心智的成熟，而赛场上的公平竞争和团队合作能锻炼个人的意志。因此教会极力支持男孩子们参加各种各样的体育活动，同时孩子们也把这种锻炼看成对上帝的虔敬和爱。

在这里，宗教因素和体育因素相辅相成，在塑造孩子完美人格方面都起了积极作用。这一点一直是西方教育的核心思想之一。现在英美的很多中学和大学里，教堂和运动场依然是最显著的建筑。出入教堂和上帝对话与走进运动场锻炼强健的体魄，依然是孩子们的最爱。一代代的孩子正是在这种教育下，完善了自己的人格，锻炼了自己的信心、勇气、创造性和开拓精神。当他们走出校园后，在各个方面都成了引领世界发展的精英。

需要说明的是，在维多利亚时代的英国，远远没有达到男女平等的地步，整个社会盛行男权主义，那些公校和大学也是男生一统天下。所有的思想、理念和措施都是针对男生建立的。当时并没有考虑到女生的因素，但形成一种习惯是最关键的，一旦这种习惯慢慢地成了制度，就将在未来惠及所有的学生，不论男女。

果然到了 20 世纪，欧美社会开始了男女平等的历程。这一过程尽管缓慢，但目标明确，越来越多的女孩子进入了中学和大学。在学校，她们和男孩子一样也得到了宗教关怀，也加入了体育锻炼的行列，同样也塑造出了完美的人格。

正是在这三重因素的影响下，各种各样的运动项目在公学和大学里得到开展。我们现在在奥运会上看到的许多项目，如划船、击剑等，都起源于 19 世纪的英国学校。而其中在大学里开展最为广泛、最受那些精力充沛的男孩子喜欢的，莫过于足球了。

现代足球的前世今生

当时的大学足球也处于一片混乱之中。各大学之间甚至同一所大学之内，踢法都各不相同。规则多如牛毛，甚至十几个人、七八杆枪就可立一山头，创立规矩。如哈罗公学选择用脚踢，而格拉比公学则用手抱球奔跑，并撞击对手。由此常常引起一些不必要的争执，打架斗殴乃至流血事件层出不穷。那是一个人人都可以依着自己性子胡踢的时代。

据说，那时赛场上最倒霉的人，是为比赛特设的"公证调解人"。他们在场上负责记录进球数并调解纠纷和争议，大概集现代足球场上的裁判员、助理裁判员和第四官员于一身，可见其功能之多和任务之重。但这明显是个吃力不讨好的角色。由于没有统一的比赛规则，这些"裁判"们很难服众，很难同时让对峙双方都满意，相反更有可能让双方都不满意。于是那些杀红了眼的"暴徒们"转而将攻击的矛头对准了"裁判"。

我们能想象当时足球比赛的经典场面："裁判"受到全场数十人的追打和围攻，在观众的哄笑与咒骂声中抱头鼠窜，狼狈不堪。

而所有这些混乱的规则中，争议最多的就是足球到底能不能用手。

这个连今天幼儿足球班的孩子都知道的规则，在足球的草创阶段，却实实在在地引起了牛津大学、剑桥大学、哈罗公学和新克利夫顿大学无数高才生无休无止的争论。不该嘲笑这些足球前辈的幼稚。恰恰是他们早期的争论和探索，为现代足球制定了一套完善的规则，奠定了坚实的基础，让我们能欣赏到动人心魄的足球比赛。我们站在了巨人的肩膀上。

争论由一个突发事件引爆。1823 年 11 月 21 日的一场足球比赛中，一个名叫威廉·韦伯·埃斯利的 15 岁男孩突然用手捡起球，抱着它冲向对方场地发动进攻，场内外的所有球员和观众都目瞪口呆。这个动作引发了有关足球规则的大争论。人们意识到，为了这项运动能继续进行下去，能在不同地区、不同院校之间得以交流，建立一套统一的比赛规则是当务之急。

在这场持续了几十年的争论中，赞同比赛中手脚并用的一方，逐渐将比赛发展为今天的橄榄球；而坚持只能用脚踢的一方，开始了对现代足球比赛规则的摸索和创立。现代足球和现代橄榄球从此分道扬镳，独闯江湖，各自打出一片天地，傲立于现代竞技体育之巅，成为北大西洋两岸最受民众欢迎的两种竞技体育项目。

现代足球和橄榄球同出一源，都是中世纪英格兰足球的直系血脉。英式英语对足球的称呼，和美式英语对橄榄球的称呼都是 football，正是这一点的佐证。

诞生的标志：1863 年的规则和英格兰足总的建立

足球要传播到全世界，需要从校园走向民间，从贵族运动变成平民运动，从"高大上"向底层传播。其中，工人阶级的参与是最重要的一步。

随着工业革命的发展，到 19 世纪 40 年代，英国诞生了一些新兴的工业城市，如伯明翰、曼彻斯特、谢菲尔德。这些城市里聚集了大批背井离乡的工人。当时这些工人在繁重工作之余，疏解思乡之苦、缓解疲劳、打发时间的最好方法，就是踢足球或者看足球。

同样的，教会也起了推波助澜的作用。在关于运动的基督教义中，体育运动能体现团队精神。这也恰恰是工业化时代需要的精神，而最合适的运动就是足球。为了安抚这些年轻而又孤独无助的心灵，教会派出年轻的牧师、传道士、保安员和周日教师等，去劝说工人们参与到足球中来，在足球中寻找慰藉。

工业化是现代足球传播的最重要的动力，不仅在英国，在全世界都是如此。最重要的条件就是，人们不仅有固定的收入，也有了固定的作息时间，可以合理安排出时间去球场踢球。

从当时留下的一些画面中可以看到，工人们穿着或披着黑乎乎的衣服，戴着鸭舌帽，满脸疲惫地走出厂门。对他们来说，一周有一天或者半天的时间休息，也可以打发在球场上，以得到身心的放松。这支庞大的劳工队伍为足球的迅速传播提供了丰厚的土壤，既是球员的来源也是观众的来源。

铁路是工业化的另一个成果，也对足球的传播和正规化做出了贡献。很难想象如果没有铁路，各支队伍如何去打客场比赛？球迷如何去现场为球队呐喊加油？

皇家马德里队的巨星斯蒂法诺说过："在拉美，铁路修到哪里，足球就发展到哪里。"有需求就有供给。围绕着这些新兴城市，足球俱乐部如雨后春笋般出现了。于是现代足球在整个英国范围内轰轰烈烈地开展起来。于是，第一部成文的足球规则也呼之欲出。

1848 年，一个革命的年代。整个欧洲大陆范围内，革命浪潮经久不息。而一切都有条不紊的英国，却出奇的平静。

这一年，第一部成文的足球规则《剑桥规则》（*Cambridge Rules*）诞生。这是现代足球运动

阿尔弗雷多·迪·斯蒂法诺（*Alfredo Di Stefano, 1926~2014*），阿根廷前锋，曾效力西班牙著名足球俱乐部皇家马德里，被官方评为队史最伟大的球员，皇家马德里俱乐部终身名誉主席。

规范化过程中的重要一步，意义非凡。

据说当时在剑桥大学的三一学院召开了一次协调会议，有伊顿、哈罗、温切斯特等学校的代表参加，代表们各自提出自己的规则。从下午开始，经过激烈的争论和无奈的妥协，直到午夜才起草出一份各方认可的、被认为是有史以来第一套足球规则的《剑桥规则》。

这份《剑桥规则》最原始的文件已经丢失。据推测，它包括了界外球、球门球、半场标记、重新开始，以及禁止持球和用手推球等现代足球的大部分基本规则。在接下来的几年里，这些规则不断地在实践中得到应用和修改。

这份规则的修订版在 1856 年面世，复本存于英格兰一家公学的图书馆。

现代足球比赛规则的制定，不是一次性完成的。它不像美国宪法，一旦制定就一字不易，而是一个反复试错、修改、增删的动态过程。应该说，这个过程远远没有结束，未来还将继续下去，或许将和足球运动本身相始终。

所以现代足球规则是不同时期制定规则的累加，其中有些条文的起源比较古老，有些条文的起源则比较晚。其中我们最熟悉的上场比赛每队十一人制就相当古老，在《剑桥规则》中已有规定。这条规则的缘起很有意思：当时在剑桥大学，每间宿舍有 10 个学生和 1 位管理教师。每到宿舍之间的对抗赛，11 个人就全体出动，一齐上阵，连替补都没有。这种规矩后来被收入了《剑桥规则》，一直沿用到现在。

由此可见，我们现在习以为常的一些东西，在当时都有特定的背景，只是随着时间的久远，我们把这些背景的特殊性遗忘了，反而认为是自然而然的。

到 19 世纪中期，大学的足球运动已经远远不能涵盖英格兰足球的全貌了。现代足球运动的微观基础——足球俱乐部开始在英格兰悄然出现。

1855年,世界上第一个足球俱乐部谢菲尔德足球俱乐部(Sheffield
F.C.)成立。此后,足球俱乐部在各地纷纷出现。现存最古老的足球
俱乐部是1862年成立的诺茨郡足球俱乐部(Notts County Football
Club),现在是英格兰乙级联赛的一支球队。

俱乐部之间的比赛和纷争不像大学里的那么简单,用《剑桥规则》
就可以解决,而需要有更复杂、更详细的比赛规则和更严密的管理体系。
于是,英格兰足球总会应时而生。

1863年10月26日,11个足球俱乐部和学校的代表在伦敦皇后
大街弗里玛森酒店举行了联席会议,创立了英格兰足球总会(The
Football Association)。会上在讨论修改《剑桥规则》的基础上,制
定了世界上第一套统一的足球竞赛规则,共有十四条。这十四条成为
现代足球比赛规则的基础。

现代足球有必要记住这11家俱乐部和学校的名字,因为他们是真
正的先行者:森林(后改名为巡游者)、吉尔伯恩、巴恩斯、战争办
公室、十字军战士、帕西瓦尔、布莱克海斯、肯辛顿学院、索尔比顿、
布莱克海斯学院、水晶宫。

为了拟定世界上第一部足球比赛规则,各方进行着激烈争论,争
论的焦点是比赛中能否用手触球。威廉·韦伯·埃斯利40年前引发的
问题,再次搅得人们血脉贲张。

争论的结果是,主张只许用脚踢的这一派彻底胜利。英格兰足球
总会最终批准这一足球运动的最基本规则:除了守门员,场上其他球
员只能用脚而不能用手触球。争论了半个世纪的话题彻底盖棺定论,
足球最终成为现代足球。

但是,尽管把手足并用的规则挤出了足球圈,但在当时的规则里,
还有一些和现代橄榄球规则相似的地方。比如当球从球门柱之间进入,

或从上面的空间越过时，不论高度如何，只要不是被手扔、击、运进去的，都算进一球。当时的球门没有横梁，和现在的橄榄球门差不多。在球门线上方 2.44 米处拉一根绳子或设一横梁，以确定球门的高度，这是在 1877 年修订的规则里才确定的。

可见，哪怕是足球这么一项小小的体育竞技运动，要前进一步都要经历非常困难的反复拉锯。而人们最终把 1863 年 10 月 26 日这一天，作为现代足球运动的诞生日。哈罗公学的学生查尔斯·胡卡特成为英足总的领导，也是早期英国足球最重要的人物，在组织和管理英足总方面有过重要贡献。

对私立学校的学生来说，足球是一种消遣和娱乐。尽管玩得高兴，却缺乏激情和持续性，需要一种全新的智慧来赋予足球全新的意义。于是查尔斯·胡卡特以哈罗公学各院系之间的比赛为基础，创办了英格兰足总杯赛。

1871 年的足总杯是世界上最早的杯赛制足球赛，也是世界杯、欧洲杯、世俱杯等所有杯赛的鼻祖。淘汰赛制赋予球队全新的意识——竞争。

1872 年 11 月 30 日圣安德鲁节，苏格兰格拉斯哥的女王公园足球场进行了一场苏格兰人和英格兰人的足球比赛。这是历史上第一场国家间（两个足球协会之间）的比赛，4000 名观众见证了这场比赛。

英格兰队穿着印有 3 只狮子的白色队服（因此英格兰队被称为"三狮军团"，而后来的英格兰队徽由 3 只

现代英格兰足球总会 logo

现代足球的前世今生

狮子和 10 朵蔷薇花组成），场上所有队员居然都戴着帽子。这也说明那时头球还不是主要的技术手段。

足球在刚刚起步时就形态各异，英格兰和苏格兰风格完全不同。英格兰人大刀阔斧，长传冲吊，是最典型的英式打法，勇猛有余而精彩不足。而苏格兰队则讲究配合与传球，讲究个人技术，给传统的英式打法注入了全新理念。现代足球从起步阶段，就开始了技术和力量两大流派的分野。这是两种完全不同风格的足球理念的碰撞，而这次占上风的是苏格兰风格。这种相互配合传导的打法被英格兰队员偷师学艺，带回了英格兰。

当时英格兰队几乎所有球员都是私立学校学生，可见那个时代上流社会对足球的统治。早期的英格兰足总被以伦敦为中心的南方人把持，这些人大多出身贵族学校，他们的足球理念就是非职业化。显然，他们把在老特拉福德靠踢球谋生的球员当成了牛津校园里衣食无忧的贵族子弟。

尽管受到百般阻挠，但英格兰足球的职业化还是不可阻挡地发展起来，代表着现代足球发展的最终方向。19 世纪 80 年代和 90 年代之间，出现了大量的球队和俱乐部。他们由各种各样的组织演变而来，主要的球员是工人。

随着越来越多的球迷涌入球场，俱乐部看到了商机，他们开始考虑有自己固定的场所。阿斯顿维拉俱乐部从当地一个屠户手里租了一块场地，价格是每英亩 5 英镑。屠户也看到了商机，第二年就把租金提高到了 8 英镑。球队有固定的场所后就可以卖票了。有了收入，球队就进入了良性运转。

从 1871 年创立足总杯开始，冠军就一直被来自南方的私立学校球队垄断，这一点很让那些保守人士自豪，也让他们阻挠职业化有了借口。而来自北方和中部新兴工业城市的球队实力越来越强，也成为足总杯的有力争夺者。转折点在 1883 年，布莱克本队击败旧伊顿公学队，夺取了当年的足总杯，这标志着私立学校对足总杯统治的结束。

职业化的步伐越来越快。当时的各个球会为了取得好成绩，纷纷四处寻找有实力的球员加盟。他们挥舞着支票甚至赠送房屋。实力强劲的苏格兰球员最受青睐，普莱斯顿队被称为"在英格兰的苏格兰球队"，队内常年有 8~9 个苏格兰球员。对英格兰联赛来说，这些都是非法的职业球员。他们也非常渴望挣脱职业化的限制，于是球员之间的转会也出现了。1885 年，足总正式批准了职业化。足球迎来一个全新的开始。

1888 年，受北美棒球联赛的启发，英足总创建了第一个职业足球联赛——英格兰足球甲级联赛。普莱斯顿队获得了第一个联赛冠军。这一切都让足球比赛的吸引力大增。英格兰足球完全走上一条良性发展的道路，接下来就是向全世界输出他们这一无与伦比的创造。

英国人的傲慢与法国人的贡献

英国人在 19 世纪创立了现代足球运动后，这项运动就在英伦三岛疾速发展，他们也创造了这项运动的多项第一。

1855 年，创立第一个足球俱乐部；

1863 年，制定世界第一套比赛规则，并建立世界上最古老的足球管理机构——英格兰足球总会；

1872 年，和苏格兰进行了第一场足球协会之间的正式比赛，可视为第一场国家队之间的比赛；

1888 年，创建第一个职业足球联赛——英格兰足球甲级联赛。

1872 年，在英格兰和苏格兰进行第一场国家比赛的同时，随着大

英帝国的海外扩张，足球也随之传入欧洲大陆和世界各地。到 19 世纪末，足球已基本在全球各地生根开花。

足球的传播者，一种是去海外工作和发展的英国人，包括商人、外交官和水手；另一种是在英国求学和工作的外国人，他们接受英国的足球文化后，将其带回自己的国家。

足球在全世界的传播几乎是同一种模式。首先是在当地的英国人中小范围流行，然后慢慢被当地人接受，最后就是本土化。不论拉美、非洲、远东、印度，都是这种模式。

足球给当地带来了很大变化。特别是对那些出身社会底层的男孩子来说，足球给了他们一个难得的改变自己命运的机会。斯蒂法诺对此深有感触。他说，我对英国工业心存感激。我的意思是，足球，多亏有足球，我们能延续成千上万人的生活。

就像简·奥斯丁的小说《傲慢与偏见》中描写的 19 世纪英国乡村风貌一样，英国人性格中确实存在一股高傲的气质，而且是深入骨髓的，这与大英帝国两百年来顺风顺水的运势有关，也与英国独特的文化和地理位置有关。哪怕是对一水相隔的欧洲大陆，英国人也保持着超然物外的态度，除非万不得已，几乎不介入欧洲的纷争。"冷眼向洋看欧洲，热风吹雨洒英伦。"这种态度让他们获益很多，也失去很多。

由他们领导世界足球的发展本来合情合理。但"约翰牛"们的傲慢让他们不屑参与后来的国际足球发展。在几个大型国际足球组织，以及几项重要国际大赛的创立中，英国人都抽身事外，成了看客。他们甚至都不是首批国际足联的成员国。在高傲的英国人眼里，似乎只有自己踢的才叫足球，别人玩的都是游戏。其实英国足球从这时就已经被落下了，用中国人的话说，是起了个大早，赶了个晚集。

取代英国人领导世界足球真正走向规范化和全球化的，是他们在欧洲的老对手法国人。法国一直和德国争夺欧洲的领导权，这一状态到 20 世纪初已延续近千年。从法国大革命开始，自由、平等和博爱的观念，近代民族国家和民族自决的观念就已深入法国人民心中，并通过拿破仑的战争向欧洲传播。法国人想把他们认为最好的东西与欧洲的伙伴分享，共同创造一个美好的未来。足球亦是这种观念的一个理想载体。

位于瑞士的国际足联总部(图片摄影: 林万鑫)

20 世纪初，欧美多数国家都成立了自己的足球协会，并尝试开展国内的比赛，而国家之间、地区之间的比赛也日益增多。于是，成立一个全球范围内的足球组织的时机成熟了。

1904 年 5 月 21 日，法国、比利时、丹麦、荷兰、西班牙、瑞典、瑞士 7 个国家的足协代表在法国巴黎的体育运动联合会总部开会，正式宣布国际足联（FIFA）成立。这 7 个国家成了国际足联的第一批成员，荣耀无比。而其中并没有昔日的足球老大英格兰。英格兰足协是在差不多一年后的 1905 年 4 月 14 日，才加入国际足球联合会的。

1904 年 5 月 23 日，法国人罗伯特·盖因当选第一任国际足联主席。

国际足联成立后，一直致力于全球范围内的足球推广。其中真正对足球的全球化做出贡献，让国际足联得以壮大的，是另一位更有名的法国人儒勒斯·雷米特（Jules Rimet）。这位国际足联的第三任主席开创了国际足联历史上伟大的雷米特时代。

1921 年到 1954 年，雷米特担任国际足联主席达 34 年之久。任期内他做了两件大事，最终奠定他在国际足坛无与伦比的地位，并开创了一个属于他的时代。

其一，雷米特凭借出众的外交能力，壮大了国际足联的规模。1954 年他卸任时，国际足联的成员协会已从 20 个发展到 85 个。特别是 1946 年，雷米特力排众议，争取到了英伦三岛四个足协（英格兰、苏格兰、威尔士、北爱尔兰）分别独立加入国际足联。作为现代足球的发源地，这四个足协至今仍拥有独立参加世界杯的资格，这也是现代英国足球为数不多的荣耀之一。

其二，雷米特创立了国际足联世界杯赛。这项赛事从诞生之日起，一直是我们星球上最吸引人、最具影响力的比赛。四年一度的世界杯如今已经成为全世界球迷和伪球迷的狂欢节。为纪念这位"世界杯之父"，第一座世界杯奖杯雷米特金杯就是以他的名字命名的。

法国人对欧洲足球所做的最大贡献，是创办了欧洲足球锦标赛（也称欧洲杯，European Football Championship）。20 世纪 50 年代末，时任欧足联秘书长的法国人德劳内先生倡议并筹办了第一届欧洲杯，决赛阶段的比赛于 1960 年在法国举行。

这一赛事至今已经举办了 15 届。2016 年的第 15 届欧洲杯又回到它的诞生地法国，同样是一届精彩无限的赛事。作为欧洲国家间最高水平的足球比赛，欧洲杯的水平和影响力都与世界杯不分轩轾，堪称双璧。

每当深夜观看欧洲冠军联赛（UEFA Champions League）时，你要感谢另一个法国人加布里埃尔·亚诺，正是他提出了创立欧洲俱乐部杯赛的构想。

亚诺先生也是"欧洲足球先生"评选的创始人，同时为法国最著名的体育刊物《队报》和《法国足球》杂志撰稿。他提议为欧洲各国著名俱乐部创立一项联赛制度的新赛事。这一建议得到了皇家马德里、安德莱赫特、维也纳快速等数家俱乐部和匈牙利足协的热烈支持，并最终在 1955 年创办了欧洲俱乐部冠军杯赛，即现在欧洲冠军联赛的前身。这一赛事已发展成欧洲足球俱乐部之间的顶级赛事，水平之高不容置喙，直逼世界杯和欧洲杯。

如果再加上创办了现代奥林匹克运动的法国人顾拜旦先生，法兰西民族对当代体育事业的贡献可谓无与伦比。

从 1863 年的英格兰足总成立，到 1960 年欧洲杯的创办。近 100 年的时间里，现代足球从无到有，基本完成了全球性和地区性的管理框架构建以及最主要的赛事安排。现在的国际足球正处于平稳期，短期内很难有重大的改变。我们唯一能期盼的就是球队的技战术水平更高一些，比赛的观赏性更强一些。

足球传奇
SOCCER LEGEND

性情
南美

广袤大地的性情足球

民族的，才是世界的

　　这个五彩斑斓的世界，并没有统一的世界文化，各民族的文化一直并存于我们的星球上，经过千百年的发展，形成各自与众不同的面貌，并拥有持久的生命力和创造性。只有把自己千锤百炼的独特文化展示出来时，才能让人眼前一亮，如饥似渴地去了解和探索。

　　一个民族能展示自己独特性的事物本来很多，但在现代工业文明时代，在世界一体化的趋势下，各民族物质化的生存状态大同小异。真正能展示民族自我的，是各自的精神和理念，以及精神和理念在物质文化中的投射。足球就是一个民族精神的舞台。

　　粗略一看，大家好像踢得都差不多，都是进攻、防守、攻防转换。这是外行看热闹，如果用"看门道"的眼光去看，世界主要足球强国的踢法都不一样。有的重攻，有的重守；有的如行云流水，有的如风过原野；有的机巧，有的严谨；有的像跳舞，有的像行军；有的是百年不变，有的则朝三暮四。所有这些不同的风格、特色，构成了多彩多姿的足球世界。

　　这些不同风格正是由各民族的不同性格形成的。独特的精神和理念形成了本民族独特的足球风格和踢法，不断展示并获得优良的效果后，这些风格得到了广泛的认可和尊重，在足球的王国中赢得一席之地。

正是因为足球的民族性，才形成了足球的多样性，让我们欣赏到趣味无穷的足球。任何一个历史和文化底蕴深厚的民族，都会结合民族性来阐释足球艺术。如果只会朝三暮四、东施效颦，那么踢出来的足球也一定不伦不类，贻笑大方。

大洋两边：欧洲与南美的世纪对抗

现代足球诞生于英国，然后花开叶散，遍布全球。在工业文明时代，这种全球性的传播其实并没有太多时间上的差异性。用百年后的眼光看，各地接触足球的时间基本上差不多，甚至比英国本土也晚不了多少年。这至少说明，各国足球水平的高低与开展的时间早晚无关。

英国人将足球带到世界各地，带着当地人一起玩。很快足球就落地生根，成为全世界民众喜闻乐见的运动，并且逐步规范化。所谓师傅领进门，修行在个人，各国足球水平的高低，完全取决于各民族对这项运动的悟性。

纵观整个20世纪，世界足坛的争夺和对抗主要集中于欧洲和南美。双方在大西洋两岸或隔空叫骂，或同台竞技，你来我往，刀剑相向。如武侠小说中的少林和武当，上演着一出出精彩无限又难分胜负的好戏，直叫人咂舌不已。相比他们，其他国家的足球运动基本上是"陪太子读书"或者"打酱油"，当然，还有自娱自乐的。

欧洲人多势众，拳大力沉。看似无甚机锋，却是玄门正宗，浑厚的内力能压迫对手就范。南美则贵精不贵多，灵巧精干，机变百出，闪转腾挪之间招招进逼对方命门。一个多世纪的争夺物是人非，擂台上的角斗士已经换了一茬又一茬，但足球还是那只足球，大西洋依然狂风怒号，惊涛拍岸，唯一不变的是那似乎永远分不出的胜负。

欧洲、南美百年争霸史主要在两个战场展开，首先是鏖兵世界杯。至今为止的20届世界杯，欧洲人得了11次冠军，南美人得了9次冠军，绝大部分都是在本大洲举办赛事时获得的。1958年巴西人在瑞典赢了一次，压了欧洲人一头，但2014年德国人在巴西也赢了一回，算是扳平。两次在欧美以外大洲举办的比赛中，巴西赢了日韩世界杯，西班牙赢了南非世界杯，还是平局。总体上看，南美以三强对抗欧洲十数强，堪堪战一平手，也是不易。

其次是风格之争。传统的欧洲足球属于力量型打法，高举高打，长传冲吊，采用逼迫战术，讲究阵型的完整，攻防的平衡，依靠身高体壮来硬吃对手，可称为"功夫足球"。而南美则是技术型打法，讲究精妙的脚法，流畅的配合，个人的发挥在其中占很重要的地位，核心球员的灵光一现常常是制胜之道，属于"艺术足球"。

这两种不同类型的踢法在20世纪80年代以前泾渭分明，让人一眼就能分辨出来。欧洲力量型足球的巅峰时期是1966年和1974年的世界杯，典型代表英格兰队和德国队分别登顶；而南美技术足球的顶峰时刻是1970年、1978年和1982年世界杯。1970年巴西队夺冠，1978年阿根廷队问鼎。1982年的巴西队在艺术足球最后的大师桑塔纳的率领下亮相西班牙，赢得满堂喝彩，可惜功亏一篑，被称为"无冕之王"。

很难说到底哪种风格占据上风。战绩上相差无几，战术上似乎陷入了相生相克的轮回。决定结果的，往往是阵容的完整性和球员的临场发挥，当然，还有足球比赛中永远也少不了的运气。

20世纪90年代后，随着经济的全球化，足球也不可避免地全球化了，经济因素展现了巨大的作用。大量南美球员进入欧洲五大联赛，给欧洲足球带去了他们需要的技术，欧洲球队开始讲究技术和小范围的配合。南美足球也慢慢欧化，钻研整体足球，注重攻守平衡。从比拉尔多到拉扎罗尼，再到斯科拉里、贝尔萨，都把南美足球往欧洲带。当 2002 年世界杯决赛上，巴西队用德国传统的 3-5-2 阵型对抗德国人时，我们知道这一趋势是不可逆转的。很难说清到底是谁在学谁，但双方在相互靠拢则是不争的事实。

各国足球形成不同的风格，除了民族精神和理念上的差别外，缺乏交流也是很主要的因素。地理的阻隔使各国只能同本大洲内的国家交流，偶尔才会有个越洋交流。而当今，全球范围内的人员和技术交流障碍都已完全突破，短短二三十年，交流已非常充分，不同的风格不可避免地在趋近，而民族精神将是支撑足球多样性的最后堡垒。如果连这一点也被丢弃，那国家队之间的比赛或许就没有任何意义了。

南美独特的历史文化和足球的兴起

不考虑印第安人的话，南美诸国的历史满打满算才 500 年。殖民地时期，这块比欧洲宽广得多的土地人口稀少，经济落后，而宗主国西班牙和葡萄牙也缺少深厚的文化资源，于是西非黑奴漂洋过海，带来了自己独特的音乐和舞蹈。

由于地理条件的限制，安第斯山脉两侧的文化有很大差异。西麓国家如智利、秘鲁和哥伦比亚，居民主要由白人殖民者和印第安人的混血后裔梅斯蒂索人构成，文化上没有形成独特性，而是更接近前宗主国西班牙，所以球风也是传统的西班牙式的奔放、细腻，讲究配合，同时也非常粗野。这些国家的足球水平在南美处于中游，偶尔灵光一现能干掉传统三强。这些太平洋沿岸的国家在工业革命时期并没有接纳大量的欧洲移民，没有新鲜血液的补充，总给人死气沉沉、缺乏活力的感觉。他们的足球队也是如此，大部分时间归于平庸。

安第斯山脉以东的诸国则完全不同。巴西、阿根廷和乌拉圭等大西洋沿岸的国家地域辽阔，种族复杂，在历史的进程中慢慢形成了自己的民族风格。

巴西地处热带，适合种植园经济，殖民地时期接纳了大量的非洲黑奴，白人、黑人和印第安人的多种族杂居使巴西的人种非常复杂，很难通过外表看出一个人的种族。他们的文化构成也异常复杂，但这反而让足球成为国家的主流大众文化，承载了民族的凝聚力。巴西的前宗主国葡萄牙骄傲浅薄，崇尚华丽，这种风格也影响了巴西和巴西足球；加上黑人的灵巧和柔韧性，以及对音乐和舞蹈的独特理解，巴西足球技术华丽，配合精巧，充满着音乐的节奏性和舞蹈的韵律感。有人这样形容巴西足球：那一停、一带、一传、一射都带有韵律，好似在跳桑巴舞。

尽管足球界和球迷笼而统之地将巴西和阿根廷都归为南美技术足球，但同处大西洋沿岸的阿根廷则完全不同。阿根廷气候温和，沃野千里，适合农牧业，由此吸引了大量的欧洲移民，特别是西班牙和意大利移民。阿根廷足球队里白人居多，球员风格统一，更接近欧洲拉丁派的踢法。驰骋在潘帕斯草原上的高乔人，对于塑造阿根廷的民族性格和足球风格起了重要作用。他们勇敢、无畏、潇洒、敢于挑战并且充满着悲凉沧桑的气质，这同样也是阿根廷足球在世界足坛的真实写照。

足球在拉普拉塔河谷转入的第三个南美国家是乌拉圭。这块原属阿根廷的领土在巴阿两国争端不断的情况下，于1825年侥幸获得独立。从气质和文化渊源上说，乌拉圭的足球风格更类似于阿根廷，讲究技术并且激情无限。

在南美大陆上，足球从拉普拉塔河谷开始向西、向北扩散，越过安第斯山脉，跨过亚马孙丛林。南美人身上特有的浪漫和奔放气质，

和足球是那么合拍。就这样，足球很快在这片土地上传播开来。但谁也没有想到，第一个在国际足坛崭露头角的，居然是弹丸之地乌拉圭。

19世纪70年代以后，足球传入乌拉圭。这一运动最早在首都蒙得维的亚的一所英国高中里开展，很快便在全国推广开来，各家俱乐部也纷纷组建。著名的民族队和佩纳罗尔队都成立于这个世纪之交。20世纪初，乌拉圭政治稳定，经济繁荣，教育发展，人民生活水平提高，整个国家一片欣欣向荣，被誉为"南美的瑞士"。由于和阿根廷的历史渊源，两国间的足球交流非常频繁。与阿根廷人不同的是，乌拉圭在强调个人技术的同时，也讲究球队的整体配合和攻防平衡，这使他们在整体性上更胜一筹，成绩也遥遥领先阿根廷人。

苏格兰红茶大王托马斯·立顿爵士为了鼓励乌阿两国间的足球交流，于1905年创立了立顿杯（Copa Lipton）乌阿双边足球对抗赛，并规定只有在这两国本土出生的球员才能参赛。这项赛事一直延续到1992年。

1916年和1917年，乌拉圭横扫巴西、阿根廷和智利等强队，两次夺得南美足球锦标赛（美洲杯的前身）冠军，1920年又夺得第四届的冠军。1924年和1928年，他们两次获得奥运会的足球冠军。在有世界杯之前，奥运会足球赛是全球水平最高的足球比赛。乌拉圭由此一举轰动全球，更震惊了欧洲足球界。

1924年乌拉圭夺取巴黎奥运会冠军之后，欧洲人开始称这支身穿蓝色队服的球队为"蓝天队"。《法国足球》主编、金球奖创始人加布里埃尔·亚诺的评价恰如其分："（乌拉圭队）在接球、控球和对皮球的利用上展现出不可思议的精湛技艺，他们创造出一种美丽、优雅的足球，但同时又不失变化、速度、力量和效率。"他认为拿乌拉圭足球与英式足球做比较，等于是在拿阿拉伯产的千里名驹与农场马相比。

20 世纪 20～30 年代是乌拉圭足球的黄金时代，他们不仅在国际大赛中常常抢元，还涌现出了大批的世界级球星，如纳扎齐、安德拉德、塞阿、斯卡罗尼、佩德罗·彼得罗内、桑托斯·伊利亚特等。他们的个人技术和精妙配合让欧洲人大开眼界，也促使欧洲第一次向南美足球学习。

乌拉圭足球最出彩的事，是举办了 1930 年第一届世界杯足球赛并夺冠。这一荣誉是乌拉圭永远的国家骄傲，并使其始终位列南美足球三强之一，成为国际足坛引人瞩目的国家。即使在多年后的今天，他们地位已大不如前，也依然能赢得广泛的尊敬。

1928 年，国际足联主席雷米特先生提议，创办独立于奥运会的世界杯足球赛。处于经济萧条之中的欧洲各国反应冷淡，雷米特的提议有可能重蹈 1905 年国际足联主席格林先生的覆辙。后者当时曾提议举办一届全球性的足球赛事，但没有一个国家报名主办，为此世界杯整整推迟了 25 年！这时正是乌拉圭雪中送炭，站出来响应雷米特的号召，主动提议主办。他们的理由极其冠冕堂皇：庆贺建国一百周年。鉴于乌拉圭在奥运会上的优异战绩，归其主办也就顺理成章了。

为了办好第一届世界杯，乌拉圭人倾囊而出。不仅造了一座当时最为豪华、能容纳 10 万人的纪念体育场，还主动承担了所有欧洲球队衣食住行的全部费用。为投桃报李，雷米特将这座体育场称为"足球神庙"。

在乌拉圭人的热情和奉献下，第一届世界杯非常成功。当然乌拉圭人本身的收获更大，不仅让全世界知道并记住了这个南美小国，还趁着欧洲列强没来参赛的机会，得到了冠军。其实乌拉圭的两次世界冠军都有点侥幸。1950 年欧洲战乱刚刚平息，各国处于恢复阶段。乌拉圭出人意料地赢了巴西，第二次赢得世界杯冠军。但不管如何得来，他们两次夺冠的成绩在夺冠排行榜上高于英、法、西三强。

乌拉圭是南美足坛第一个崭露头角的国家，也宣告南美足球正式登上世界足坛，开始与欧洲全面抗衡。但名列南美三强之一的乌拉圭其实只是南美抛出的一块砖，它将引出两块真正的美玉，在二战之后相继登上世界足球舞台，将他们的欧洲对手打得满地找牙。

黄蓝群英谱：20世纪的巴西足球

对大多数足球水平落后地区的球迷来说，巴西队永远是他们的第二主队。笔者在读中学时，心中所支持球队的排名依次是：我们班级队、中国国家队、巴西国家队。

这种没来由的支持大概有两个理由：其一，巴西队踢得确实好，不仅贡献了世界球王，而且每届巴西队都在不停贡献着不亚于球王的世界级球员，展现出令人眼花缭乱的球技。这对仅仅看热闹的初级球迷来说是极具诱惑力的。其二，这也是一种情感寄托。中国球迷最早接触世界杯的时间大致是1978~1982年。特别是1982年西班牙世界杯，正是由进攻足球艺术大师桑塔纳挂帅，"白贝利"济科领衔的巴西队，依靠济科—苏格拉底—法尔考三中场的组合气贯长虹，如日中天。懂球的、不懂球的，都谈论着巴西队将如愿捧杯。孰料足球终是圆的，巴西队爆冷输给了拥有罗西的意大利队，所有巴西队的球迷都无法接受这个结果。1982年的巴西队给人们留下的印象太过深刻，之后每到世界大赛，人们都希望巴西队能重现1982年的风采，希望济科和苏格拉底王者归来。

过了看热闹的年龄才慢慢知道，支持巴西队还有反霸权主义和殖民主义的内涵。支持巴西队，意味着相信经济不发达的国家也能踢好足球，非白种人的体格也能和人高马大的欧洲人抗衡，军政府寡头统治下的国家也能同民主制的欧洲国家一决胜负。在西方文化冲击下的

今天，巴西依然有自己独特的流行文化来聚拢人心。

　　足球绝不只是一颗球、一场比赛那么简单。英国学者大卫·戈德布拉特写过一本《足球王国：巴西足球史》。在书里，作者用大量的篇幅描写了巴西的政局更替和经济起伏，同时对音乐、舞蹈、电影、绘画和诗歌等流行文化做了细致的描绘，而真正落实到足球和球星的文字，不到十之二三。作者也把足球看成巴西流行文化的一种，指出正是这些流行文化，使巴西作为一个国家形成了民族认同，在这个过程中足球的贡献尤其大。

　　巴西出现在世界历史中，满打满算不超过 500 年。1500 年葡萄牙探险家 P. T. 卡布拉尔率船队横渡大西洋，4 月 22 日发现了这个地方，并宣布为葡萄牙属地。由于当地盛产一种土著语叫"巴西木"的红木，从中可以提炼出当时被认为十分贵重的染料，所以欧洲人后来就以"巴西"称呼这一地区。之后就是 300 年的殖民地历史。

　　拿破仑战争后，葡萄牙复国。留守巴西的佩德罗王子于 1822 年 9 月 7 日宣布巴西独立，成立巴西帝国，接着加冕称帝，称佩德罗一世。巴西成为一个独立国家的历史才 200 年不到。

　　巴西地处热带，有着全球最大的雨林，尽管资源丰富，但大部分地区自然条件恶劣。在现代医学没有发展起来之前，这个地区和非洲内陆一样很难得到有效的开发，人们甚至都不敢离海岸太远。因此在 19 世纪末之前巴西人烟稀少，人口不到百万，而其面积并不比中国小多少。长期的殖民地大种植园经济，使黑人奴隶的人数比白人还多。

　　直到 19 世纪末，随着工业革命向全世界延伸，大量的欧洲劳工向新世界移民，才使巴西的人口结构得以改变。白人超过了黑人和混血人种，并且成了社会的上层阶级，掌握了话语权和主导权。

　　这个国家无论从哪个方面看，都很难被捏合在一起。地域辽阔、地形复杂，地方自治传统久远。同时人口结构也异常复杂，白人、黑人、

黑白混血儿、印第安人都有。就白人而言，来自地中海沿岸阳光明媚地区的西班牙人和意大利人，同来自西欧的德国人、英国人也差异甚大。

这时的巴西缺乏一种占主导地位、能融合各民族、各种族的主流文化。这一点也是南美和北美在独立后会走上不同道路的主要原因。美国独立后继续弘扬英国文化和近代以来的资本主义文明，将后来的各色人种都汇入这个大熔炉，终于形成了现代文明的主流价值观。而巴西则完全不一样。宗主国葡萄牙本来就缺乏值得一提的文化传统，而黑人则只有舞蹈和音乐被带到了南美，陆续到来的欧洲各国移民基本都是社会下层民众，为谋生而来，很难创造出一种包容一切的有内涵的文化。

实事求是地说，巴西可能是世界上所有大国中最没有文化内涵的国家。说它是文化小国一点也不过分：南美的文学大师如聂鲁达、马尔克斯、博尔赫斯等等，都是使用西语的，南美葡语界的榜单一直空空如也。

从这一点上说，巴西和阿根廷是完全不一样的。阿根廷人绝大多数是白人，民族认同感较强，文化积淀较深，所以阿根廷足球给人一种抑制不住的沧桑感。而巴西足球除了热闹还是热闹。于官方而言，足球在阿根廷是作为社会动员的手段来鼓励的，而在巴西是则是作为民族整合的手段，这一点是巴西足球和阿根廷足球的最大区别。

但是国家既已存在，就需要有存在下去的理由和措施。是不是一个民族无所谓，大家都来自五湖四海，为了一个共同的目标。既然在同一片蓝天下，同一片土地上，就一定要有共同的爱好，有所有人都喜欢的东西。

于是一些大众喜闻乐见的娱乐形式，成了维系这个国家存在的纽带。印第安人贡献了舞蹈，黑人贡献了舞蹈和音乐，而欧洲移民最大的贡献就是足球。

作为建构民族神话的一部分，巴西作家安德拉德在小说《马库纳伊玛》中将足球的起源地说成是巴西（中国人肯定不同意）。安德拉德在 1922 年写到，马纳佩带来了咖啡虫，杰克带来了棉花象鼻虫，而马库纳伊玛带来了足球——这就是当今巴西国内的三害。

真实的历史是，英籍巴西人、圣保罗咖啡家族的富二代查尔斯·米勒 1894 年从英国学成归来，将足球和足球规则带回到巴西，足球开始在巴西大规模地开展起来。所以将米勒称为"巴西足球之父"恐怕不为过。

几乎所有国家的足球运动发展都大同小异。先是外国人玩，然后是外国人和当地人一起玩，最后变成当地人自己玩，于是"民族足球"就产生了。

关于巴西足球的与众不同，巴西社会学家吉尔伯托·弗雷雷有一段精辟的见解："我们踢球的风格似乎与欧洲相反，这是由一些特质决定的。例如出其不意、技巧娴熟、头脑机灵、动作敏捷，另外，我还得说个人才华和临场发挥的能力，所有这些都表现了混血儿的特征。我们的传球、技巧都与（印第安）舞蹈、卡泼卫勒舞有着不可分割的联系，形成了巴西特色的足球风格，我们使英国人发明的这项运动更加完善和悦目，英国人和其他欧洲国家的人在踢球时却是横冲直撞、动作僵硬。这一切似乎都表现了混血人种随机应变、精明强干的特性。现今，这些特质在巴西各个备受肯定的领域依旧可以看到。"

在世界足球运动的拼图上，巴西无疑是最大的一块，也是最艳丽的一块，黄衫蓝裤和绿色的国旗是球场上令人迷恋的色彩，这些黄色的浪潮让全世界的球迷为之惊心动魄，神魂颠倒，生死相依。

百年的巴西足球史，为全世界奉献了无数熠熠生辉的名字。不论巴西足球处于高峰还是低谷，这些名字在他们所处的时代，都高居足球艺术的顶峰。他们为巴西队夺取了五座世界杯冠军奖杯，开创了一

性情南美

个又一个巴西王朝。

我们将通过对几位巴西各时代最杰出球星的了解，来看看他们到底达到了怎样的高度。

"黑珍珠"莱昂尼达斯·达·席尔瓦

足球强国的崛起都是从某届标志性的大赛开始。比如德国的崛起是在1954年世界杯，阿根廷是在1978年世界杯。和这两个老冤家相比，巴西的崛起则早得多，是1938年的法国世界杯。

巴西是唯一一个参加了全部20届世界杯决赛阶段比赛的国家。在1930年和1934年的比赛中，巴西队都是陪客。1938年世界杯上巴西队的面貌焕然一新。他们以完美的技术、流畅的配合、完美的进球震惊世界，一举获得第三名。如果不是最后阶段的教练失误，巴西或许会提前20年获得世界杯冠军。

这是"桑巴足球"第一次登上世界舞台。在这之前，欧洲人更多看到的是高举高打、直来直去、硬碰硬的欧式足球。当他们第一次见到巴西人娴熟的控球、盘带、过人和射门时，简直惊得合不拢嘴。法国《竞赛画报》的记者说："我刚看到了他们的比赛，天哪！他们难道都是有五条腿的怪兽？在他们中间，有位球员长了六条腿，我指的是莱昂尼达斯。"

他指的就是"黑珍珠"莱昂尼达斯·达·席尔瓦。这是巴西足球史上第一个值得大书特书的名字，也是贝利之前巴西队最伟大的球员。亲眼看过莱昂尼达斯踢球的巴西环球电台评论员门德斯认为，莱昂尼达斯和贝利两人难分伯仲。

在这届世界杯上，巴西队有两位超级明星，中锋莱昂尼达斯和中

卫多明戈斯·达·古伊亚，两人都是黑人。尽管二战前的巴西贫富差异很大，但除了几段特殊时期外，几乎没有种族歧视和种族隔离政策，所以黑人也能出人头地，特别是在他们擅长的足球领域。由于场上位置的关系，莱昂尼达斯显得更出彩，更引人注目。他被看成足球场上的魔术师。用万人空巷来形容他在法国比赛时的盛况，真是一点也不过分。

　　杯赛一开始，巴西队就踢出了最高水平。第一战对阵欧洲劲旅波兰队，这场比赛是世界杯历史上的经典之战。巴西队拥有令人恐怖的进攻能力，但他们的防线简直是豆腐渣工程。双方在这场比赛中展开了进球大战。90 分钟里进球如梅花间竹，从 1:1 到 4:4，加时赛里莱昂尼达斯大显神勇，连进两球，最终巴西队以 6:5 击败了波兰队。但巴西队在这场比赛里失了 5 球，也创了他们的失球纪录。这项纪录一直保持到 2014 年巴西世界杯半决赛和德国队的比赛之前。莱昂尼达斯本人也创造了一个纪录，他打进 4 球，成为世界杯历史上第一个单场比赛打进 4 球的人。

　　这场比赛还有一段小花絮。莱昂尼达斯的鞋子被淤泥裹住了，他干脆光脚在场上踢比赛，成了名副其实的"赤脚大仙"！对于穷苦的巴西孩子来说，光脚踢球是他们最熟悉的，只是我们已无缘看到光脚踢球的莱昂尼达斯是什么样子。

　　如果说这场比赛表现的是巴西队的脚法，那么下一场比赛则显示了他们的"拳法"。在波尔多进行的四分之一决赛中，捷克斯洛伐克人被巴西人玩弄于股掌之间，不由得怒从心头起。于是双方展开了混战。从结果看，两队挂彩的人数不相上下。这表明瘦弱的巴西人在打架上也可以和强壮的波希米亚人抗衡，完全不落下风。这就是足球史上有名的"波尔多血战"。最终巴西队在加时赛里击败捷克斯洛伐克队，进入四强。

因"战斗性"减员严重，巴西队主教练皮门塔犯了一个错误，他将莱昂尼达斯雪藏，而理由居然是要把他留在决赛中用。

如此托大的做法令人费解，也许他坚信球队能够轻易搞定拥有梅阿查的意大利队。在单循环淘汰赛中如此雪藏第一主力，着实不多见。皮门塔的这一决定也成了世界杯历史上有名的用人失误之一。可以想见，如果莱昂尼达斯上场，意大利队绝不会如此轻易地以 2:1 击败巴西队。更大胆的设想是，巴西队也许会连胜意大利和匈牙利，一举夺冠。

在这届比赛中，莱昂尼达斯打进了一个精彩的"倒挂金钩"。这种射门方式在当时极为罕见，即使在现在也是高难度动作，比赛中一旦出现，不管进球与否都会迎来满堂喝彩。

在巴西，人们称莱昂尼达斯为"倒钩之父"，认为是他发明了这项技术。不过，据莱昂尼达斯本人回忆，其实他是从一个不太有名的队友那里学来的。可见巴西足球界人才济济。

莱昂尼达斯在俱乐部同样战果累累。他三次率队获得里约州联赛冠军，五次夺取圣保罗州联赛冠军。莱昂尼达斯在巴西被尊为贝利之前的第一位球王。在其传记《永远的钻石》一书中，作者里贝罗写道："我惊奇地发现，在贝利之前还有一位球王。莱昂尼达斯是第一个达到这一高度的人，他的知名度甚至和总统齐名。"巴西国家队主教练佩雷拉也认为，莱昂尼达斯是巴西足球的先行者，他为巴西前锋赢得了声誉，"他是巴西乃至世界上最伟大的球员之一，他是巴西足球的先驱，为贝利这样的后来者开辟了道路。"

莱昂尼达斯的名声是如此之大，以至于 1950 年巴西世界杯时，尽管他已经 37 岁"高龄"，但巴西全国上下都在讨论他是否应该为国家队出征。当时，年仅 10 岁的贝利正是他的铁杆粉丝。

莱昂尼达斯很长寿，直到 2004 年 90 岁高龄时才驾鹤西去。他是很幸运的，因为尽管他本人没有获得过世界杯冠军，但他亲眼看到杰出的后辈们捧回了五座世界杯，见证了20世纪的巴西足球和世界足球。

"小鸟"加林查

1962年智利世界杯小组赛第二轮，巴西队对阵捷克斯洛伐克队，球王贝利负伤下场并最终告别了本次世界杯。贝利的演出结束了，而加林查的演出渐入佳境。

其实加林查的表演早就开始了，只是舞台的聚光灯一直不在他身上。

曼努埃尔·弗兰西斯科·多斯桑托斯外号"加林查"，在葡萄牙语里是一种小鸟的名字，这种鸟能在巴西的原始森林里轻盈、优美而又疾速地飞行。人们认为加林查在绿茵场上，正如小鸟在林间。另一种说法是，加林查的性格洒脱、轻佻、纵情、无拘无束、我行我素，一如欢快的小鸟。从加林查一生的行为来看，这个外号非常适合他。

"小鸟"的一个与众不同之处是，他的右腿比左腿长了5厘米。左腿向外撇，右腿则向内弯曲，是先天性的残疾。他曾做过一次腿部矫正手术，但不太成功，走路时仍然摇摇晃晃的，让人担心随时会倒地。这种身体条件的孩子，在有着严格青训制度、层层选拔的足球体系里，根本不可能成为职业球员。只有在巴西那随性、洒脱、不拘一格且天马行空的国家，才有可能出人头地。

塞翁失马，焉知非福。"小鸟"的腿部残疾某种程度上也成就了他。先天性的罗圈腿反而让他在盘球过人时比普通人更加隐蔽，假动作做得更为逼真。对手根本无法判断他准备用哪只脚来启动。而在带球过程中的急停和转向让人根本就防不胜防，对手只能疲于奔命。再加上他百米10.7秒的速度，带球过人简直易如反掌。有时甚至能在几个人的包围夹击中左冲右突，灵活自如，如穿花蝴蝶一般。难怪人们评价他是足球史上的第一盘球大师。

据说，有段时间加林查在场上以戏耍对方为乐。他经常在突破对方整条防线后并不射门，而是将球传给队友，因此延误了许多战机，教练极其恼火，不得不耐下心来告诉他，过人的目的就是进球。

"小鸟"这种洒脱的个性，让他对任何事都不是那么执着，包括对足球。据说1950年世界杯决赛时，全巴西人都在收听实况转播，而17岁的他居然去钓鱼了。回家后他发现大家都很痛苦，却搞不清到底发生了什么。平时和伙伴们在街头巷尾踢球也只是玩乐而已，他根本没有刻意去训练自己的技术。他的第一份工作是在工厂做工，同时在工厂的业余球队踢球。

20岁时，加林查忽然不想继续在工厂上班，想去专门踢球了。在朋友的介绍下，他去了巴西著名的博塔弗戈俱乐部，在那儿一待就是12年。一个工人摇身一变就成了职业球员，听起来是不是像天方夜谭？但这是真的，加林查是足球界罕见的天才，不止一个评论家认为仅就技术而言，他的天赋超过球王贝利。

加林查转身了，成名了。但那些没有转身的、还在工厂做工的业余球员，则可能一辈子都默默无闻。巴西民间隐藏着无数足球天才。贝利说过，他父亲的足球技术不亚于莱昂尼达斯，但一辈子在小镇里无法出头。

在加林查的传记中，这位天才被描述为"职业足球历史上最不职业的球员"。因为他几乎不参加系统训练，也没有经纪人，签合约时很少细读（因为看不懂）。而且毫不爱惜身体，经常彻夜酗酒。他踢球全凭与生俱来的天赋。在这样的状况下，他居然能维持近20年的职业球员生涯，并两夺世界杯冠军。真难以想象，加林查究竟有着怎样天赋异禀的好身板。

性情南美

"小鸟"的俱乐部经历非常辉煌。1953 年 7 月 19 日，在博塔弗戈队的处子秀中他就上演了帽子戏法，帮助球队以 6:3 击败邦苏塞索队。第二天，里约州的一家报纸将整版的篇幅给了一个标题：加林查征服博塔弗戈。

　　在效力博塔弗戈的 12 年里，加林查共夺得两次圣保罗州联赛冠军，三次卡里奥卡锦标赛冠军，共参赛 581 场，打进 232 个进球。两年后的 1955 年他第一次入选巴西国家队。在 1958 年的世界杯上，加林查和贝利一起，在小组赛对阵苏联队的比赛中首次登台亮相。

　　《加林查传》描述了这场比赛中的一个场景："在突破并晃倒一个对手后，加林查停下来一脚踩住球，背对着倒地的对手，伸出一只手要扶他起来！"他这样做是为了取悦观众，还是在和对手开玩笑？真是个率性之人。

　　"小鸟"的演出一场比一场精彩。尽管没有进球，但他在右路的突破成为巴西队的制胜法宝之一。在决赛中，瓦瓦扳平和反超比分的两球背后都有加林查的功劳。但在这届比赛中，贝利和迪迪的表现太出色了。特别是贝利，年仅 17 岁就横空出世，抢走了巴西队的大部分风头，加林查也被淹没在巴西队的群星之中。1962 年的世界杯才是属于"小鸟"的世界杯。

　　在 20 世纪 50 年代末到 60 年代初，巴西足球界群星闪耀，光彩夺目。其中最耀眼的双子星座无疑是贝利和加林查。这两个性格、行为、爱好都完全不同的球员，唯一的相同点就是他们都拥有普通人无法想象的球技。

　　贝利是个模范人物，懂得约束自己，加林查则总是放纵自我。贝利懂得自己的价值，并能用它来为自己谋利，加林查却没有什么野心，也不关心自己有多少财产，应该如何花钱。贝利娶了一个白人女子为妻，而加林查娶了一个黑人姑娘。贝利严谨有规律，加林查率性随意。

贝利是球王，加林查是"小鸟"。人们对贝利是敬，对加林查是爱。加林查代表了一种残缺的美，他更接地气，更能贴近球迷，得到球迷的喜爱。今天广泛传唱的那首《加油歌》的开头，就是献给加林查的："哦嘞——哦嘞，哦嘞，哦嘞！"这耳熟能详的动听旋律，是不是很像小鸟在林间穿梭？

1963年的世界杯上，贝利和加林查两人本有希望联手卫冕，但球王中途退场，舞台的聚光灯一下子集中到了加林查身上。是时候从贝利的光环后走出来了。在接下来的比赛中，加林查成了巴西的英雄。每场比赛都成了他一个人的表演，而他的每次演出都是那么完美，令全世界球迷目瞪口呆。

小组赛最后一场，巴西队对阵西班牙队。整场比赛"小鸟"都在用魔术般的动作戏耍西班牙后卫。比赛临近结束时，他把球传给了阿马里尔多，后者没有辜负他的期望，一脚破门。2:1，巴西获胜。巴西人说，加林查的传球是把馅饼直接塞到了阿马里尔多的嘴里。

1/4决赛，巴西队对阵英格兰队。加林查戏弄了所有的英格兰后卫。那些高大笨拙的壮汉面对"小鸟"的舞步乱作一团，却又无可奈何。加林查梅开二度，又助攻瓦瓦一球，巴西队以3:1轻取对手。加林查助攻的一球非常漂亮。当时是巴西队的任意球，加林查踢出一个高难度的"香蕉球"，把球吊到英格兰队门前，瓦瓦高高跃起，将球顶入球门。赛后伦敦的一家报纸这样评价加林查："我们以为只有足球大师迪迪能踢出高难度的弧线球，加林查让吃惊的观众们欣赏到了同样的高难度动作。"

半决赛巴西队对阵东道主智利队，就像是上一场的翻版。加林查再次独中两元，并助攻瓦瓦一球。加上扎加洛助攻瓦瓦的一球，巴西队以4:2的比分昂首挺进决赛。

决赛中他们碰到了老冤家捷克斯洛伐克。这次"小鸟"被紧盯，但贝利的替补阿马里尔多表现出色，巴西队最终以 3:1 逆转，蝉联冠军。

迄今的 20 届世界杯中，只有两支球队做到了卫冕。一支是 1938 年的意大利队，另一支就是 1962 年的巴西队。

赛后，同样来自英国的一家报纸总结道："世界上最重要的球员不是贝利，而是加林查！"智利当地的报纸发问："加林查是从哪个星球上来的？"最终加林查也如愿获得本届杯赛的最佳球员和最佳射手称号。

教练和队友也对"小鸟"赞赏有加。弗拉维奥·科斯塔在 1950~1954 年任巴西国家队教练，他这样评价加林查："他是个与众不同的球员，总是保持良好的状态，带球速度奇快。在国内联赛中他并不是很成功，虽然很多人已经认识了他。但是当披上国家队的战袍，与其他国家的球队作战时，加林查总能杀对手个措手不及。"

队友瓦瓦说："加林查完全是个另类的球员。基于这些先天的生理缺陷，我们很难想象他有如此伟大的成就。他极有速度，你甚至可以把他看作一个短跑运动员。我们从没见过他奔跑超过 30 米，因为畸形的双腿很有可能使他摔倒。所以他经常会往前猛冲再停止，然后继续。"

巴西足球的传奇人物济济尼奥说："随性地踢球和对阵强队，对他来说其实没什么分别。他有一点儿玩世不恭，但这不一定都是坏事。正因为如此他才敢去冒险。事实上，他一直以来都在冒险。"

"小鸟"一生的三大爱好是足球、酗酒和女人。足球成就了他，而酗酒和女人则毁了他。巴西人都知道加林查嗜酒如命，不过他酗酒的原因很奇特。小时候由于家里穷，生病时母亲总会给加林查吃一种自制的药，药的主要成分是酒精、蜂蜜和苏打水。久而久之，酒精便成为小加林查维持身体机能不可缺少的必需品，就像毒品一样，饮酒已经成为加林查生理和心理的双重需要。缺少了酒精加林查根本无法正常生活。有人这样描述加林查的俱乐部生活：比赛的前一天他照旧喝得不省人事，然后昏昏沉沉上场比赛，比赛完之后继续喝。

特别是在职业生涯的后期，由于酗酒和滥情，他的技术水平严重退步，只能在二三流的俱乐部混饭吃，还常常被炒鱿鱼。他不善理财，财务状况很糟糕，常常入不敷出，被人告上法庭乃至身陷囹圄。种种不如意的事情使他更加沉溺于酒精之中，借酒浇愁。这样的恶性循环非常损伤身体，刚刚 49 岁他就因肝硬化去世。

在滥情方面，"小鸟"更是有过之而无不及。加林查 19 岁就结婚了，新娘娜伊尔和他在一个工厂工作，当时才 16 岁。然而，生性浪漫的"小鸟"婚后仍然四处留情，留下一段段佳话的同时，也留下了一连串的麻烦。据说在他去世前，得到他承认的有 14 个孩子。

每逢大赛就是"小鸟"收获爱情的时候。1958 年的瑞典世界杯上，加林查被评选为最佳右边锋。在国际足联的告别晚会上，加林查再次成为焦点。他对瑞典姑娘大献殷勤，教她们跳桑巴舞，一起唱桑巴歌曲。队友们都很纳闷，加林查只会说两到三个瑞典语单词，而那些瑞典姑娘也不会葡萄牙语，他们是如何交流的呢？1959 年，一名瑞典姑娘声称，她儿子的父亲是加林查，尽管加林查终其一生也没有承认。

1962 年，有人把智利著名歌星艾尔莎介绍给了加林查。从此艾尔莎成为加林查最重要的女人，他们的关系维系了 15 年。这段感情让"小鸟"在整个世界杯期间如得神助，创造了一个又一个的奇迹，直至卫冕。

放纵的性格和过分的滥情，让他在巴西人心中的地位一落千丈，也严重影响了他后来在国内的发展。加林查和贝利同是那个时代最伟大的球星，都有一个美好的开端，但结局却完全不一样。贝利身为球王，名满天下，加林查晚年却贫困潦倒，妻离子散，一个人孤单地死去。全是性格使然。

只说一点就可以看出两人的区别。球王因为从小贫困，成名后积极理财投资，但遇人不淑，好几个项目都使他陷于破产边缘。但他硬是利用自己的名声，积极筹款，还清了债务，重整旗鼓。据说，球王退役后重投纽约宇宙队就是为了赚钱还债。"小鸟"则不善理财，有人说他根本不看合同就签字。像他这种级别的球星，薪水只是俱乐部的中等水平，真是不可思议。平日里他有钱就花，没钱就等，从来没有想过用自己巨大的无形资产去获益。身边的经纪人对他也是能坑就坑，搞得他一直负债累累，最终一贫如洗。

放纵最终让"小鸟"无法自拔。好在巴西人民没有忘记他们的英雄。2004年10月18日，在加林查71岁诞辰的这一天，一部反映"小鸟"生平的电影《加林查——孤独的心》在巴西上映。2014年，巴西将世界杯揭幕战的体育场巴西国家体育场命名为加林查体育场，以纪念他们已故的天皇巨星。

"白贝利"济科

巴西球迷如果喜欢一个球星，往往会先给他起一个好听顺口的雅号，然后才开始谈论他的技术动作、个人特色以及其他话题。球员阿图尔·安图内斯·科因布拉也不例外，只有在被人叫成"济科"后，才开始成名。济科这个简洁的名字，在葡萄牙语里面有好勇斗狠的"小公鸡"的意思，个子矮小的济科在场上凶猛异常，因此得到这个雅号。另一个说法是，济科小时候头发总是乱糟糟的，像只小公鸡。这名字到底是怎么来的，可能连他本人也记不清了。

济科出生于里约热内卢的一个葡萄牙移民之家，父亲和两个哥哥都是足球运动员。济科很小时就展现出了过人的足球天赋。尽管他有医学院的文凭，是一名合格的儿科大夫，但在家庭的熏陶下，最终还是走上了足球之路。1966年，13岁的济科进入弗拉门戈俱乐部的学校接受正规训练，14岁时进入弗拉门戈少年队，17岁时加入弗拉门戈青年队，并同时入选巴西国家青年队。

就像贝利和桑托斯队的关系一样，济科和弗拉门戈队也是不可分离的。两者相互成就，共创辉煌。济科在弗拉门戈队效力16年，把自己足球生涯的黄金时代全部奉献给了这里，同时他足球生涯的主要成就，也都是在这里取得的。但有一点，济科没有得过世界冠军。

1971~1989年，济科效力于巴西的弗拉门戈队，中间有两年去了意大利的乌迪内斯队。其间共参加比赛650场，进球630个，这是个惊人的纪录。济科共获得过7次里约州联赛冠军，9次瓜纳巴拉杯冠军，4次巴西全国联赛冠军。1976年和1977年，济科两度被评为巴西最佳球员和最佳射手。1980年，济科为弗拉门戈队夺取了巴西全国冠军，1981年又夺取南美解放者杯冠军和丰田杯赛冠军。1977年、1981年和1982年，济科3次被评为美洲最佳运动员（即南美足球先生），1982年世界杯入选最佳阵容，1983年被英国《足球世界》杂志评为世界最佳运动员。

1980年，济科率领弗拉门戈队取得巴西全国锦标赛冠军。在马拉卡纳体育场举行的决赛中，弗拉门戈队以3:2击败了雷纳尔多和塞雷佐率领的米内罗竞技队，历史上首次成为巴西全国冠军。在18场比赛中济科独进21球，被评为最佳射手。第二年，弗拉门戈队代表巴西参加南美解放者杯，决赛中战胜了来自智利的科普雷洛亚队，夺得了俱乐部历史上的首个解放者杯冠军，济科也以11粒入球勇夺最佳射手。弗拉门戈队因此获得代表南美参加第二届丰田杯比赛的资格。

最早的丰田杯，是欧洲冠军杯冠军与南美解放者杯赛冠军的一场对抗赛，属于非正式性质的友谊赛，也没有合适的名字，人们勉强称之为"洲际杯赛"。但因为比赛水平高，颇能吸引眼球，1981年财大气粗的日本丰田公司正式接手这一比赛，将比赛正式化，并命名为"丰田杯"，每年年末在日本东京举行。

20世纪80年代初的中国球迷很少能看到世界高水平的足球赛。那时根本没有英超、意甲、西甲的直播。中央电视台一年一度直播的丰田杯，就成了球迷的盛大节日。除了欣赏欧美巨星的精湛表演外，场边停的那辆奖给最佳运动员的豪华丰田车，也成为大家热议的话题，甚至有些报纸会组织球迷讨论最终谁能开走那辆车。

济科就是在1981年的丰田杯赛上被中国球迷熟悉和喜欢的。现在中年以上的球迷心中，济科的地位甚至超过了贝利，济科完全代表了巴西。

1982年12月13日的第二届丰田杯决赛，弗拉门戈队对阵欧洲"红魔"利物浦队。在济科的率领下，弗拉门戈队全面压制了"红魔"，最终以3:0大胜。济科本人虽然没有进球，但三粒进球都与他有关。或快速突破，或妙传身后，或大力任意球，一招一式无不显示巨星风采。济科彻底征服了全世界的球迷，一代天皇巨星就此闪耀东京。赛后，济科被评为最佳球员，与独进两球的努涅斯各得一辆丰田轿车，这也是丰田杯的历史上唯一一次在一届比赛中奖励两辆轿车的记录。

20世纪80年代初的济科和弗拉门戈俱乐部，都达到了各自的巅峰，这个时期南美足球的水平要高于欧洲。然而，和在俱乐部的一帆风顺、风光无限相比，济科的国家队生涯却充满坎坷和苦涩，他在国家队的结局也让所有喜欢他的球迷唏嘘不已。

1973年，20岁的济科正式成为国家队的一员。但在1974年的世界杯前，主教练扎加洛以年龄太小为由，将他排除出了国家队。马拉多纳也有过类似的遭遇，不过他显然比济科幸运得多。1978年第11届世界杯前，在球迷的强烈要求下，教练终于将济科招进国家队。在哥伦比亚的世界杯外围赛中，济科表现出色，巴西队以8:0大胜玻

性情南美

利维亚队，济科一人包办 4 球，引起全国的轰动。球迷认为济科是贝利之后最能代表巴西艺术足球风格的球星，因此称他为"白贝利"。

决赛阶段，强大的巴西队一场未输，但没有考虑到阿根廷队的东道主优势，最终只得到第三名，铩羽而归。

1982 年的世界杯前，巴西队伴着悠扬的巴萨诺瓦舞曲奔赴西班牙，济科被公认为他们的领舞者。小组赛中巴西队气势如虹，三战三胜。除了苏联队给他们制造了一些麻烦，让他们只赢了一个球外，其他球队皆被横扫。巴西队 4:0 轻取新西兰队，4:1 大胜苏格兰队。济科一人打进 4 球。与苏格兰队的比赛里济科打进一个精彩绝伦的"香蕉球"；而在与新西兰的比赛中，济科也凭一记"倒挂金钩"技惊四座。

在遇上意大利队之前，这届世界杯简直是巴西人的舞台，全世界球迷都为巴西队的表演如醉如痴。济科表现出了领军大师的风范，在中前场的指挥调度激活了整个巴西队的进攻端。同时，他也展示出自己的多才多艺，各种技术动作在不经意中演绎得完美无缺。特别是在任意球方面，济科堪称一代大师。由济科、苏格拉底、法尔考和儒尼奥尔四人组成的中场线全面压制了对手的中后场，让对手连挣扎都很困难，更别说还手了。他们之间的默契配合以及给两位前锋的支持，都让对手摸不着头脑，时时处于崩溃边缘。这支巴西队将球星个人技术和球队整体结合得非常均衡，很难挑出毛病。将巴西的艺术足球展示得淋漓尽致，这是空前绝后的足球艺术。不管结果如何，全世界球迷都要感谢他们，因为他们，球迷才知道原来足球可以如此美丽。

没人相信他们会输，但他们确实输给了此前不被看好的意大利队。在击败马拉多纳的阿根廷队后，巴西队在淘汰赛阶段遭遇意大利队。依照本届赛制，巴西因为净胜球多，只需踢平就可以出线，意大利队则必须获胜才能出线。赛前所有人都认为这场比赛的看点是世界上最强进攻端和最强防守端的遭遇，"混凝土"和"锁链"如何防住巴西队的狂轰滥炸。乐观的球迷更在猜测巴西队能进几球，济科能不能进球。

意大利队虽不被看好，但他们有 40 岁的传奇门将佐夫。佐夫的功绩有多大，只要看意大利足协主席尼佐拉对他"民族纪念碑"的评价就可以知道。他们还有"金童"罗西，他有着极其敏锐的门前嗅觉、完美的位置感和超人的射门能力。他在对巴西队的比赛中上演了帽子戏法，靠一己之力击溃了巴西人。之后的三场比赛中他又连进 6 球，帮助意大利队勇夺桂冠！当然，意大利队还有詹蒂莱，这位"詹先生"最大的能耐就是防守时黏上去就甩不开，外号"铁橡皮胶"，马拉多纳和济科都被他黏得脱不了身，实在黏不住时，他甚至会把济科的球衣撕破。最关键的是，他们还有一位烟斗不离口，有着鹰一般锐利目光的教练贝阿尔佐特。这位"烟斗教练"最大的特点就是老谋深算，常常做出出人意料的决策，让对手防不胜防。

这场巴西队和意大利队的"世纪决斗"中，贝阿尔佐特在战术安排上完胜巴西队教练桑塔纳。和赛前人们预测的意大利队将"铁锁横江"相反，他们一开场就打得有声有色，并没有保守，反倒利用快速反击，在开场仅 4 分钟后就由罗西先下一城，打了巴西队个措手不及，接下来又 2:1、3:2 领先。尽管场面上巴西队控球占优，但在比分上却一直是意大利队领先。巴西教头桑塔纳似乎被赛前的狂热气氛冲昏了头脑，整场比赛都要求巴西队全面进攻，不论是落后时还是扳平比分后。一味的进攻破坏了巴西队的节奏，最终回天无力。

在只要打平就能出线的情况下，应制定防守反击的策略，任何一个教练都会这么做的。特别是 2:2 以后，意大利队有反击能力，而且罗西打得很疯，这时应该全队回收，加强防守，让意大利人着急。等他们攻出来后再伺机打反击。但巴西队恰恰没有这样做，他们像红了眼一样，继续演绎最后的疯狂。第 74 分钟，巴西队唯一的软肋守门员犯了一个低级错误，送给对手一个角球。罗西第三次将球打入巴西队的大门。巴西队的世界杯之旅就此结束。

桑塔纳可以让巴西队踢得有声有色，精彩纷呈，却无法让巴西队有勇有谋，有理有节。这场比赛清楚地表明，现代足球不是一个队在踢，而是双方的比赛，完全不顾及对手的策略而一味地我行我素，哪怕是强大的巴西队，也有输球的可能。这就是这场比赛给所有球队的一个警示。

出师未捷身先死，苏格拉底、法尔考神情落寞地走出赛场，济科手里攥着被撕烂的球衣，低垂着头。一旁的意大利人又唱又跳，欢声笑语。强烈的反差让全世界巴西球迷心如刀绞。但这就是足球，最终以成败论英雄。输了决赛，就输了全世界。

应该说，纯粹的巴西艺术足球随着这场失败和老帅桑塔纳的离任而走到了尾声，接下来的巴西队将开始痛苦而无奈的转型。高傲的巴西人不得不低下头向欧洲人学习。1994年和2002年，巴西人依然辉煌，但那已经不是我们想看到的、原汁原味的桑巴足球了。

济科退役后，意大利学者、专栏作家科斯唐蒂尼这样说道："他离开后，这个世界又少了一位艺术家，一位能带给我们丰富想象的创造性的艺术家。虽然他不是意大利人，但我要说，他给了我们许多快乐，这一点是不分国界的。"和贝利、加林查等巨星一样，济科这位"无冕之王"也被巴西人搬上了银幕。1997年，巴西的一家影视公司斥资800万美元拍摄了电影《济科的奇迹》，济科在剧中出演自己，展现了他辉煌的足球生涯。

"独狼"罗马里奥

索乌萨·罗马里奥无论从哪方面看，都非常像马拉多纳。他身高

1.67米，只比马拉多纳矮了1厘米。两人都属于矮壮型身材，四肢发达，因重心低、身体平衡力强而特别擅于在身体对抗中占优，给人不倒翁的即视感。

罗马里奥外号"独狼"，又叫"冷面杀手"。这些外号有两层含义：一方面是指他不合群。无论是在俱乐部还是国家队，他从来都是独来独往。另一方面指他在场上的表现。他不像绝大部分前锋，喜欢通过跑位来觅得良机，他只喜欢潜伏在前场，守株待兔，尽量不被对方后卫注意，就像捕猎的狼一样，通过悄无声息的游弋寻觅机会。一旦得手，便施以绝杀。有人计算过，一场足球比赛里罗马里奥也就跑上十几个来回，很少参与防守。

罗马里奥是20世纪90年代世界足坛最为可怕的锋线杀手。他技术全面，不论是抢点、射门还是传球都极其精准，让人防不胜防。罗马里奥最典型的入球方式是在对方禁区前沿突然出现，得球后急转身起脚打门，动作连贯，从不拖泥带水。同样，在运动战中射门，以及在对方几名后卫的夹击中寻找角度起脚射门，都是他的拿手好戏。他在巴塞罗那时的教练克鲁伊夫曾说："罗马里奥常常在整个比赛中消失，然后突然从什么地方冒出来，踢进一个决定胜负的球。"

罗马里奥的脾气也像马拉多纳，同样的桀骜不驯。他生性孤傲，有着所有天才的通病——恃才傲物、口无遮拦、我行我素。与队友和教练发生争执对他来说是家常便饭。他是任何一支球队都不可或缺的天才射手，却在任何一支球队都待不长，最后皆以不欢而散收场。

在埃因霍温队时他是队中数一数二的人物，但仍两次因违反纪律而被停赛。埃因霍温队的主教练之一老罗布森回忆说："罗马里奥是我见过的最难合作的人之一，但他也是我执教生涯中前所未遇的天才。我无法改变他，只有想办法和他相处。"

在众星云集的巴塞罗那队，罗马里奥依然我行我素，完全不将球

性情南美

队纪律放在眼里。1994 年世界杯后，罗马里奥擅自延长假期，直到 8 月才回归球队，遭到了俱乐部的巨额罚款。因为这件事双方产生了裂痕。罗马里奥的自由散漫让俱乐部无法忍受，1995 年 1 月他回到弗拉门戈队时，身价是 450 万美元。看来，只有他的祖国才会对这头"独狼"网开一面。

当时的巴塞罗那队主帅克鲁伊夫曾讲过这样一个故事："有一天上午训练结束后，罗马里奥找到我，说他要请假 8 天，回巴西参加狂欢节。我说除非你在周日对皇家马德里队的比赛里上演帽子戏法。结果，他在那场比赛中真的打进了 3 球，巴塞罗那队赢了。赛后罗马里奥连招呼也不打就去了机场。"碰到这样的人和事，连克鲁伊夫这样的"铁腕"教练也无可奈何。

在自己的国家队，他更是变本加厉，经常不留情面对教练和队友指手画脚，甚至批评 1994 年世界杯的最佳搭档、与他齐名的贝贝托是个胆小鬼，说埃德蒙多和穆勒是凡夫俗子。他甚至对教练的排兵布阵说三道四，盛气凌人，因此在队中人缘极差。难怪有媒体说罗马里奥控制球的本领，明显比他控制嘴的本领强 100 倍。"

1992 年，因拒绝参加巴西队同德国队的比赛，他被巴西国家队除名，但他根本不当回事。真是难以置信，这种性格的人后来居然能从政。退役后，他加入了巴西社会党，2010 年 10 月在里约热内卢州当选国会下议院议员。

罗马里奥的成名过程也和马拉多纳相似。两人获得的第一个世界冠军都是在 20 岁以下的世界青年锦标赛上。只不过，马拉多纳夺冠时 19 岁，而罗马里奥夺冠时只有 17 岁。

1988 年的奥运会，他在对苏联的比赛中打入了精彩的一球。尽管巴西队仅仅得到亚军，但罗马里奥凭借极其出色的表现获得了最佳射手称号，名声大震，人们开始称他为"马拉多纳第二"。罗马里奥的

职业生涯主要在巴西、荷兰和西班牙度过，其间荣膺两次巴西甲级联赛冠军，四次荷兰甲级联赛冠军，两次西班牙甲级联赛冠军，并且获得了 1989 年美洲杯的冠军。

罗马里奥一生最大的亮点，就是在 1994 年的美国世界杯上夺冠。毫不夸张地说，这次捧杯他是第一功臣。

在这届杯赛的外围赛中，巴西队并不顺利。他们处境尴尬，几名前锋队员虽然都很努力，但就是不进球，场上得势不得分。在最后一场对乌拉圭队的比赛中，他们只有取胜才能取得出线权。这时，巴西足协不得不将已经除名两年的罗马里奥重新召回队中，希望"独狼"的杀手本性能为巴西队杀出一条血路。关键时刻，罗马里奥方显英雄本色，他以 2 个干净利落的进球将巴西队送进了美国世界杯的决赛圈。赛后，他自然成了巴西队的英雄。在回答记者提问时，他不假思索地说："我是上帝派来的使者。"此言一出，赢得满堂喝彩。

据说，1994 年美国世界杯的这支巴西队，是历届国家队中"最像欧洲球队"的一支。在崇尚欧式打法的著名教头佩雷拉的调教下，巴西队一改以前散漫的作风，讲究严密的队形和整体性，强调战术纪律，用凶狠的拼抢扰乱对方进攻节奏。由邓加、席尔瓦、阿尔代尔、桑托斯和卡福等人组成的中后场异常坚固，并在此基础上不断为前场的两名杀手罗马里奥和贝贝托创造机会。

这一届的巴西队队长是邓加，他参加过 1994 年、1998 年两届世界杯。虽然没有华丽的脚法和出众的个人技术，但一个队长应该具备的所有特质，他全部拥有。在场上他纪律性强，抢断积极，并且拥有良好的大局观和组织能力，是个典型的"工兵型"中场，难得的大将之风也让他成为巴西队强大的精神领袖。

主教练佩雷拉在这届大赛中的战术思路是根据巴西队员的具体情况制定的，他并不要求队员踢出花哨的桑巴足球，而是强调一切以获

性情南美

胜为最高目标。最终，这一战略思想帮助巴西队获得了冠军。

小组赛中波澜不惊。1/8 决赛上，巴西队碰上了南斯拉夫"神奇教练"米卢蒂诺维奇率领的美国队。靠着顽强的防守，巴西队在第 72 分钟抓住美国队失误的机会，由贝贝托打进致胜一球，昂首进入八强。

1/4 决赛中，巴西队面对欧洲劲旅、号称"无冕之王"的荷兰队。这是一场精彩异常的对攻战，双方在下半场共攻入 5 粒进球！第 53 分钟，贝贝托左路传中，罗马里奥跃起后用脚背将球弹入网窝，整个动作一气呵成，这对黄金搭档的联手演出令球迷尖叫不止。第 63 分钟，贝贝托反越位成功，带球轻松晃过了门将，将球打入空门。这时贝贝托跑向了场边，双手做摇篮状，边摇边跳。罗马里奥和马津霍也跑过来做着同样的动作。球迷们从来没有看到过如此有创意的庆贺动作，而这一动作和巴乔的泪水一起，成为这届世界杯最难以忘怀的记忆。最终，巴西队凭借布兰科的一脚任意球，以 3:2 力克荷兰队，挺进半决赛。

半决赛上，巴西队依靠罗马里奥的一粒进球击败黑马瑞典队。决赛在巴西队和意大利队这两个老对手之间进行。这场比赛被看成是罗马里奥和罗伯特·巴乔之间的巅峰对决。谁获得胜利，谁就是 20 世纪 90 年代的王者。贝利曾经说过："90 年代属于罗马里奥！"这回他说对了。

历来靠混凝土防守打遍天下的意大利队，碰上了史上防守最强的巴西队。这场比赛变成了防守大战，全场几乎没有可圈可点之处。120 分钟的比赛异常沉闷，似乎双方都对自己的点球充满信心。于是，世界杯历史上第一次出现了用点球决出冠亚军的情况。

前三轮，双方都是三罚两中，暂时 2:2 打平。第四轮，意大利队马萨罗软弱的点球被巴西门将塔法雷尔扑出，而巴西队邓加准确地将球送入网窝，巴西队 3:2 领先。意大利队最后一个出场的是"小辫子"

罗伯特·巴乔。当时翩翩少年的巴乔只有 27 岁，一双 "地中海蓝" 的眼睛迷倒无数女球迷，正处于球技巅峰期。本届世界杯中意大利队开局很差，以小组第三的名次勉强挤入十六强。但淘汰赛上巴乔突然爆发，几乎用一己之力将意大利队带入了决赛。如果当年意大利获得了最后的胜利，那么巴乔将堪比 1986 年的马拉多纳。

但是，命运和这位忧郁王子开了一个残酷的玩笑，巴乔的点球高过了横梁。一刹那，全世界都在痛惜巴乔落寞孤寂的背影，这是足球世界最让人动容的画面之一。足球就是这样，从来只闻新人笑，有谁念起旧人哭。罗马里奥笑了，贝贝托笑了，邓加笑了，卡福笑了，佩雷拉也笑了，巴西人都笑了。1994 年的世界杯，以罗马里奥荣获最佳球员而告终。巴西队著名教头扎加洛说："马拉多纳退役后，他（罗马里奥）就是世界上最出色的球星。" 这是对 "独狼" 最好的评价。

"外星人" 罗纳尔多

世纪之交的国际足坛经常能听到两个名词——"R-R 组合"和"3R 组合"。"R-R"指罗马里奥和罗纳尔多，"3R"则是指罗纳尔多、罗纳尔迪尼奥和里瓦尔多。两者的交集正是罗纳尔多。

这个重中之重的球员被中国球迷亲切地称为 "大罗"，以区别于同时期的小罗（罗纳尔迪尼奥）和后来的 C 罗（克里斯蒂亚诺·罗纳尔多）。这三位 "罗选手" 在中国球迷中相当有人气，特别是大罗罗纳尔多，一对招风耳，两颗小虎牙，后来还剪了一个大阿福的发型，煞是可爱。大罗是巴西这个球星工厂制造出的一件兼具观赏性和实用性的产品，甫一问世就震惊全球。

和巴西其他天皇巨星一样，罗纳尔多也属于早慧型。他的足球生涯开始于一个略带伤感的故事。14 岁时，罗纳尔多非常想加入偶像济科所在的弗拉门戈队，但因为买不起每天往返训练场的公交车票，只能去了给他提供免费车票的圣克里斯托旺少年队，在那里开始崭露头角。很快，他被恩师、1970 年世界杯神射手查仙奴推荐到巴西著名的克鲁塞罗俱乐部。两年的青年队经历中，他基本能做到每场进一球，很快就名扬全巴西。可以想象，弗拉门戈队的老板一定悔得肠子也青了，要是知道大罗后来的成就，他一定会派专车来接送。

大罗和贝利一样，也是 17 岁入选巴西国家队参加世界杯的，成为"独狼"罗马里奥和贝贝托的替补，这方面，他比马拉多纳和济科都要幸运。只是贝利在 17 岁时已经在世界杯建功立业，而大罗则安静地坐在替补席上，看着队友们不停地进球、不停地跳摇篮舞，直到登上世界冠军的领奖台。

出色的球技和世界杯的光环很快让他成为财大气粗的欧洲人争抢的香饽饽。1994 年，18 岁的大罗登陆荷兰的埃因霍温队，开始了闯荡欧陆的历程。这位青葱少年的身上似乎蕴含着无穷无尽的精力和创造性。他不停地挥洒着天赋，场均一球的成绩让盛产天才前锋的荷兰人都目瞪口呆。一颗新星在欧洲足坛冉冉升起。

很快，更加财大气粗的老板们挥舞着支票来了。竞相抬价的结果是，大罗在欧洲各个超级豪门球队之间不停转战。每次他的转会费都能创下新纪录，1996 年转会巴塞罗那队时是 1950 万美元，而第二年转会国际米兰队时就变成了 3800 万美元，整整翻了一倍！ 2002 世界杯后，他又相继转会皇家马德里队和 AC 米兰队。

毫无疑问，罗纳尔多是世纪之交的璀璨星空中最亮的一颗星。在跨世纪的 10 年里，这位天才射手一直稳坐世界足坛的头把交椅，是公认的足坛第一人。他的足球生涯取得了包括两次世界杯冠军在内的几乎所有荣誉，只缺意甲冠军。他获得过三次世界足球先生、两次欧洲金球奖，一生转战巴西、荷兰、西班牙和意大利，效力过欧洲四大豪门：皇家马德里、巴塞罗那、AC 米兰和国际米兰。但在这巨大荣耀和无尽财富的背后，却有着常人无法忍受的折磨和煎熬，其痛苦或许只有大罗本人知道。

1995 年底的一场联赛中，罗纳尔多与对手门将相撞，膝盖髌骨被严重撞伤，不得不手术。之后就是漫长的休养，直到转会巴塞罗那队。这次受伤只是他漫长伤病史的开端，无穷无尽的噩梦将一直伴随他的整个足球生涯。随着他的名声越来越大，他在场上受到的侵犯也越来越严重，越来越频繁。

在国际米兰队的 5 年，他几乎一直在两条战线同时作战，一个是对手，一个是伤病。尽管罗纳尔多竭尽全力，表现出色，但终究抵不过命运的安排。我们不能责怪大罗没有拿到意甲冠军。1998~1999 赛季，身穿 9 号球衣的罗纳尔多两次伤停，总共只出场了 20 场比赛，进球效率急剧下降。1999 年 11 月 23 日是罗纳尔多刻骨铭心的日子。比赛中罗纳尔多突破时踩进草皮的窟窿里，痛苦地倒地。检查的结果让人大惊失色：髌腱局部断裂。罗纳尔多不得不前往巴黎接受手术。

144 天后，在国际米兰队对阵拉齐奥队的比赛中，大罗重新登场。但是一个过人动作还没做完，他就突然腿一软倒在地上，痛苦万分。大罗不得不重新躺在手术台上。这次他要休息 18 个月，整整一年半。2000~2001 赛季，罗纳尔多的出场记录为零。这一年中，欧洲球迷都快把他忘了。

2008 年 2 月 14 日，AC 米兰队主场对阵利沃诺队的比赛中，罗纳尔多又一次重伤——左膝韧带断裂。而且除了伤筋动骨，大罗还患了甲状腺功能减退症。他说："这是一种内分泌疾病，能让人体的新陈代谢下降，服用药物控制是必要的，因此我的体重也因为激素的原因有了较大增长。"这就是后来他看上去总是肥头大耳、虎背熊腰的原因。那时的他，不像个精干的足球运动员，反而像个摔跤手，中国球迷给他起了个更加形象的昵称——肥罗。

罗纳尔多的外号很多，一只手都数不过来，其中最知名、叫得最响亮的无疑是"外星人"。这个外号的由来也有若干个传说，其中一个是这样说的：1996~1997赛季西甲第七轮，巴塞罗那队客战孔波斯特拉队。大罗在一次长距离奔袭中用惊人的速度摆脱了对方球员的干扰，直插禁区。防守球员只能在他身后徒劳地追赶，渐渐也放弃了努力，自己慢了下来。在大罗前面还有两个后卫惊恐地看着他，仿佛在看一个从天而降的神灵，手脚都显得僵硬了，动作也变得不太协调。而大罗左冲右晃，摆脱了两人的干扰。这时他自己的体能也达到了极限，在倒地的一瞬间，他用脚尖把球捅进了球门。然后人们看到大罗招牌式的庆贺动作——张开双臂，昂首向天，球衣的衣襟在地中海海风的吹拂下迎风飞扬。

巴塞罗那队的英格兰籍老帅博比·罗布森双手抱头，不敢相信自己的眼睛。在新闻发布会上罗布森惊呼："我觉得罗纳尔多不属于我们这个星球，他太不可思议了。"从此"外星人"的雅号传遍天下。

"外星人"是那个时代技术最全面的前锋。在那个媒体极度发达的年代，我们通过电视和网络，已经无数次领略了他在球场上的英姿，把他的一招一式都印在了脑子里，时不时拿出来重温一遍。中国当代的中年球迷基本上是和大罗同步成长的。看着他日渐发福的身体，我们也从懵懂少年变成了沉稳的中年。

罗纳尔多身上兼具南美人的灵巧和欧洲人的力量，他应该是20世纪90年代足球全球化以后，全新足球理念培养的最杰出代表。早年在国内练就的基本功和后来闯荡欧洲四大豪门的经历，使他既能在巴西国家队如鱼得水，也能为欧洲豪门建功立业。可以说，罗纳尔多是21世纪足球人才培养的一个目标。他身高体壮，在南美球员中鹤立鸡群，爆发力极强，能给对手巨大的冲击力。他在巅峰时期常常能倚住对方两三个球员的夹击，从包围中强行突破，让欧洲对手徒唤奈何。

罗纳尔多的盘带也无人能及，有势不可挡的气势。以风一般的速度冲刺向前是他的招牌动作，不但极具杀伤力，而且极具观赏性。他的速度非常快，最快时的百米速度是 10.3 秒。在带球疾进时，对手只能望其项背。他的各种小技术也运用得非常纯熟，最可怕的莫过于他在高速盘带中还能做出很多复杂的技术动作。总而言之，他的技术全面，脚下细腻，能随机应变，针对来球做出不同的动作，而且左右脚均衡，射门精准，常常让对手防不胜防。

罗纳尔多的球技也得到了同行的交口称赞。意大利后卫、在意甲常和他正面交锋的科斯塔库塔说：作为一名后卫，我认为罗纳尔多是那种你任何时候都不想遭遇的前锋，因为他无论何时都有创造奇迹的可能性。而阿德里亚诺不同，尽管他非常难被盯防，但是你还是能够在队友的帮助下把他防住。

乌克兰"核弹头"舍甫琴科说：罗纳尔多就是全部——力量、创造力和精妙的脚法。

他的队友、世界第一左后卫罗伯特·卡洛斯说：他能够深刻领会足球之道，脚法如此之快。当控球面对防守队员时，他的跑动和移位是如此迅速，如此犀利，如此迅雷不及掩耳。当他带球全速奔跑时，没有人能够阻挡他，不管后卫是如何出色，一切都得听天由命——这似乎违背了自然法则。

最终超越他成为世界杯第一射手的德国球员克洛泽说：罗纳尔多是个非常优秀的球员。我在意大利踢球的时候，人们都告诉我罗纳尔多是他们在意大利见过的最强的球员。对我来说，他就是史上最完美的球员。

罗纳尔多参加过四次世界杯。1994 年那一次他是替补，"被"得到了冠军。2006年的那一届，他老态尽显。尽管他攻入了3球，但巴西队依然没进四强。罗纳尔多真正以最佳状态率领巴西队的是1998年和2002年世界杯。

世界上从来没有如此不可思议的事情。对罗纳尔多来说，两次世界杯给他留下的是完全不同的感受，一是苦涩，一是甜蜜；一是泪洒前胸，一是笑傲球场；一是给足坛留下千古之谜，一是让自己流芳百世。这种巨大的反差在足球史上仅有过一例，那就是马拉多纳。

1998年世界杯的预赛中，短暂地出现了"R-R组合"，之后"独狼"就被挤出了国家队。但巴西队并不担心，因为他们有了更年轻、更有冲击力、人气更足的罗纳尔多。在法国进行的决赛阶段比赛中，巴西队一路顺风顺水，波澜不惊地进入了四强，罗纳尔多也表现得中规中矩。半决赛中，巴西队迎战老对手荷兰队。比赛下半时的一次进攻中，罗纳尔多闪电般地从两名中后卫之间穿过，冷静地将传中球卸下，并捅入范德萨把守的大门。继上届世界杯后，巴西队又一次用点球将荷兰人挡在了决赛门外。

"四星巴西"和东道主法国队在决赛碰头，这应该是世界杯历史上最有卖点的一场决赛。人们有理由相信，光头大罗和秃头齐达内在决赛中会上演火星撞地球式的对决，谁是世纪末的第一人，就在此一搏。让所有人大跌眼镜的是，巴西人以0:3干脆利落地输给了法国人。这是巴西队68年世界杯历史上最大比分的失利。后来在2014年，他们在本土以1:7的比分刷新了这一不光彩的纪录。

这场比赛并不是法国人踢得多好，而是巴西队与之前判若两队。罗纳尔多仿佛在梦游，里瓦尔多陷入重重包围中，贝贝托老了，德尼尔森花拳绣腿，中看不中用。怎么会这样？无数人做出了无数种猜测，各种幕后故事、揭秘、谣言在明里暗里地流传着，但似乎都是隔靴搔痒。所有当事人都是三缄其口，罗纳尔多只说自己完全不清楚当时发生了

什么，就再也不说话了。看来，有些东西要成为永远的谜了。

　　罗纳尔多决赛失常，但仍入选最佳阵容，荣获金球奖，这应该归功于裁判在小组赛里给了齐达内一张红牌。搞笑的是，在下一届世界杯上，罗纳尔多得了冠军又是最佳射手，却没有得到金球奖，这个奖依然归了亚军球队的球员卡恩！

　　4 年后，2002 年的世界杯上巴西队更是兵强马壮，"3R 组合"势不可挡。尽管他们的踢法越来越欧化，但也更加实用了。他们的防守更严密，进攻更讲究效率。四年之间，罗纳尔多经历了常人难以忍受的磨难。离开球场两年多，各种批评、质疑和猜测纷至沓来，让人无法忍受。但他重回球场时，依然是那个"外星人"，依然所向披靡。2002 年的世界杯，大罗和小罗、里瓦尔多等人联袂上演了一场王者归来的好戏。

　　决赛在欧洲和南美洲的两个强者——德国队和巴西队之间进行。这本是球迷期盼已久的强强对话，但这时的德国队正处于历史低谷期，靠门神卡恩的杰出表现，才跌跌撞撞进了决赛。而且德国的队长、中场核心巴拉克也因累计两张黄牌无法参加决赛。一切都表明德国人已是强弩之末。决赛中德国人坚守了半场没有失球。但下半场，似乎永远不会犯错的卡恩犯了这辈子最大的一个低级错误——接球脱手。"外星人"捡漏踢进一球，又顺势再下一城，德国人终于没有熬到他们最拿手的点球大战。

　　赛后，卡恩失神地瘫坐在球门边，目光呆滞。这是本届世界杯留给球迷的最后记忆。罗纳尔多终于凭借自己的力量，为巴西夺得了一次世界杯冠军，这使他得以跻身由莱昂尼达斯、瓦瓦、贝利、加林查、罗马里奥等球星组成的巴西最杰出的球员行列，名垂青史。罗纳尔多也为 20 世纪的巴西足球画上了一个圆满的句号。"五星巴西"由此成为足球世界的历史最强者。

到目前为止，21 世纪的巴西足球还没有达到当年的高度，球员中也没有人能超越罗纳尔多。从莱昂尼达斯到罗纳尔多，在几代巴西人的努力下，巴西足球最终登上世界足坛的最高峰。他们的成就是后人很难企及的，他们给世界奉献了独特的具有民族性的桑巴艺术足球，并通过足球将他们的美和快乐传播给全世界。这也是巴西足球的终极魅力。

鹰翔潘帕斯

阿根廷足球有四个关键词：潘帕斯、高乔人、探戈和马拉多纳。

潘帕斯草原是亚热带高草草原，绵延在拉普拉塔平原南部，神秘辽阔，深邃苍凉。这块占阿根廷国土面积 1/3 的土地，容纳了全国大部分的人口。大西洋上的海风裹挟着雨水，恩泽着这片广袤的土地，一路呼啸向西，直到撞上巍峨高耸的安第斯山脉。自然的神奇力量将这片草原塑造得平整如砥且水草丰美，阿根廷人自豪地说："从大西洋海岸一犁头耕到安第斯山麓的门多萨，中间可以不碰到一颗石子。"这里是阿根廷最主要的牧场和粮仓，也是阿根廷人的精神家园。

蓝天白云下是一望无际的大草原，天空则是鹰的世界。潘帕斯雄鹰是凶猛的空中霸王，黑身白头，目光如炬，翼展两米以上。盘旋空中时如"阿帕奇"武装直升机，方圆数百米内的猎物都很难逃脱它的利爪。看到雄鹰的俯冲，你能想到谁？是"超级马里奥"？是"风之子"卡尼吉亚？还是"战神"巴蒂？谁能抵挡这雷霆一击？

这片肥沃的草原上生活着高乔人，他们是西班牙殖民者和当地印第安人混血的后裔，是这片草原真正的主人。他们世世代代以放牧牛羊为生，逐水草而居。骏马奔驰的方向就是他们人生的目标。几百年来，他们与严酷的自然搏斗，和暴烈的骏马较量，形成了桀骜叛逆、粗犷无畏、坦诚仗义的性格特征，成为阿根廷最主要的民族性格，这是他们在世界足球舞台上获得荣耀、遭遇失败的文化根源，也是雷东多宁愿退出国家队也要保留那一头长发的原因。那一刻,雷东多只是个马背上的汉子。

在漂泊生活里同自然的斗争让高乔人有一种英雄主义情结。他们崇拜英雄,敬畏勇士,甚至把英雄当作上帝来崇拜,印第安先民的血液也让他们至今留存着泛神论的思想。

英雄崇拜的奇葩代表就是三个来自罗萨里奥的阿根廷人:贝隆、阿梅兹和坎波马洛,他们在 2003 年煞有介事地创立了"马拉多纳教"。这个特殊教派有自己的礼拜方式,有所谓的"戒律",还有至高无上的"圣经"——马拉多纳的自传《我是迭戈》。只是不知道有多少信徒能把这本冗长拖沓的"圣经"读完。

"对我们这些球迷而言,马拉多纳就是神。"贝隆一本正经地说,"现在我们的年份是'马拉多纳纪元'42 年(马拉多纳的年龄),我们的圣诞节是 10 月 30 日,因为这一天是马拉多纳的生日。"

阿根廷人同时也渴望自己成为英雄。他们希望能像征服草原诡谲的气候和桀骜的烈马一样,征服绿茵场上的对手,赢得同伴和民众的欢呼。

高乔人是 19 世纪初阿根廷独立战争的主力军,他们在圣马丁的旗帜下与宗主国作战,英勇无比,所向披靡,为阿根廷的独立立下了汗马功劳。长年"与天斗、与地斗、与人斗"的生活,让他们把一切都看成战争,自然也把绿茵场上的较量看成没有硝烟的战争。

既然是战争,就要争取胜利。要全力以赴,既可以翻云覆雨,也可以无所不用其极。这是阿根廷源于民族性所特有的足球哲学,这种观点和中国古代兵家的战争观有些相似之处。

球迷们都知道马拉多纳"上帝之手"的一幕。但实际上,仅仅在世界杯上,上帝就用手帮了阿根廷三次:1990 年阿根廷队对阵苏联队,马拉多纳用手将苏联队的必进之球挡出;而在这之前的 1978 年本土世界杯中，英雄肯佩斯在同波兰队的比赛里，像守门员一样做出一个鱼跃动作，将球扑出！这些行为在当时都逃脱了惩罚，阿根廷球迷也并不认为有何不妥。毕竟对他们来说，胜利可以掩盖一切。

拉美人都能歌善舞，除了土著民族印第安人本身的舞蹈外，大量非洲奴隶在 16~17 世纪带来了非洲的舞蹈元素。阿根廷的探戈舞就借鉴了非洲中西部的民间舞蹈探戈诺舞。

探戈最初出现在布宜诺斯艾利斯街头的酒吧和风月场所，是底层南欧白人移民酒后调情所用。探戈音乐节奏明快，舞步华丽高雅，热烈奔放且变化无穷。交叉步、踢腿、跳跃、旋转令人眼花缭乱。演唱者时而激越奔放，时而如泣如诉，或愤世嫉俗，或感时伤怀。非常符合狂放不羁、潇洒奔放、独来独往的阿根廷人的胃口，慢慢变成阿根廷人最喜爱的舞蹈，成了阿根廷的国粹。

极具舞蹈气质的阿根廷足球艺术家们拥有更加灵活的脚踝、四肢和更强的身体协调性。他们把探戈舞步融入了足球的韵律之中，让全世界球迷同时欣赏到足球与舞蹈之美。就像巴西足球被称为"桑巴足球"一样，人们也把阿根廷足球称为"探戈足球"。

阿根廷人性情奔放，灵活洒脱，他们拥有比欧洲人更具灵性的球感，运动中的足球就像黏在他们脚上一样，听话地被他们带向任何方向。球场上的阿根廷人仿佛身骑骏马任意驰骋，只有他们能做到人球合一。

欧洲人深谙这一点。早在 1961 年，捷克斯洛伐克国家足球队主教练卡尔·克罗斯基在接受采访时就坦言："南美人，无论是有色人种还是白人，都拥有凌驾于我们之上的自然球感……也许他们只需要欧洲球员 60% 的训练量就能轻松保持状态。"这是自然天赋和独特的文化共同塑造的，他人根本无法效仿。潘帕斯草原的辽远和广阔，高乔人的桀骜和勇敢，探戈的热情和细腻，共同塑造了今天我们看到的让人爱恨交加的阿根廷足球。

阿根廷的足球也是英国人带来的，最早在英国海员和商人中间小范围开展，1867 年，英国海员和当地移民进行了第一场公开比赛，之后足球就广泛地在当地居民中流传。

早期的阿根廷足球没什么故事，和大部分亚、非、拉美国家情况差不多。外国人、富人和当地穷人各玩各的，泾渭分明。1912 年，由英国移民和中上阶层为主的 52 家足球俱乐部成立了阿根廷足球协会，而 152 家工人阶级贫民俱乐部则联合在一起，成立了阿根廷足球联盟。两者的比赛风格也泾渭分明：前者是强调身体对抗、战术纪律的英式风格，而后者更注重即兴发挥，以炫技表演为目的的克里奥风格极受球迷欢迎。现代阿根廷足球的技术风格正是从这里衍生的。

20 世纪初的阿根廷非常贫困，当地人开展足球的条件很差。著名的河床俱乐部成立于 1901 年，据说因为没有场地可用，只能在干涸的河床上训练，因此而得名。

19 世纪末到 20 世纪初，大量的西班牙、意大利移民来到阿根廷。马拉多纳的曾祖父也在这时，从当时属于意大利管理的克罗地亚达尔马提亚来到阿根廷。这些移民带动了经济和城市的发展，也让阿根廷足球彻底摒弃了英式风格，而慢慢接受了南欧的拉丁风格。

在当地土著和移民的共同推动下，阿根廷足球发展得很快。1928 年，阿根廷国家队在阿姆斯特丹奥运会上获得了银牌。两年后，又在乌拉圭第一届世界杯上获得亚军。这是阿根廷足球在 1978 年以前获得过的最高荣誉。这届世界杯上，阿根廷涌现出一位著名球星——最佳射手获得者斯比塔尔。这位球星后来转型成为著名教练，从 1939 年到 1960 年执教阿根廷国家队长达 21 年，是执教国家队比赛超过 100 场的 8 位教练之一，其间 6 次赢得美洲杯。可以说，斯比塔尔是二战前阿根廷足球界最重要的人物之一。

阿根廷雄心勃勃地申办 1938 年世界杯，但国际足联却将主办权交给当时国际足联主席雷米特的祖国法国。按国际足联欧洲、美洲轮流主办世界杯的原则，阿根廷至少可以主办 1950 年的世界杯。但高傲的阿根廷人认为受到了不公正对待，抵制了 1938 年世界杯。实际上在 20 世纪中上叶，由于全球错综复杂的政治经济关系，抵制世界杯和奥运会的情况经常出现，动不动就有国家抵制一下，给人点颜色看看。

不可理解的是，阿根廷接下来又连续退出了 1950 年和 1954 年的世界杯。其中的原因有各种推测，有人说是因为 1950 年和巴西交恶，但 1954 年的退出却让人找不出原因。也许是 16 年前受到的不公正待遇，一直让阿根廷人耿耿于怀吧。那种心灵的沧桑、脆弱和敏感，在这件事上暴露无遗。在潘帕斯草原苍凉的西风下，阿根廷人似乎总逃不开宿命式的悲剧情怀，有种"念天地之悠悠，独怆然而涕下"的悲壮感，没在这块土地上生活过的人很难理解。每次马拉多纳伤心地哭泣时，都让人觉得全世界都在欺负他们。

这种悲情意识甚至发展成了殉道意识，著名的贝隆夫人就曾经说过："如果我为阿根廷而死，请记住，阿根廷不要为我哭泣。"全世界人都会唱这首最能体现阿根廷民族精神的 *Don't cry for me Argentina*。

长时间与世界足坛的分离，造成阿根廷足球水平的退化，1958 年瑞典世界杯是南美双雄争霸的转捩点。巴西人依靠贝利、加林查、迪迪、瓦瓦等一批青年才俊异军突起，首夺世界杯冠军，开创了叱咤十多年的巴西王朝。而阿根廷则坠入地狱，小组赛中不仅被德国人 3:1 逆转，甚至以 1:6 惨败于捷克斯洛伐克队，创造了阿根廷足球在世界杯上的最大比分失利，至今阿根廷人都还将这场比赛视为奇耻大辱。

接下来的 20 年里，阿根廷最多只获得过美洲杯的冠军，而在世界杯上要么是没有打入决赛圈，要么是小组赛就惨遭淘汰。然而即使在这

性情南美

样的低谷时期，阿根廷依然为国际足坛贡献了一位划时代的人物——阿尔弗雷多·迪·斯蒂法诺。

斯蒂法诺早年效力于阿根廷河床队，两夺国内联赛冠军，也为阿根廷国家队出战过美洲杯。之后加盟西班牙皇家马德里队，并加入西班牙国籍，为西班牙国家队效力。斯蒂法诺是 20 世纪 50~60 年代最著名的球星，被称为贝利之前最伟大的球员，被皇家马德里俱乐部官方评为球队历史上最伟大的球员，并且是皇家马德里俱乐部终身名誉主席。他在世界足坛独领风骚二十多年，被誉为"足球全才"，有"金箭头"的美誉。斯蒂法诺最著名的战绩就是在 1956 年至 1960 年为皇家马德里队连夺五届欧洲冠军杯冠军。这一成就至今空前绝后，无人超越。

客观地说，虽然这一时期阿根廷足球在国际赛场成绩平平，但其国内联赛的水平提高得很快。他们蓄势待发，如蛰伏已久的潜龙，等待飞天的那一刻。

世界杯从诞生之日起，就和政治有千丝万缕的联系。大量政客都将足球这项世界第一运动作为与群众联系情感的纽带，以及广泛的社会动员手段，甚至将其当作国家的文化意识符号。通过一方足球成绩的提升，来体现自己政治理念的合理性与合法性，显示民族的优越性，甚至利用足球煽动民族情绪，以达到自己的政治目的。

在这方面，二战前意大利的独裁者墨索里尼最为露骨。二战后，通过政变上台的拉美政府继续沿用这一策略，这在 1978 年阿根廷世界杯上得到了具体体现。1978 年的世界杯是二战后少见的被政治阴影笼罩的世界杯。拥有"超级马里奥"、帕萨雷拉、盘球大师阿迪列斯和菲洛尔的阿根廷队本就实力超群，具备夺冠的实力。

1976 年 3 月 24 日，军方领导人利用民众对政府的不满发动军事政变，推翻了贝隆夫人领导的民选政府，进而成立了以总司令魏地拉

性情南美

为首的军政府，实施军事独裁。数千人在混乱中丧生，更多的人则被逮捕和流放，白色恐怖笼罩着这个南美大国。这场政变也给两年后的世界杯蒙上了一层阴影。

1966年国际足联就决定由阿根廷主办1978年的世界杯，但阿根廷国内军人独裁和民选政府烙饼似的轮番统治，造成了经济凋敝，国内通货膨胀严重，民生困顿。国际社会对此的评价是：阿根廷是罕见的从第一世界滑至第三世界的国家。这对足球领域也造成很大影响，国内联赛组织混乱，球场年久失修，球迷暴乱频起，最可怕的是，世界杯组委会主席阿克蒂斯被游击队暗杀。

国际社会将阿根廷视为危险之地，欧洲国家更是要求世界杯易地而赛。荷兰球星克鲁伊夫以此为理由退出了这届杯赛。一时间，阿根廷军政府如过街老鼠般人人喊打。

军政府已经到了命运攸关的时刻。国内本来就如坐火山口，火焰随时会喷发，如果再受到国际制裁，可想而知等待他们的会是怎样的命运。

只有足球可以救他们了。阿根廷军政府庄严向全世界保证：阿根廷人民有能力、有实力举办一届成功的世界杯，阿根廷是安全的，开放的阿根廷欢迎来自世界各地的朋友。

在极其困难的经济条件下，政府出资改建了河床体育场，兴建了一系列公用设施。特别是拿出7亿美元（相当于阿根廷当年国家预算的10%）新建了一座全新的电视转播中心，用全新的彩色电视信号转播比赛，让全世界96个国家和地区的球迷都能即时收看实况转播。我们中国第一次转播世界杯也正是在这一年。他们要向全世界展示一个在军人统治下有组织、有效率、有礼有节的新阿根廷，国际社会相信了他们。

除了保证外部稳定，另一方面就是争取阿根廷民众。处于白色恐怖之下的民众迫切需要一个出气的阀门，他们要宣泄，要骂人，要将吃了上顿没有下顿的日子彻底忘掉。然而，军政府的暴虐统治让阿根廷民众噤若寒蝉。著名学者杜克在《拉美体育——过去与当代》一书中说："批评议会、商务部长或者总统是危险的，而攻击国家队教练和球员则顺理成章成了替代方式，这是民众既能满足关心国家命运，又免遭恐吓与拘捕的唯一途径。" 足球是他们当时最好的阀门。

军政府通过巧妙的手段成功将民众关注的焦点从衣食住行和就业转移到了足球上，甚至让他们认为生活是由足球而不是由面包和牛肉组成的。被愚弄的人们欢呼着奔赴球场，忘记了自己的苦难，而是憧憬去球场上"杀死"那些让他们愤怒的人，足球成了他们生活的全部。

这种做法确实取得了成效，阿根廷获得了 1978 年世界杯的冠军。军政府统治得以稳定。阿根廷人民相信，既然军政府能带来世界杯，就也能带来幸福的生活。如果不是 1982 年在马尔维纳斯群岛的轻举妄动，或许军政府的统治还能更加长久。当然，这也许是被世界杯的胜利冲昏了头脑，令阿根廷人分不清足球与政治。人们不禁要问：在阿根廷乃至整个拉美，足球承载的意义是不是太过重要？他们的生活除了足球就没有别的了吗？

一些激进的拉美本土政治学家，如胡安·何塞·撒贝里就对足球的社会功能展开了一系列批判。他认为，对这项运动的过分沉湎使拉美民众忽视了军人独裁统治、收入分配不公、恶性通货膨胀等一系列现实问题，转而沉溺于大众庸俗媒体灌输的无深度叙述，如 90 分钟内的技术统计，运动员的更衣室怪癖等，而非任何能够旨在改变其生活状况的专业技能。从这个意义上讲，足球似乎是南美人的心灵鸡汤。

1978 年的阿根廷世界杯自始至终沉浸在这种异常的政治气氛中。仅从足球本身来看，这是一个新旧交替的时期，是从 20 世纪六七十年代极具民族风格的足球，向八九十年代的全球化足球过渡的时期；是贝肯鲍尔、克鲁伊夫和穆勒这些老一代球星谢幕，新一代天皇巨星普拉蒂尼、鲁梅尼格、济科、罗西等人崭露头角的时期。

　　这届杯赛，阿根廷人准备得很"充分"。在复赛中，阿根廷队与世仇巴西队分在一组。1970 年后阿根廷队就没有赢过巴西队。这届杯赛的巴西队在济科的率领下实力明显占优。阿根廷队凭借凶狠的拼抢和守门员的出色表现，勉强以 0:0 逼平了巴西队。

　　当时赛制的规定是，复赛后两个小组的第一名争夺冠军。两轮过后，巴西队和阿根廷队的积分、净胜球完全相同，最后一轮的比赛将决定谁是小组头名，巴西队将迎战波兰队，阿根廷队将对阵安第斯山脉西侧的邻居智利队。

　　这时，东道主的优势体现出来了。本来应该同时开始的两场比赛，却是巴西队和波兰队先开始。在巴西队以 3:1 击败波兰之后，阿根廷队的比赛还没有开始。所有人都知道，阿根廷队必须净胜 4 球以上才能获得小组第一。结果，阿根廷队 6:0 横扫智利队。在小组赛中表现出色、进球最多的智利队，居然全场没有一脚像样的射门。全世界球迷都和巴西人一样对这场比赛充满质疑，却找不到把柄。

　　有消息称，世界杯后阿根廷政府向发生大地震的智利捐赠了几十万吨玉米。而秘鲁媒体更是爆料说，阿根廷军政府与智利军政府进行了一桩交易，阿根廷用 3.5 万吨粮食和 5000 万美元的贷款，换得了这场胜利。但这个消息缺少有力的证据，比赛结果是不能更改的。

　　决赛的对手荷兰队阵中缺少克鲁伊夫，这场比赛成了阿根廷队的肯佩斯和荷兰队的伦森布伦克的巅峰对决。阿根廷人试图用拖延战术削弱荷兰人的锐气，他们让荷兰队在主场球迷的山呼海啸中等了半个小时才姗姗来迟。比赛中两队实力相当，1:1 的比分一直维持到 90 分钟。这时荷兰队获得了前场任意球，球传入禁区，伦森布伦克接球后突破，在球门前近在咫尺的地方射门。这个球射不进的难度要远远大于射进

性情南美

的难度，但是伦森布伦克竟然一脚将球打在了门柱上！这一次，上帝又保佑了阿根廷队。

如果这个球射进，荷兰队将获得世界杯冠军，伦森布伦克将是金球奖和金靴奖的双料获得者。然而天不佑荷兰。此后他们离开国际舞台达 10 年之久，直到 1988 年的德国欧洲杯才再掀橙色风暴，成就"三剑客"的时代。

在加时赛中阿根廷队连进两球，如愿留下了大力神杯。从此，世界足球进入了阿根廷和马拉多纳时代。

在狂热的拉美人看来，阿根廷的夺冠赋予了这座奖杯更深刻的意义，即拉丁美洲瘦弱、贫穷、深色皮肤、热爱浪漫与即兴创作的人，能够对抗发达国家身体强壮、富于组织纪律性的白人甚至取得胜利。

实际上这是一种误解。客观地说，1978 年阿根廷的夺冠与主场之利关系密切，而 1986 年的夺冠是因为拥有球王马拉多纳，同时也有"上帝"的帮助。如果说足球是一个国家或者民族综合实力的体现，那么阿根廷的实力不如一些欧洲国家。阿根廷涌现过无数球星、超级球星，他们的踢法也让人赏心悦目，却不符合世界足球发展的大趋势，这也是贝克尔曼后来要实行"欧化"的原因。

阿根廷民族是一个极富特色的民族，他们深深地爱着足球，并且将本民族独特的气质注入了这项运动，当我们看到肯佩斯、卡尼吉亚、雷东多和巴蒂斯图塔长发飘飘，冲锋陷阵时，一定会想到高乔人在潘帕斯草原纵马驰骋的英姿。

但是在后马拉多纳时代，这些剽悍的骑马汉子每次撞上欧洲战车，都碰得头破血流，特别是 2006 年和 2010 年，两次在世界杯上被德国队"屠杀"，"骑马的阿根廷"走向了末路。在国际足球全球化的大趋势下，他们的队伍要注入更多的严谨和纪律性。民族性一定会让位给世界性，这是足球发展的必由之路，尽管我们对此扼腕悲叹。或许未来的阿根廷队里，一群本该骑着马的汉子，在开着坦克横冲直撞。

在马拉多纳时代以及后马拉多纳时代，阿根廷足球一方面保持着高水平，是世界公认的强队，也是每届世界杯的夺冠热门；另一方面又被自身的焦虑所撕扯着，在对冠军的极度渴望下，他们往往对自己放纵，却对别人苛刻。贯穿始终的永远是那个所谓的"阴谋论"。

这本来是个政治词语，意为美国和欧洲发达国家一直在用"阴谋"剥削和压制拉丁美洲人民。这个词常被拉美的民粹主义政客使用，目的是将民众对动荡生活的怨念归咎于"万恶的欧美帝国主义"。而阿根廷人同样认为这一"阴谋论"是他们足球失利的元凶。杰佛里·托宾在《足球阴谋论、中情局、马拉多纳与拉美大众批判》中这样说："阴谋论，是缺乏全球化视野和对复杂的社会经济现实把握能力的第三世界民众解释所有复杂现象的本能工具。"

在阿根廷人看来，国际足球界有个针对阿根廷足球的阴谋。他们认为被国际大资本控制的国际足联和其他权力机构妄图通过打击阿根廷足球，来打击阿根廷的经济发展和民族主义热潮，进而制约整个拉丁美洲的反美、反欧势力。阿根廷足球在世界大赛上的多次失利，都被认为是由此操纵和控制的。阿根廷人民相信，1990 年世界杯与德国队的决赛中，最后阶段被判的点球是因为德国势力控制了裁判。而1994 年马拉多纳的禁药事件完全是意大利黑手党的杰作。据传，来自意大利西西里岛的黑手党家族，为了对 1990 年世界杯意大利队惨遭阿根廷队淘汰进行报复，调换了球王的尿样。

阿根廷人有无数的故事来说服自己和别人相信"阴谋论"。其中最令人吃惊的，就是著名体育评论员费尔南多·内姆布罗在 1995 年撰写的报告文学《无辜》。这本书认定 1994 年美国世界杯驱逐马拉多纳的幕后黑手是美国中情局。他调查的结果是：中情局特工迈尔·肯尼迪支使一位拉丁裔神父，在阿根廷队对阵尼日利亚队之前，向前来祷告的马拉多纳分发了一块含有违禁药物成分的圣饼。而国际足联药检机构也在中情局的暗示下，对马拉多纳进行了赛后突击药检。内姆布罗认为，这一"阴谋"旨在打击拉美足球，打击阿根廷的民族自信，更是为了打击古巴。

在这种全民狂热的氛围中，任何人都无法幸免于难。1978年的冠军队主教练梅诺蒂甚至也成了故事主角，被卷入贿赂丑闻。据传他和阿根廷国内以及欧洲的一些博彩集团达成协议，让阿根廷队在未来的世界杯比赛中故意输球。

说者言之凿凿，听者信之旦旦。这些论调在阿根廷民间层出不穷，阿根廷人把足球当成了生活的全部，他们无法想象一个国家离开了足球将会何去何从。他们把同英格兰队的比赛看成马尔维纳斯群岛战争的延续，并认为全世界人也都这样想。当阿根廷人认为欧美世界在政治上压制他们，经济上盘剥他们的时候，自然也认为在足球上同样受到了伤害，这真是阿根廷人民和阿根廷足球的悲剧。

足球传奇
SOCCER LEGEND

欧陆群雄

LEGENDARY TALES OF FOOTBALL

二战前的欧洲足球

　　现代足球诞生于英格兰，在它尚处于英伦襁褓之中时，所谓民族足球，即不同风格之争，就已经开始了。

　　在英格兰以北的苏格兰高地上，人们踢着一种与英格兰差别很大的足球，他们讲究技术，讲究配合，喜欢传球，强调地面进攻，更多依靠灵活的身体和反应能力来与对手周旋，不像英格兰人那样喜欢冲撞和长传冲吊，依靠力量来压倒对手。究其原因，也许和身体条件有关。苏格兰人没有英格兰人那种彪悍的体魄，同时也和民族意识有关，重视自我独立、更具叛逆精神的苏格兰人，几乎在每一件事情上都和英格兰人对着干，当然也包括足球。

　　两种风格之争的结果，是技术流的苏格兰人完全压倒了力量型的英格兰人。这也预示着未来英格兰人在国际赛场上对阵技术足球时的悲惨命运。1884 年开始有英国国家杯比赛，苏格兰人在前六届比赛中拿了五次冠军，尤其是 1928 年，苏格兰队在温布利以 5:1 大胜英格兰队，震惊了整个英格兰足球界。

　　这就是贯穿整个足球史的技术与力量两大流派之争的最早起源。只不过，后来技术派的大旗被大洋彼岸的南美群雄抢走了。苏格兰沦为欧洲的二三流球队，湮没无闻。而英格兰人一直是典型的欧洲力量型代表。

　　狭窄的英吉利海峡不能阻挡足球向大陆的传播，欧洲大陆最早接

触足球的是北欧和西欧的低地国家。从风格上说，他们更接近英格兰风格，从人种和文化上讲，两者也更接近些。而一些苏格兰风格的教练则把技术足球的精髓带到了远离大西洋的中欧腹地，这种风格在那里生根、开花、结果，形成了足球史上第一个流派——多瑙河流派。

1904年国际足联成立后，第一任主席法国人罗伯特·格林先生就开始酝酿国际性的足球赛事，并计划在1906年举办。他计划邀请8支球队，分成两组进行比赛，最后的半决赛和决赛在瑞士举行。如果这一方案成功，那么世界杯将提前24年。但由于各国足协准备不足，而且南美球队交通不便，再加上老大英格兰的暗中抵制等种种原因，这一设想最终流产。

在这种情况下，20世纪初全球最重要的足球赛事是业余性质的奥运会。足球在奥运会上"业余"到什么程度？当时的组委会为了鼓励各国参赛，甚至不限制一个国家参赛队伍的数量。1904年的奥运会上美国派出了两支队伍，1908年的奥运会，法国也派出两支球队参赛。

"业余"的另一个方面表现在战术上。1908年的英国奥运会足球赛有瑞典队、荷兰队、丹麦队、英国队和两支法国队参赛，完全是英格兰风格足球的大聚会。疯狂的进球是这届比赛的特点，而丹麦人在这一年谱写了他们的第一个足球童话。他们以9:0和17:1的比分先后击败两支法国队，这应该是法国足球史上最大的耻辱。在当时，这种疯狂的足球比赛激起了球迷无限的狂热，对足球在欧洲的推广起到很大的作用。

足球在欧洲的大规模开展是在第一次世界大战以后。原因大概有三：其一，战争年代在军队中为鼓舞士气而开展的足球运动，被退伍军人带到了民间，从而得到广泛的展开。其二，一战后欧洲的几大帝国崩溃，一些民族国家获得独立，这些国家把足球当成民族独立、自由的象征以及增强民族凝聚力的手段。其三，各国工业发展使工人阶

欧陆群雄

足球传奇
SOCCER LEGEND

级的队伍壮大，这也是现代足球发展的基础之一。

　　一战后，欧洲足球发展最快的国家是多瑙河流域的奥地利、匈牙利和捷克斯洛伐克。这三个国家位于多瑙河中游，都属于前奥匈帝国的一部分，文化上有相同之处，踢球风格也相近，因此在足球史上被称为"多瑙河流派"。这一流派在 20 世纪 20~30 年代初引领了世界足球的潮流。

　　对多瑙河流派的形成起到重大作用的，是一个叫杰米·霍根的英格兰足球传教士。霍根是英格兰人，但他在足球理念上却是个不折不扣的苏格兰派。他讲究技术和控球，追求地面进攻、短传配合。针对英格兰足球那种皮球满天飞的状况，他提出足球应该是将球放在地面上的运动，他用一句习语"把球搁在地毯上"来描述他所希望的传球方式。

　　很明显，杰米·霍根是英格兰足球的另类。在英格兰他没有什么市场，只能前往欧洲大陆寻求发展。1911 年霍根来到奥地利执教维也纳队。尽管只有短短一年的任期，但他的思想却深深影响了未来的奥地利国家队主教练雨果·迈索。后来迈索在带领奥地利队征战欧洲时，贯彻的就是霍根的战术思想，并因此取得了重大成功。奥地利队成了 20 世纪 20~30 年代欧洲最重要的球队之一，并成为 1934 年世界杯的夺冠热门。

　　1914 年，霍根来到匈牙利执教一支俱乐部球队，将自己的足球理念传授给匈牙利人，并为匈牙利培养出好几位世界级名帅。其中包括莫顿·布科维、古斯塔夫·舍贝茨和贝拉·古特曼。这三人被称为"激进的匈牙利三巨头"，他们在国际足坛开创了革命性的 4 - 2 - 4 攻击阵型，使 20 世纪 50 年代初的匈牙利足球笑傲全球。古特曼作为世界级名帅，带领葡萄牙本菲卡队在 1961 年和 1962 年两夺欧洲冠军杯，培养出"黑豹"尤西比奥。

匈牙利足球在 20 世纪 50 年代的辉煌来自霍根早年的悉心教诲。对此，舍贝茨总结说："我们按照霍根教导的方式踢球。日后假如有人给我国足球谱史，霍根之名应当用金色字体书写。"

此后，霍根又在瑞士和德国执教过一段时间。他在德累斯顿队执教时，后来成为 1974 年德国队主教练的赫尔穆特·绍恩就是他阵中的队员。

尽管霍根的执教生涯中没有获得过什么重要的奖项，但他在中欧国家指导了数以千计的年轻球员和教练员，他的思想影响了中欧足球的发展，被后世誉为"中欧足球之父"，并且间接地影响了地中海沿岸拉丁足球的发展，使欧洲足球在传统的力量型打法之外，始终也保持着一缕技术流之风。

多瑙河流派三国足球风格大同小异，推崇技术流鼻祖苏格兰的足球风格，具有简洁快速、打法细腻、淡化场上球员位置等特点。这三支球队在 20 世纪 20 年代同时崛起，捷克斯洛伐克队和奥地利队在 30 年代初达到顶峰。1934 年世界杯上，两队分获亚军和季军。如果当时没有墨索里尼的严重干涉，冠军必将在这两队中产生。

捷克斯洛伐克队号称"铁军"，拥有著名前锋内耶德里和当时最杰出的门神普拉尼卡。内耶德里最经典的战役是 1934 年世界杯的半决赛。在这场对阵德国队的比赛中，他独中两元，率队以 3:1 战胜德国队，阻止了法西斯德意轴心会师决赛。决赛中，捷克斯洛伐克队对阵意大利队，这场比赛也被称为两大门神——普拉尼卡和孔比之间的较量。尽管最终捷克斯洛伐克队失利，但普拉尼卡却不是失败者。评论者一致认为他比孔比更加优秀。

赛前，奥地利队的夺标呼声很高。他们技术精湛，配合默契，人们把这支球队称为"维也纳花边"，以此赞美他们华丽细致的打法。这届比赛中，奥地利队最出色的一场比赛是对阵同样为夺标热门的法国队。通过加时赛，奥地利队以 3:2 力克法国队。可惜在半决赛中惜败于意大利队。当时奥地利队的当家球星是辛德拉尔，他技术出众，体能充沛，比赛中满场飞奔，是二战前最优秀的前锋，被誉为"球场上的莫扎特"。尽管奥地利队没有拿到冠军，但辛德拉尔还是被评为这届杯赛的最佳球员。但辛德拉尔的命运却令人唏嘘，德奥合并后，他因反抗纳粹而死于非命。

在这之后，匈牙利足球崛起。他们夺取了 1938 年世界杯的亚军。20 世纪 50 年代初，以普斯卡什、柯奇士和希代古提为核心的匈牙利队凭借 4 前锋的打法，引领了足球史上第一次真正的技术革命，横扫天下无敌手，成了匈牙利足球的巅峰时刻，也是多瑙河流派最后的辉煌。在 1938 年的世界杯上，匈牙利足球只是小试牛刀，著名球星森格拉尔和萨罗斯在本届比赛大放异彩。尽管决赛中匈牙利队最终失利，但萨罗斯的进球依然让人们津津乐道。

二战前，多瑙河流派中最优秀、最具代表性的球队，是名帅雨果·迈索执教的奥地利队。这支球队以传统的 2－3－5 阵型为基本阵型，领衔者就是伟大的辛德拉尔。因为战绩出众，实力强大，奥地利队又被称为"奇迹队"。

雨果·迈索是出生于波希米亚的犹太人，是当时世界足坛三大名帅之一。另两位分别是阿森纳队主帅、开创了 W-M 阵型的查普曼，和率领意大利队两夺世界杯冠军的波佐。他们三人也被称为欧洲足球战争的三位"拿破仑"。

1919 年，迈索开始执掌奥地利队。秉承霍根的技术流足球理念，他将奥地利队从一支普通球队打造成了欧洲人见人怕的超级球队。他们的最高成就是 1934 年的世界杯第三名和 1936 年的奥运会亚军。

迈索带队强调技术和控球。他认为这是整支球队战术展开的基础。在奥地利队，无论是前锋还是后卫，都拥有良好的个人技术，能带球、能控球也能传球。在这个基础上，迈索强调球队的整体性，尽量淡化球员的位置意识，让球员通过不断地跑位来撕开对手的防线，寻找战机。迈索的球队在那时已经有了全攻全守的思路，应该是最早打出全攻全守战术的球队。这一点连全攻全守战术之父米歇尔斯本人也承认。

足球记者威利·迈索是雨果的弟弟。他在一篇评论哥哥足球理念的文章中，用了"旋涡"一词来形容。这个词非常形象地概括了当年那支奥地利队的技术特点：全部球员都在做快速的整体运动，形成了旋涡一样的效果，对手完全被他们的节奏打乱。

当时还没有世界性的比赛，但在一些先行者的倡导下，区域性的比赛已经出现。1884 年举办了英国国家杯，1916 年开始了美洲杯。在中欧，雨果·迈索倡导了各国家队参加的中欧国家杯和俱乐部参加的米特罗帕杯。前者是欧洲杯的前身，而后者是欧洲冠军杯的前身。如果说法国人德劳内和加布里埃尔·雅诺分别是这两个杯赛之父的话，那么迈索应该是他们的"祖父"了。

中欧国家杯的参赛球队包括当时欧洲大陆足球水平最高的几个国家队：奥地利队、匈牙利队、捷克斯洛伐克队、意大利队和瑞士队。此外还有罗马尼亚队、波兰队和南斯拉夫队。意大利队获得了第一届的冠军。而米特罗帕中欧俱乐部杯赛创办于 1927 年，成员包括多瑙河流派三国和意大利、南斯拉夫等国的俱乐部球队，在 20 世纪 20~30 年代，冠军多为多瑙河流派三国的球队获得。

狭义的"多瑙河流派"是奥地利、匈牙利和捷克斯洛伐克三国，而从广义上讲，由于与中欧足球的广泛交流，南斯拉夫、罗马尼亚和意大利也在足球理念和技术特点上趋同于多瑙河流派。

二战前，最强大的球队无疑是意大利队，他们是多瑙河三国最大的克星。三国获得的三个亚军，都是输给了波佐率领的意大利队。

众所周知，"蓝衫军团"的看家本领是链式防守，也被称为"混

欧陆群雄

凝土防守"。中国最早直播世界杯是在 1982 年，那时的意大利队由卡布里尼、贝尔戈米、詹蒂莱和科洛瓦蒂组成"混凝土防线"，让中国球迷见识了什么叫坚不可摧。而 1990 年世界杯的后防线更是赫赫有名：巴雷西、贝尔戈米、费里和马尔蒂尼。这样的后防线，可以被称为"混凝土长城"了！

其实，这种伟大的实用主义足球理念在二战前的意大利队就已经开始萌发。真正成形是在埃雷拉时代的国际米兰队。1929 年，伟大的波佐第二次成为意大利队的主教练。他的执教理念就是将 W-M 和 2-3-5 这两个当时最流行也是最针锋相对的阵型捏合在一起。结合意大利队的自身特点，他推出了独有的 2-3-2-3 阵型。他将两名内锋后撤，加强了中后场的防守，牢固地控制中场。在此基础上，从两翼发动快速反击，撕开对手的防线。在他看来，只要能获胜，1:0 和 10:0 是一样的。直到现在"蓝衫军团"的足球理念都是如此，这也让意大利队成了最著名的老牌强队，并成就了"四冠王"的伟业。

由于打法的特点，意大利队盛产防守队员和速度型前锋。守门员从孔比到佐夫，神奇门将层出不穷。后卫线上有伟大的巴雷西和马尔蒂尼，而前锋线上从梅阿查、皮奥拉到罗西、巴乔，一代代的球星备出，光芒四射。

从 1934 年世界杯开始，经过 1936 年的奥运会，再到 1938 年的世界杯，意大利队连续获得三个冠军，开创了足球史上的第一个王朝。

德意志战车

"足球就是 22 个人比赛，最后德国人获胜的游戏。"

可以想象，前英格兰队长、足坛巨星、1986 年世界杯金靴奖得主莱茵克尔说出这句话时无奈的心情。1990 年的意大利世界杯半决赛上，尽管他攻入了极其漂亮的一球，但英格兰队和德国队在 120 分钟内仍未分出胜负。在残酷的点球决胜中，德国人获得了最后胜利。这让莱茵克尔终生难忘。情况真的像莱因克尔说的那样么？德国人真就那么牛？

如果只看数据，确实如此。在世界杯中，德国参加了至今 20 届赛事中的 18 次，没有参赛的两次，是 1930 年的第一届以及被禁赛的 1950 年第四届。在这 18 次中，打进八强 16 次，打进四强 13 次，进决赛 8 次，获得世界冠军 4 次。这样的战绩丝毫不比"五星巴西"逊色。

在欧洲杯上，德国参加了至今 14 届赛事中的 12 次。其中打进四强 8 次，打进决赛 6 次，夺得欧洲冠军 3 次。也就是说，在所参加的欧洲杯中，我们能在其中一半的决赛中看到德国队的身影。20 世纪 70 年代是德国足球的全盛期。1972 年和 1980 年德国队都获得了欧洲杯冠军，而且在预选赛和决赛阶段，他们全程只失 4 球，表现堪称完美。1996 年，在极其困难的情况下，德国队靠金球制胜，再获冠军。

德国有失败的时候吗？ 1871 年德国统一后军国主义盛行，德意志

欧陆群雄

陆军"天下无敌"的说法甚嚣尘上。但不论是军方领导人毛奇、施利芬、鲁登道夫，还是后来的元首都很清楚，德国人也败过，而且败得很惨。足球也一样。让我们沿着历史的河流溯游，感受德意志足球的起起伏伏，来看一看日耳曼精神到底对德国足球起到了何等作用。

德国是欧洲大陆第一个引进足球运动的国家。德甲的慕尼黑1860队成立于1860年，标志着未来驰骋世界足坛的日耳曼战车始发。前文提到过，英格兰足总成立于1863年。英格兰第一个俱乐部诺丁汉队成立于1862年。可见，德国俱乐部足球的开端甚至比现代足球发源地英格兰还要早。

汉堡队成立于1887年，柏林赫塔队成立于1892年，斯图加特队成立于1893年，法兰克福队和不来梅队成立于1899年。现在名声显赫的拜仁慕尼黑队，则成立于世纪之交的1900年。

1900年1月28日。在莱比锡一间普通的酒馆里，德国足球协会正式成立，足球在德国开始了有序的运作。1903年，第一届德国跨区域全国性比赛的决赛在汉堡举行，莱比锡队获得冠军。这种半职业化的联赛一直持续到1963年。1904年，国际足联将德国接纳为会员国。从此，德国足球登上了世界舞台。

然而，如今风靡德国的足球运动在一开始并没有成为德国人的最爱，甚至还受到一定程度的抵制。其原因据说有三。

第一是政治因素。世纪之交的20年是大英帝国如日中天、德意志帝国强势崛起的最关键时期，英德两国在几乎所有领域展开着竞争。在这种大环境下，抵制来自英国的足球，就是抵制英国的文化入侵。这不仅关乎民族主义的竞争，也是现实利益的直接反映。

第二是文化因素。德意志第二帝国由普鲁士主导建立，因此其主流文化是易北河以东的普鲁士容克贵族文化，保守甚至褊狭是其主要特征。比如，当时的上层保守人士认为穿短裤有伤风化。仅凭这一条，足球就很难在第二帝国得到推广。

德国人严谨、刻板、守纪律、整齐划一的民族性格，在体育方面体现为对体操运动的热爱。不论是个人竞技项目还是大型团体操都相当受欢迎。很多当时的影音资料中，都有孩子们在单杠上上下翻飞的情景。德国足球传奇巨星克林斯曼的老爸也是个体操爱好者，他对儿子的期望就是做体操运动员或继承家族产业——烤面包。

第三是军国主义因素。现代德国是靠军事征服建立起来的。铁血宰相俾斯麦有句名言："德意志需要的是普鲁士的'铁和血'。"军国主义是这个国家最重要的传统，凡是和军事训练有关的体育项目，如军事体操和击剑，都会得到官方的鼓励，受到民众的喜爱，而一般的体育运动只能自生自灭。

1910年，足球运动被纳入军队训练计划。1911年，德国足协加入德意志青年联盟。后者是一个准军事机构，为德国政治服务。尽管足球在德国中产阶级中开展得比较早，但在德国国内却影响不大，水平也不高。而这时，残酷的第一次世界大战推动了德国足球运动的发展。

西线旷日持久的堑壕战将德军拖得精疲力竭。如何重振并保持士气，是当局首要考虑的问题，足球被列入了考虑范围。于是，在深深的堑壕内，在隆隆的炮声中，瓦尔特、贝肯鲍尔、穆勒、克林斯曼、克洛泽的前辈们开始了德国足球的崛起。

据说在1914年的圣诞之夜，英德双方暂时休战，在无人地带进行了一场足球赛。双方在漫天大雪下，伴着略带凄凉的圣诞歌声，你来我往，展开了另一种搏斗。胜负如何不得而知，但这应该是英德足球恩怨史上最为奇特而又最为温情的一幕。足球给残酷的战争加入了一丝人性温暖，也给精疲力竭的士兵们一个喘息的机会。当然，这种事只能发生在骑士精神尚未泯灭的一战期间。二战中，德军和苏军绝不可能在斯大林格勒一起踢足球。

一战后帝国崩溃，魏玛民主政府建立。束缚解除了，人民自由了，足球也随着退伍士兵的足迹在全国各地开展起来。这段时间德国足球最大的成果就是在 1934 年罗马第二届世界杯上获得第三名。在半决赛中，德国队败给了拥有神射手内耶德利的"铁军"捷克斯洛伐克队，也开始了德捷足球半个多世纪的恩怨。4 年后，德军入侵苏台德，捷克斯洛伐克不复存在。

二战开始后，德国所有的优秀运动员都参军奔赴前线。据说，二战前德国最好、最有前途的一批青年球员加入了德国空军的地勤部队。这个部门相对安全，这批球员因此得到了有效保护。这批人中的一部分成为 1954 年"伯尔尼奇迹"的创造者。

伯尔尼奇迹

在战争结束不到 10 年，战争创伤并没有完全愈合的情况下，德国人居然在 1954 年夺得了瑞士世界杯冠军。而与此同时，德国国内连职业联赛制度都还没有完全建立。这次令人难以置信的夺冠被称为"伯尔尼奇迹"。

现在每逢大赛，媒体就会连篇累牍地颂扬德意志民族精神，赞美这种精神对德国足球的巨大贡献以及德国人独特的精气神、团队意识和顽强精神。而所有这一切赞誉，都起始于伯尔尼奇迹。现代德国足球的辉煌历史，也是从这一届比赛开始的。

在二战后的一片废墟上，德国足球和国家一起开始重建。因为政治分裂，德国分裂为西德（德意志联邦共和国）和东德（德意志民主共和国），我们所说的德国足球指西德足球。两德统一后，继承的也是原西德足球的血脉。为方便叙述而使用"德国足球"这一称呼。

足球传奇 SOCCER LEGEND　欧陆群雄

1950 年，因东西德分家和其他因素，德国队被禁止参加第四届世界杯。在这种背景下，1954 年德国队低调出征第五届世界杯。当时匈牙利队如日中天，光芒万丈，没人看好德国队。但他们笑到了最后。

　　在德意志的民族传统里，总需要一个英雄人物出现，带领人民战胜困难和绝望，创造奇迹。七年战争（1756~1763）中，普鲁士独自抵抗奥、法、俄的进攻，即将崩溃时，腓特烈大帝如中流砥柱般，凭一人之力，力挽狂澜。当大半个德意志沦陷，普鲁士成为拿破仑的保护国时，哲学家费希特开始在柏林理化研究所演讲，鼓励德国人起来抗争，而这也成为后来国际社会公认的近代德国的起点。当英雄人物出现时，整个民族就能紧紧团结起来，进发出无穷的战斗力和创造性。而当他们缺少精神支柱时，就会是一盘散沙，任人欺凌。

　　二战后，德国人的精神状态和他们的家园一样，一片废墟，无尽迷茫，需要一种精神力量来带领他们走出沉沦，重整旗鼓，以新的面貌出现在世人面前。此时的德国早已化剑为犁，战争时代的英雄们已经成了明日黄花，德意志民族顽强、拼搏、理性、守纪律、集体主义等优秀品质的最佳载体，正是这只足球。

　　20 世纪 50 年代初的国际足坛是匈牙利的天下。从 1950 年开始，他们创造了 31 场不败纪录。特别是 1953 年，匈牙利队在伦敦温布利球场以 6:3 横扫足球鼻祖英格兰队，显示出令人恐怖的进攻能力。一时间，国际足坛谈“匈”色变。在 1954 年第五届世界杯的小组赛中，他们以 8:3 屠杀德国队。7 月 4 日，在瑞士伯尔尼万克多夫体育场，当德国队在决赛中再一次面对匈牙利队时，人们认为比赛结果毫无悬念，布达佩斯早已准备好了欢庆的礼花。

　　比赛的前 8 分钟，匈牙利队就以 2:0 领先。这时，就连最保守的人也认为德国人无力回天。但就在这时，奇迹发生了，大逆转出现。在未来的半个世纪里，这种逆转一直伴随德国队，让人们不断惊愕于

欧陆群雄

德意志的铁血精神。同样是 8 分钟，第 10 分钟德国队莫洛克破门，第 18 分钟，拉恩再进一球，德国人展开了绝地反击。

接下来，匈牙利队的无数次机会都被泥泞的球场、该死的门柱和神奇的德国门将图克雷阻止，他们的运气似乎用完了。比赛结束前 6 分钟，德国队前锋拉恩前场带球突破，在禁区边上射门。泥泞的场地使匈牙利门将对球的运行轨迹判断失误，皮球滑过守门员的手指尖，飞入网窝。德国人反超了比分。匈牙利队在离世界杯冠军近在咫尺的地方轰然倒地。就在那个瞬间之前，他们似乎还能看到胜利女神的微笑，但圣伊斯特万皇冠并没有保佑他们，匈牙利足球从此再也没有达到那天的高度。

2003 年，德国人将这场比赛拍成了电影，名字就叫《伯尔尼奇迹》。据说，德国前总理施罗德看完电影后激动地流下了热泪。在电影里，我们可以亲临半个世纪前那惊心动魄的夜晚，感受德国人将比分反超后，压抑许久的民族情感瞬间爆发的激情。在纳粹铁蹄下长大的条顿汉子们，重新诠释了德意志民族精神。

德国历史学家费斯特曾如此评价这场比赛："在德国战后重新崛起的道路上，有三个名字是不能忘却的：阿登纳、艾哈德和瓦尔特。阿登纳在政治领域，艾哈德在经济领域，而瓦尔特在精神领域带领德国人走出了困境，走出了战败的阴影和罪恶。"精神领域一向属于德国哲学家，属于康德、黑格尔、尼采、海德格尔、哈贝马斯这些名字，而费斯特竟把球星的作用也归于此类，可见是多么高的评价。

伯尔尼奇迹的核心就是精神的胜利。当时德国队不具备夺冠实力，但他们却得到了冠军奖杯。唯一能解释的，就是德意志民族精神的作用，而在夺冠的众多因素当中，意志的作用又是最无法预知的。截至 2016 年，德国人夺得了 4 个世界冠军，4 个欧洲冠军。除了 1954 年，其他 7 次都有实力做坚强后盾，唯有这一次，真真是精神和意志的力量起了重大作用。意志人人都有，但能强大如 1954 年的德国足球队者，实属罕见。

这不仅与德国的民族性有关，也和他们近代以来的遭遇有关。很少有一个国家或民族遭遇过近代德国的起伏。他们一会儿在波峰，一会儿在谷底，毁灭性的失败后又浴火重生。在战争结束后的 10 年里，他们仿佛是地球上的另类，到处遭人白眼。他们渴望重新回到欧洲大家庭，这种整个民族被压抑许久的心态，似乎在场上 11 名球员身上找到了宣泄口，一股脑儿地喷向匈牙利队，于是后者成了新德国诞生仪式的牺牲品。

应该看到，这种意志的力量只能在特定时间、特定历史背景中偶尔为之。但后来，在庸俗记者的渲染中，意志的力量变成了德国百试不爽的绝招，这就未免过于夸张。德国队远没到用"意志"就能左右比赛结果的程度，无数次的比赛结果也证明了这一点。

德意志崛起

在经历了 1958 年和 1962 年两次世界杯的低谷后，德国足球在 20 世纪 60 年代中后期开始了真正的辉煌。这次辉煌延续的时间很长，直到 1990 年世界杯夺冠。在这 20 多年里，德国足球人才辈出，在世界杯、欧洲杯以及欧洲俱乐部比赛中连连斩获冠军。德国队得到了 1974 年和 1990 年的世界杯冠军、1972 年和 1980 年的欧洲杯冠军，拜仁慕尼黑队在 1974 年、1975 年、1976 年三夺欧洲冠军杯。这一切和两个伟大的名字分不开。

第一个是赫尔穆特·绍恩，他是德国最伟大的教练之一，1964~1978 年担任德国队主教练，一生功业无数。他最重要的成果

欧陆群雄

是开创了德国足球的伟大传统，从而保证德国足球风格的传承和持续辉煌。

现在人们提到德国人的工艺精细时，谈论最多的就是那些家族手工作坊。这些匠人代代相传，保证了技术的传承和在此基础上的创新，因此产品能越做越精致。在高度工业化的国家，在社会化大生产遍布全球的时代，他们依然用师傅带徒弟的方式，孜孜不倦地追求那精细，体现了德国人深入骨髓的严谨、刻板和细致，也体现着历代哲人积淀下的那份民族的自信与沉着。这种民族精神，也体现在生活的各个方面，对舶来品足球也是一样，独特的德意志足球风格慢慢形成，外人要学也只能是东施效颦。

足球领域里，最能做到师徒传承的岗位是教练。德国的伟大教练在取得优异成绩的同时，也能把自己的绝活儿传授给助理教练。哪怕是资质平庸的人，在老帅长期耳提面命后，也能学得无上心法。一旦接班上位，只要能做到萧规曹随，建功立业并不是难事，因为他们已经站在巨人的肩膀上。

绍恩是赫尔博格的助手，而他的助手德瓦尔后来接替了他。再后来，福格茨接了贝肯鲍尔的班，勒夫接了克林斯曼的班。这种助理教练继任的方式，能在相当长的时间里保证国家队风格的稳定，而这正是他们取得好成绩的最基本因素。这种做法的坏处，就在于对前任的全盘接受，可能导致队伍老化而面临崩盘。德瓦尔和福格茨在任时都出现过这种情况，勒夫由于果断地换血而免于重蹈覆辙。

1996 年，福格茨挂帅夺得欧洲杯冠军。至此，战后德国队的历任主教练都有世界杯或欧洲杯桂冠在手，这一成绩是举世无双的。只有世纪之交，德国足球跌入最低谷时的三任主教练吕贝克、沃勒尔和克林斯曼没得过冠军奖杯，但后两者世界杯亚军和季军的成绩仍令人羡慕不已。

比绍恩知名度更高、让德国足球辉煌至今的最重要的人物，自然是"足球皇帝"贝肯鲍尔了。20世纪六七十年代被称为是贝肯鲍尔的年代。他是德国历史上最伟大的球星，没有之一。在贝肯鲍尔的率领下，德国队获得了一个球队能获得的所有荣誉。

当时的德国队令媒体毫不吝惜溢美之词。《泰晤士报》评价他们"优雅而富创意"，《罗马体育报》赞美他们"充满想象力，才华横溢"，《队报》更是断言"他们在欧洲所向无敌"。这些媒体的发声人，可都是德国队场上的死敌——英格兰人、意大利人和法国人。因为这时的德国并不仅仅拥有贝肯鲍尔，席勒、穆勒、内策尔、迈耶尔等众多球星光彩熠熠，与贝肯鲍尔一同闪耀。

席勒 席勒是德国历史上最天才的射手之一，72次代表国家队出战，参加了1958年、1962年、1666年和1970年四届世界杯。但他一次也没有得到过冠军，而之前的1954年和之后的1976年，德国人都捧回了冠军奖杯。席勒一定会感叹生不逢时，称他"无冕之王"绝对合适。

1970年的墨西哥世界杯，33岁的席勒再次成为带头大哥。在和英格兰队的1/4淘汰赛鏖战到第82分钟时，席勒打进了扳平比分的一球，最终淘汰了英格兰队。从此，德国队每次对阵英格兰队时，似乎都更有心理优势。

迄今为止，在四届世界杯都有进球的球员只有两个。一个是球王贝利，另一个就是席勒。并且席勒还将"参加过21场世界杯比赛"的纪录保持了30年，直到1998年才被同胞马特乌斯所破。

盖德·穆勒 穆勒这个姓氏在德国极其普通，但在足球界却如雷贯耳。盖德·穆勒是国际足坛名声显赫的"轰炸机"，也是德国足球队的第一代"轰炸机"。而在2010年世界杯一举成名的托马斯·穆勒之所以一出道就受人关注，很大程度上也是因为这个伟大的姓氏。

欧陆群雄

我们来数数德国足球队的"穆勒家族"：1974 年世界杯冠军成员盖德·穆勒、1980 年欧洲杯冠军成员汉斯·穆勒、2002 年世界杯亚军成员安迪·穆勒、2014 年世界杯冠军托马斯·穆勒。可以说，穆勒这个姓氏见证了德国足球的辉煌。

这个姓氏甚至影响了一位巴西球员。路易斯·安东尼·科雷亚达·科斯塔因为崇拜盖德·穆勒，把自己的名字改成了穆勒。于是在 1990 年世界杯的巴西队里，众多"耳朵"之间出现了一个皮肤黝黑、一头短卷发的穆勒。

盖德·穆勒身材粗短，有点像发福后的马拉多纳。初进拜仁慕尼黑队时，没人相信这个小胖子能成大器。但在成功减肥之后，他终于成为史上最具杀伤力的前锋。对于盖德的神奇之处，贝肯鲍尔感叹说："上帝啊，如此进球，没有人可以理解这何以为然！莫非他有秘密武器？或者有特异功能？或者是脑后长眼？连我们这些与他并肩作战的队友也如坠迷雾，难以找出合乎常理的答案。"

盖德在球场上常使对手防不胜防，靠的是神出鬼没的跑位和对战机恰到好处的把握，他的灵活和突袭性正依赖于那不匀称的身材。盖德的腿粗壮有力，上身虽然有点长却很有韧性。得天独厚的生理优势造就了这位绝无仅有的优秀前锋。

盖德的球员生涯共打进 1461 球，曾是世界杯和欧洲杯的总射手王。直到现在，他还以 525 球保持着欧洲足球俱乐部顶级比赛历史最高进球总数的纪录。

在参加的 427 场甲级联赛中，他进球 365 个，在参加的 62 场国家队比赛里，进球数高达 68 个，平均每场都有进球。足球生涯中曾七次被评为最佳射手。他在参加的两届世界杯共 13 场比赛中共攻进 14 球，这一纪录保持了 32 年之久，直到 21 世纪才被后辈罗纳尔多和克洛泽超越。他的进球效率无可匹敌，至今仍是所有前锋仰望的终极目标。

盖德·穆勒也获得了作为一个球员所能得到的所有荣誉。1998年他被授予国际足联金质勋章。2000年国际足联授予他"世纪最佳射手"大奖。欧洲权威体育媒体法国《队报》将他评选为足球历史上最伟大的十位巨星之一。2011年他首批入选国际足球名人堂。

君特·内策尔　315秒，也就是5分钟15秒，这是君特·内策尔在1973年11月14日与苏格兰队的比赛中全部的控球时间。在这315秒里，内策尔共控球51次，平均每次6.2秒。这是非常让人吃惊的数据。

内策尔是20世纪70年代德国足球标志性的人物之一，司职中场。早年他效力于德国门兴格拉德巴赫队，后投奔西班牙皇家马德里队，为两支球队各取得了两次联赛冠军。国家队层面，内策尔是德国夺取1972年欧洲杯冠军最重要的人物，两年后成为世界杯冠军队的成员。他一共37次代表国家队出征，共打入6球。

1972年的比利时欧洲杯堪称内策尔的独角戏。尽管早在1966年英格兰世界杯就崭露头角的贝肯鲍尔稳坐国家队头把交椅，但1972年的杯赛却让内策尔抢尽了风头。小组赛德国队遭遇宿敌英格兰队，内策尔在全队不敢上前主罚点球的情况下，稳稳操刀命中。迎战比利时队和苏联队的关键战役中，内策尔的中场调度令对手连断球都大费周章。德国队因此高歌猛进，一举捧杯凯旋。内策尔也在1971和1972年连续当选德国足球先生。

在当年的欧洲金球奖评选中，贝肯鲍尔、内策尔和盖德·穆勒三名德国球员包揽了前三名。这一盛况至今也没有任何一国的球员可以复制。

内策尔的出色表现也引发了国家队内部的矛盾。以贝肯鲍尔为首的"拜仁系"球员和以内策尔为首的"门兴系"球员严重对立，双方争做老大。拜仁慕尼黑队尽管实力超群，对德国足球和国家队贡献很大，但门户之见极其严重，一直以老大自居，目中无人，压制其他俱乐部。在国家队层面，"拜仁系"球员与其他几大俱乐部的球员一直矛盾不断，迫于"拜仁系"球员人多势众且实力突出，谁也无可奈何。

说到这，不得不提阿迪达斯公司和彪马公司的体育用品老大之争。1970年的世界杯上，内策尔因不穿国家队独家赞助商阿迪达斯提供的球鞋而被开除出队。否则凭借内策尔的中场指挥调度，德国队和巴西队还是有一拼的。

内策尔和贝肯鲍尔的矛盾成了德国版的瑜亮之争。斗争的结果是"门兴系"完败。1974年的本土世界杯上，身披10号战袍的内策尔只能坐冷板凳，眼睁睁地看着贝肯鲍尔成为民族英雄，加冕"足球皇帝"。负气之下，第二年内策尔退出国家队，从此"拜仁系"和贝肯鲍尔一股独大。

内策尔年少得志，是典型的"高富帅"，球技出众，但特立独行，目中无人（尤其是对贝肯鲍尔）。因此在队内树敌无数。其实早在1973年转会皇家马德里队时，就有人对内策尔提出忠告，只可惜狂妄的他根本没当回事。最终，一个可比肩"皇帝"的球星却众叛亲离，只能独自黯然退场。现在的内策尔是一名顶尖的足球评论员。

迈耶尔　他或许是德国队历史上最优秀的守门员。从1966年到1977年，迈耶尔连续11年参加了422场俱乐部比赛，这个纪录前无古人，想必也是后无来者。从他开始，德国队不断涌现出世界级的优秀门将，在德国足球的星空中不断闪耀。

迈耶尔身上颇有20世纪60年代席卷欧洲的那种叛逆精神。他的短裤总比别人长，手套也比别的守门员大，很是滑稽。这在讲究规矩、严肃古板的德国队中是非常出格的。他酷爱打赌，是球队的大活宝，常做出格的事。有次外出比赛后，众人都疲惫躺倒。而他却突然说："我能马上跳进旅馆前的池塘里，你们赌不赌？"大家不吭一声地每人放了 10 马克在桌上，结果他真的连衣带裤一屁股坐进水里。

迈耶尔看似粗犷，其实是粗中有细，在这一点上，他的后辈卡恩和他非常像。如此无拘无束的行为是球场内外体力与精神备受煎熬后的一种调整。他是球队气氛的调节开关，能任意改变整个球队的气氛。或使其热烈，或使其轻松，就像飞行员手握操纵杆任意翱翔。

而对于训练，他从来没有满足的时候。当队友已经结束训练开始洗澡时，他却还在给自己加练。他有一句名言："踢球不是变魔术，难以得心应手。倘若没有耐心、毅力和智慧，那么一个人即使耗尽一生，也难以从礼帽中变出一只兔子。"正因为有了迈耶尔这样一道牢不可破的防线，贝肯鲍尔才得以放心地长驱直入，成为真正的"自由人"，无后顾之忧。也可以说，迈耶尔成就了贝肯鲍尔。

可惜，1979 年 7 月 14 日的一场车祸让这位世界最优秀的门将提前告别了绿茵场。他一共参加了 473 场甲级联赛，其中有 442 场都取得胜利，这绝对是个奇迹。

1974 年德国世界杯

巴西队球迷常说，巴西球员可以组建两支国家队，且都能获得世界冠军。而 20 世纪 70 年代的德国队亦可作如是观。在 20 世纪 60 年代初，拜仁慕尼黑队还是默默无闻的乙级联赛小球队。迈耶尔—贝肯鲍尔—穆勒组成的黄金中轴线在 20 世纪 70 年代初强势崛起。1974~1976 年，拜仁慕尼黑队连续三年获得欧洲冠军杯（现在的欧洲冠军联赛）冠军，一举称霸欧洲。而他们也将强大的实力一直持续到今天，跻身欧洲最顶尖的豪门俱乐部，成为众多"德迷"心中的圣殿。

绍恩的国家队就以拜仁慕尼黑队的这条黄金中轴线为骨架而搭建。

足球传奇 SOCCER LEGEND

阵容堪称豪华，军威肃肃，军旗招展。他们将踏上一条称霸欧洲和世界足坛的道路，尽管这条路异常坎坷与艰辛。

巴西队在三夺世界杯冠军，称霸足坛后，长年处于一枝独秀的状态。放眼全球，老霸主匈牙利已衰，新兴力量德国、荷兰尚未崛起。巴西队三次决赛的对手是瑞典队、捷克斯洛伐克队和意大利队。除意大利队外，另外两支都是欧洲的二流球队，他们能进决赛也说明当时的老牌劲旅都处于低潮期。巴西队俨然独孤求败，特别是在1970年。

而德国队则不同。在德国足球崛起的同时，另一个领土上的小国、足球上的超级大国荷兰也开始了更加强势的崛起。他们甚至比德国队崛起得更早，而他们的打法、气势和成绩，也都盖过了德国队。荷兰的功勋教练米歇尔斯开创了全攻全守的打法，为国际足坛注入了全新的理念。可以毫不夸张地说，当代足球的每一点进步，都受益于米歇尔斯的思想和理念。

不仅是理念的先进，荷兰足球的成绩也有目共睹。在拜仁慕尼黑队三夺冠军杯之前，荷兰的阿贾克斯队就凭借全攻全守的打法和一群意气风发的青年近卫军在1971年、1972年和1973年三夺冠军杯，笑傲欧洲足坛，剑指1974年的德国世界杯。

正因为如此，尽管德国人以极大的优势夺取了1972年的欧洲杯冠军，但舆论依然认为荷兰队强于德国队，"飞翔的荷兰人"强于"德意志战车"，克鲁伊夫强于贝肯鲍尔。因此1974年德国世界杯前，和1954年一样，德国队依然不被看好，他们需要为自己正名。

德国队和荷兰队一路势如破竹，兵不血刃。在开创新王朝之前，荷兰人试图彻底埋葬一个旧王朝。在半决赛中，他们以2:0击败了老霸主巴西队，内斯肯斯和克鲁伊夫的两个进球彻底断送了巴西人重振雄风的希望。这场比赛也是巴西队的转折点，他们从此陷入了20年的沉寂，直到1994年美国世界杯才重回巅峰。这就是足坛新旧交替、弱肉强食的生存竞争，和丛林里一样，等待老狮子的一定是年轻狮子的尖牙利爪和勃勃雄心。德国队和荷兰队最终进入决赛。荷兰人是国际足坛的超级破坏性力量，但笑到最后的却不是他们。

回到 1974 年的 7 月 7 日的下午 4 点，德国慕尼黑体育场里，德国队和荷兰队正在巅峰对决。

在三大"球王"级人物贝利、贝肯鲍尔和马拉多纳中，马拉多纳出生得晚，没赶上与"球王"和"足球皇帝"同场竞技。贝利和贝肯鲍尔几乎是同时代的球员，也令人遗憾地没能在世界杯舞台上一决高下。1970 年的世界杯本来是"球王"和"皇帝"最好的交接仪式。一个已过巅峰，一个如日中天，全世界都期待看到两人在一场球赛中完成"王位"的传承。可惜半决赛中，德国队 3:4 惜败给意大利队。比赛中贝肯鲍尔右肩脱臼，仍咬牙坚持完成比赛。他用一条绷带将手臂吊在胸前继续比赛的镜头，已成为世界杯历史上永恒的经典，而"球王"和"足球皇帝"也失去了唯一一次世界杯交锋的机会。

1974 年，贝肯鲍尔和克鲁伊夫在决赛中的相遇，这一定是百年足球史上最为珍贵的时刻。赛前的紧张气氛由一件小事就可以印证。在主裁判泰勒要宣布比赛开始时，才发现工作人员因紧张连角旗也忘了插。

和飘逸、敏感、多变的荷兰人相比，德国人显得笨拙、迟钝、小心谨慎，并一如既往地慢热。荷兰队先声夺人，经过后场 16 次传球，球被传到中圈的克鲁伊夫脚下。他突然快速启动，带球直奔德国队的后场，晃过后卫福格茨进入禁区，赶过来补位的赫内斯情急之下铲倒了克鲁伊夫。内斯肯斯主罚点球，荷兰 1:0 领先。这时，比赛才过去了 56 秒，德国人连球也没有摸到！

落后对德国队来说是家常便饭，他们有过无数次落后不止一球又扳平逆转的经验。同时，德国队也有丰富的大赛经验。他们很清楚，

在这种情况下，按照自己的节奏踢最重要，而不是急于求成，被对手牵着鼻子。时间有的是，要牢牢冻结对方的核心克鲁伊夫，让荷兰队成为无源之水，无本之木。

这两点他们都做到了。有点秃顶的福格茨将功补过，牢牢将一头长发的克鲁伊夫冻住，让他全场再无一次机会，碌碌而过。福格茨应该进这场比赛功劳榜的前三名。第 25 分钟，布莱特纳还以颜色，同样用点球将比分扳平。接下来就是穆勒的美好时光了。"轰炸机"出动，天地为之变色。第 43 分钟，穆勒打入了他个人在世界杯上的第 13 个进球，也是最重要的一球，2:1，德国队锁定胜局。继 1954 年的伯尔尼奇迹后，德国人又一次在不被看好的情况下反败为胜，逆袭夺冠。两年内，德国人连夺欧洲杯和世界杯冠军，建立了德意志足球王朝。

跌入谷底

20 世纪 80 年代中期，德国足球跌入低谷。不是实力上的，而是名誉上的。毋庸讳言，这种情况的发生同样是德国文化在足球方面的反映。德意志文化不仅给德国足球带来荣誉，也带来耻辱。

1982 年，德国队出征西班牙世界杯。这届比赛是中国第一次直播世界杯，也是中国球迷第一次全面了解世界杯。济科、苏格拉底、法尔考的桑巴足球让球迷如醉如痴，而德国人在半决赛中的铁血精神也让人血脉贲张。中国的"巴西迷"和"德国粉"就此分道扬镳，口水大战了 30 年。

德国队的状况显然不太好。舒斯特尔出走、鲁梅尼格伤停，德国队的中前场伤筋动骨，历史悠久的更衣室内斗也愈演愈烈。鲁梅尼格领衔的"拜仁帮"想压垮舒马赫、利特巴尔斯基领衔的"科隆帮"，结果没有赢家。当时的德国队缺乏一个贝肯鲍尔式的领袖。

第一场比赛，德国队意外地 1:2 输给非洲弱旅阿尔及利亚队。这是世界杯历史上最大的冷门之一，全世界球迷大跌眼镜的同时，也开始对非洲球队刮目相看。自此一些非洲队马马虎虎也能被称为"劲旅"了。

但这还不是世界末日。对德国人来说，末日是"希洪丑闻"。小组赛的最后一场，德国队对阵奥地利队，地点是西班牙的希洪。根据赛前的计算，德国队只要 1:0 赢了奥地利队，双方就能挤掉同积 3 分的阿尔及利亚队携手出线。

同文同种的德奥兄弟果然默契，开场由赫鲁贝施打入一球后，双方就在自己的半场内传球，完全无视观众的嘘声，优哉游哉。如果你有耐心重新看这场比赛，依然会被那些无耻的场面激怒。这是赤裸裸地践踏体育比赛精神，迫使国际足联推出新规定，以后小组赛最后一轮的两场比赛必须同时开赛。

这场比赛在德国国内掀起了轩然大波。发行量最大的《图片报》以大号粗体的"耻辱！"为题，表达自己的愤怒。前国脚威利·舒尔茨干脆给场上的 22 个运动员直接贴上了罪犯的标签。现场电视解说的低沉语调宛如在报道一场葬礼："眼前正在发生的一切真是令人作呕，和足球绝对没有半点关联。" 评论员的声音接近崩溃："电视机前的观众有权随意开火，这样丑陋的比赛是无法用一个比分蒙混过去的。"

但是德国队的反应却冷酷得让人无法接受。面对国内铺天盖地的质疑，主教练德瓦尔回击说："我们的任务就是晋级，没有展示球技的义务。"这哪里像一个国家队主教练？凭这一句话，他就该下课。而德雷姆勒用一句话证明了他根本不理解职业足球和国家队的关系："我首先是个靠踢球吃饭的职业球员，至于德国足球的尊严，我管不着。"

欧陆群雄

马特乌斯随后也解释道："我们已经小组出线了，别的都是空话，这个结果才是最重要的。"

后来，德国一家知名报社出版了一本记载1982年世界杯的图书。关于这场比赛的描述是"某些胜利比落败还要糟糕""完全是金钱在背后作祟"。东道主西班牙的媒体也没有放过他们，说这场比赛是德奥双方在演"双簧"。

在内外交困中，德国队勉力前行。这支球队尽管缺兵少将，但实力依然强劲，顽强、拼搏和永不言败的精神尚在。半决赛上，他们踢出了一场荡气回肠、足以载入史册的名局。本来这是一次洗刷"希洪丑闻"的好机会，但门将舒马赫的一击不仅毁了自己，也最终让德国队上了耻辱柱。

这场比赛，双方在90分钟内战成1:1，加时赛一开始的6分钟之内，法国人连进两球。在任何人看来，这场比赛都已经结束了。但德国人不这么认为，鲁梅尼格带伤上场了，他给全队打了一剂强心针。德国人的进攻一下子恢复了生机，进攻煞是好看，战车隆隆作响。一时间，法国队门前风声鹤唳。第12分钟，鲁梅尼格带球突破，与队友做了一个德式招牌的"二过一"后突入禁区。一个低射，进球！6分钟后，鲁梅尼格在前点牵制，赫鲁贝施头球摆渡，克劳斯·费舍尔用一记技惊四座的倒钩将比分扳平。法国人的心理已经崩溃了。点球大战中，门将舒马赫扑出了对方的两个球，最终德国人涉险过关，进入决赛。舒马赫是这场比赛的英雄，却是德国足球的罪人！天使与魔鬼统一在了这个德国门神身上。

在这场比赛的下半时，法国队在中场"铁三角"普拉蒂尼、吉雷瑟和蒂加纳的带动下，占据着绝对的主动，德国队则疲于奔命。第55分钟，普拉蒂尼一记诡谲的传球撕破了德国队的防线，将球直接挑到替补上场的前锋帕特里克·巴蒂斯通面前。有三个人都冲向了这个球，前锋巴蒂斯通、回追的德国后卫曼弗雷德·卡尔茨，以及弃门出击的门将舒马赫。

普拉蒂尼的挑传是个半高球，落点就在禁区线外的几步。卡尔茨和舒马赫都冲第一落点奔去，不过巴蒂斯通显然快了一步，先拿到来球，然后在舒马赫就要触球的一刹那，将球挑过了他。可惜，皮球擦着门柱飞了出去。

高速跳起的舒马赫已经刹不住车，膝盖重重地顶在了巴蒂斯通的头部。巴蒂斯通在空中翻了半圈后栽倒在地，当场人事不省。很难说舒马赫是不是故意的。现场电视评论员也很客观，惊呼这是一个"可怕的事故"，又说"舒马赫也冒着同样的危险，争球冲撞在球场上总是难免的"。舒马赫本人也这样认为。15年之后他仍然坚持说："如果相同的情况再来一遍，我还是会那么做。信不信由你，我真的是只冲球去的。"

真正的问题是，舒马赫之后的态度激怒了所有的人。当巴蒂斯通躺在草坪上人事不知的时候，舒马赫却冷漠地站在球门线上，一副事不关己的样子，一心想着重新开赛，仿佛这一切与他无关。赛后，得知巴蒂斯通被撞掉了两颗大牙，舒马赫的反应是："都是职业球员，没啥大惊小怪的，跟他说补牙的钱我来出就是了。"舆论界一片哗然。"他们的自负上升到了一个新境界。"德国国家队史料撰写人鲁德格·舒尔茨如是评论。著名足球作家马默林哀叹道："在那一时刻，曾经丑陋的德国足球形象再次复活。"

什么原因让舒马赫如此的冷漠？真的像马特乌斯所说的，为了晋级可以不择手段？真的是职业足球的熏陶，让他们把体育道德、体育精神都忽略，成了一架冷冰冰的获胜机器？上千年的国家分裂让德国人在欺凌下生出一种强烈的复仇心理。近代统一后甚嚣尘上的"大日耳曼主义"和褊狭的民族沙文主义，让他们滋生出唯我独尊的心态。

而长期的军国主义传统，让他们形成为了获胜可以不择手段的想法，并认为这是符合道德的。

决赛在德国队与意大利队之间进行。意大利人一向是德国人的苦主，人们从没见过意大利人能在任何领域对德国人有如此大的优势，除了足球！德国人果然一败涂地，输掉了决赛。连续两件丢人的事让德国队在国内颜面扫地。而主教练德瓦尔居然罗织了一个阴谋论，指责媒体在抹黑国家队，影响了他们的备战乃至夺冠云云，说他们"对自己人的残酷虐待有如通敌叛国"。这种冷漠、褊狭、妄自尊大、不择手段去获胜的心理造成了队员极大的心理压力。尤其是对那些技术好、天赋高、性格内向不合群的球员影响更大。这种压力释放的结果不是毁了别人就是毁了自己。而舒马赫既毁了别人——巴蒂斯通，也毁了自己。1986年世界杯后，因暴露球队问题，他被贝肯鲍尔开除出队。而贝肯鲍尔之后，德国队最具天赋的技术流球员如舒斯特尔、埃芬博格、巴斯勒和代斯勒，也几乎都是自毁前程。

谷底中的唯一亮点：1996 年欧洲冠军

贝肯鲍尔之后的德国球员，大都是民工、苦力、蓝领这些"搬钢琴的"，真正能"弹钢琴的"少之又少。这种巨大的压力和唯胜利论导致的后果是队内的不团结。"拜仁帮"和其他球队的倾轧贯穿整个当代德国足球史。1974年世界杯决赛中，贝肯鲍尔"兵变"夺了绍恩的权，也顺带打击了老对手内策尔和他的"门兴帮"。到德瓦尔时代，新主教练缺乏权威且疏于管理，无法控制手下的骄兵悍将。年轻球员的个人私心和功利思想严重，急于上位，完全不把老将放在眼里，甚至连起码的尊重也做不到。一时间，德国队后院起火，更衣室里争吵不休甚至拳脚相加。

在老迈的里贝克时代，更衣室矛盾更加激烈。里贝克的保守、固执以及对球队管理的不力，导致德国队内讧不断，"拜仁系"和"勒沃库森系"水火不容，最终的牺牲品居然是"海归"比埃尔霍夫。这时的德国队实力本来就虚弱不堪，再加上矛盾不断，焉能不败？德国队的优良传统丧失殆尽，文化劣根性孕育的"恶之花"却越开越艳。

德瓦尔是第一位被解职的国家队主帅。其他教练不是功成身退，就是主动辞职，包括成绩最差的里贝克也是主动请辞的。可见德瓦尔引起了多大的众怒。接下来就是贝肯鲍尔出山收拾残局，重振雄风。这一部分我们在"足球恺撒贝肯鲍尔"一节中会有详细描述。

1990年世界杯后，贝肯鲍尔急流勇退，德国队开始步入下降通道，一直到2006年的本土世界杯才开始重新扬眉吐气。在贝肯鲍尔的时代，他用铁腕将球队内乱压制住，加上"三驾马车"马特乌斯、克林斯曼、布雷默为首的一批新星挑起球队大梁，德国队得以捧回1990年的世界杯冠军奖杯。但1990年以后，德国队进入了人才断档期。整个20世纪90年代唯一的亮点就是1996年的欧洲杯。德国人在福地伦敦温布利大球场迎来了老冤家捷克队。两队缠斗半个世纪之久，互有胜负，总体上德国人略占上风。这场比赛之所以值得一书，除了因为德国人顽强精神的体现之外，也因为这是欧洲杯历史上唯一一次金球制胜的比赛。

所谓金球制胜，是指在加时赛中，任何一方只要先进球，就宣告比赛结束，因此又被称为"突然死亡法"。这种赛制惊险刺激，充满了不确定性和偶然性。场上的每一次进攻都有可能成为最后一次进攻，任何一个小失误都可能输掉比赛。这不仅给球员、教练造成压力，也给球迷带来了巨大的影响。因为这些不合理性，后来这一赛制被取消。

德国人是最不喜欢这种赛制的。因为他们曾无数次在加时赛落后一球甚至两球的情况下，顽强地把比分扳平拖入点球大战，甚至反超，而只要德国队进入点球决胜，无异于宣布德国队获胜。

这次比赛，捷克队以黑马姿态一路过关斩将。小胜葡萄牙队，点球胜法国队，大有重演 4 年前"丹麦童话"的势头。这场比赛之前，主力波博斯基已被众多豪门球队关注，而教练乌赫林更被奉为神奇教练。德国方面则缺兵少将，老将克林斯曼带伤上阵，中场核心穆勒黄牌停赛，再加上之前的伤病情况，可以上场的只有 15 人，甚至门将卡恩和雷克也要准备随时客串了。

德国队的核心是"自由人"萨默尔、前锋克林斯曼和守门员科普克。主帅福格茨启用了拜仁慕尼黑队的一批年轻球员，如 70 后的巴贝尔、齐格、绍尔、博比奇。脸上高低不平、相貌可怕的齐格从此开始扬名，他镇守的右路成了德国队的黄金通道，他也是德国足球黑暗时期为数不多的亮点。欧足联大发慈悲，允许德国队从国内加派一个人来出战，但高傲的德国足协拒绝了。

上半场，德国人面对小组赛的手下败将颇有信心。昆茨接连错过两次绝佳机会。后腰艾尔茨受伤下场，伯德顶替上场后，福格茨的替补席上只剩三人：两个守门员卡恩、雷克和替补前锋比埃尔霍夫。

下半场，德国队依然贯彻霸道的德国风格，甚至在决赛这样重要的比赛中依然压迫半场。但他们错过了更多的机会，后防更频频出现漏洞。波博斯基带球直突禁区，萨默尔将其在禁区外绊倒，但裁判却判罚了点球。伯格主罚命中，1:0，捷克队领先。一切仿佛 4 年前德国队和丹麦队比赛的重演。

这时福格茨孤注一掷，用比埃尔霍夫换下绍尔。德国队的三中锋全线出击，做最后一搏。换人后，齐格右路主罚任意球，比埃尔霍夫头球破门。1:1，德国队的最后一张牌适时起到了作用。加时赛开始仅第3分钟，德国队后场长传，克林斯曼回敲，比埃尔霍夫在禁区里倚住对方后卫，转身抽射破门。德国队上演了逆袭绝杀，历史上第一粒金球就此诞生。德国队艰难地第三次捧得德劳内杯。

这粒金球非常像1974年决赛穆勒绝杀荷兰的那一粒进球。那一刻比埃尔霍夫一定是穆勒附体。继克林斯曼后，又一架德意志轰炸机起航。第二天，英国《卫报》的头条标语是"Germany, Born to Win"。意思是：德国，为胜利而生。

赢得1996年的欧洲杯冠军带有一定的运气成分。德国队并没有1990年那种荡气回肠的气势，伤病大大限制了他们的实力。但只要坚韧不拔的作风和永不言败的精神存在，德意志就永远是德意志。萨默尔在比赛中大放异彩，中后场的控制力和进攻都是德国队取胜的保证。他是贝肯鲍尔之后德国最好的"自由人"，可惜因伤病提前挂靴。1996年他被评为年度欧洲金球奖获得者，实至名归。

世纪之交是德国足球的低谷，一次欧洲冠军也无法延缓他们急速下滑的趋势。1994年和1998年两届世界杯，他们被东欧弱旅保加利亚队和克罗地亚队挡在四强之外，2000年和2004年的欧洲杯他们甚至连小组赛都没有出线。全世界都看到这支老牌劲旅的衰落，以至于2002年韩日世界杯时，没有人把他们当成强队，甚至连中国队都希望能和沙特阿拉伯队换换，跟德国分在一组。

德国门神

足球界有句名言，进球靠进攻，赢球靠防守。这非常好理解，要想赢球，关键在于防守，否则进球再多，却被别人打进更多的球，也一样赢不了。德国队是世界杯和欧洲杯历史上战绩最好的队伍，自然谙熟个中道理。德国队拥有多名世界级门将，其他球队间或会涌现世界级门将，如苏联的雅辛、达萨耶夫，意大利的佐夫、布冯，英格兰的班克斯、希尔顿，西班牙的卡西利亚斯等等，但没有哪个国家能像德国那样，形成一条"门将生产链"。从 20 世纪 70 年代开始，每一任的德国门将都是世界级的，这条传奇的"门将链"几乎就没断过，而且每位门将都经历过一届荡气回肠、名垂青史的世界大赛。尤其在世纪之交的十几年，德国队虽实力屡弱，但成绩依然尚可，各位门将功不可没。

我们看看为德意志镇守城门的那些门神：迈耶尔是门将典范；舒马赫是集天使与魔鬼于一身的另类；伊尔格纳是 1990 年世界杯冠军队成员，时年 23 岁，年轻有为；科普克是比伊尔格纳年龄更大的替补。

在 1994 年世界杯对阵保加利亚队的比赛中，伊尔格纳意外失误后，老将科普克挤掉卡恩上位，成了 1996 年欧洲杯的主力门将。那届比赛德国队实力不济，因而科普克显得尤其突出。他在小组赛里扑出了意大利队佐拉的点球。德国队在少一人的情况下，依靠科普克的神勇，以 0:0 逼平意大利队，将后者挤出了八强。半决赛上，英德两队再次遭遇点球决胜。科普克在第六轮中将索斯盖特的点球扑出，德国人艰难进入决赛。

卡恩 尽管没得过世界冠军和欧洲冠军，但卡恩一定是知名度最高的德国门将，没有之一。1994 年卡恩进入德国队，从 1998 年世界杯之后到 2006 年世界杯之前，一直是德国队的正选门将。正是他的左扑右拦，高接低挡，才让德国队保留了起码的脸面。卡恩最杰出的表现大致在 2000~2002 年，不论是在国家队还是在拜仁慕尼黑队，他都是当之无愧的定海神针。

2001 年的欧冠决赛，拜仁慕尼黑队的对手是西班牙的瓦伦西亚队。这场比赛对双方来说都是点球的比赛。开场不久，瓦伦西亚队的门迭塔罚进点球 1:0 领先。此后,拜仁慕尼黑队绍尔的点球被对方门将扑出。下半场,扬克尔禁区内再度制造点球,埃芬博格顶住压力将球打入。120 分钟内,双方 1:1 战平。点球大战上卡恩有如天神下凡,扑出了两粒点球,最终帮助拜仁慕尼黑队站上欧洲俱乐部的最高领奖台。这一次的胜利揭开了德国足球复兴的序幕。

相比在俱乐部,卡恩在 2002 年世界杯上的表现更为突出,几乎可以说他凭一人之力将德国队带进了决赛。开赛前,本就青黄不接的德国队又有多名主力因伤休战,主教练沃勒尔被迫调整战术,在对阵弱旅沙特阿拉伯队时也不得不打起了防守反击。德国人似乎从来就没有这么窝囊过,但所幸德国队还有卡恩。正是卡恩的神勇表现,让球队在决赛前的 6 场比赛中仅失 1 球。决赛中德国队对阵全世界都看好的、拥有"3R 组合"的巴西队,德国人并不是没有机会。尽管巴拉克无缘决赛,尽管卡恩犯了一个低级失误。

所以赛后卡恩力压最佳射手罗纳尔多获得金球奖,也是众望所归。他也是唯一一位拿到世界杯金球奖的守门员。说他是世界杯历史上的最佳守门员也不为过。卡恩获得过的荣誉还有连续四次被评为欧洲足联最佳门将,三次被国际足球历史和统计联合会评为世界最佳门将,两次获得德国足球先生称号。

凭借卡恩的神勇表现获得 2002 年世界杯亚军,对处于低谷的德国队和绝望的德国球迷而言,都是一种巨大的精神鼓舞。它向全世界宣布,作为豪门的德国队精神力量尚存,并且很快就会回来!

莱曼 在德国当守门员一定要熬资历。莱曼就是在 37 岁"高龄"时,顶替了同龄且状态下滑的卡恩,成为德国"国门"。但这不等于说莱曼水平低,毋宁说他的运动寿命更长。莱曼最出色的表现是 2006 年世界杯的 1/4 决赛德国队和老对手阿根廷队的比赛。莱曼左扑右挡,力保球门不失。120 分钟内双方战平。于是,世界杯历史上仅有的两支点球不败的球队走上了 12 码线，双方将在点球上决一雌雄！

在莱曼走上球门线之前，卡恩走上前去搂住了莱曼的肩膀低声耳语，然后两人相互微笑击掌，仿佛两位门神共同镇守着德意志的城门。守门员教练、他们的前辈科普克走过去，递给莱曼一张小纸条。莱曼打开看了看，面带微笑，走到了球门线上。最终，莱曼扑出了阿亚拉和坎比亚索的 2 粒点球，德国人则 4 罚 4 中，是当之无愧的点球界第一高手。那么问题来了，小纸条上写的是什么呢？原来是科普克总结的阿根廷球员罚点球的习惯和方向，而且完全正确。这就是德国式的严谨。

最后一位是当代门神诺伊尔，年纪轻轻已经是连续两届世界杯的主力，并且捧回了 2014 年世界杯冠军奖杯，还获得了金手套奖。不出意外的话，未来几年德国的国门还将靠他镇守。希望他能超越迈耶尔和卡恩等前辈，创造属于自己的辉煌。

重新崛起

这是最后一个话题，而德国足球这次崛起的直接结果，就是 2010 年世界杯的德国青春风暴和 2014 年的世界杯冠军。

德国足球在世纪之交的衰落是一个很漫长的过程，所谓冰冻三尺非一日之寒。其标志性的比赛有两场：其一是 1998 年世界杯的 1/4 决赛，老迈的德意志战车 0:3 被克罗地亚队击败，成了一堆废铁。其二是 2001 年 9 月 1 日的世界杯预选赛。德国人在自己的主场被英格兰队以 5:1 击败，欧文还上演了帽子戏法。这应该是德国队自 1954 年世界杯小组赛 3:8 负于匈牙利队之后，最大的一次失利。最惨不忍睹的是 2000 年的欧洲杯小组赛，一平二负小组垫底，耻辱出局。当时《图片报》的大标题是"里贝克，你使德国感到耻辱！！"

其实，也不能全怪里贝克。1996 年博斯克法案通过，由于地理位置的便利，大量东欧廉价球员涌入德甲，各俱乐部大量购买外援，忽视了对自己后备力量的培养。

这是一方面原因。另一方面，大量拉美籍球员涌入西班牙、葡萄牙和意大利等国家，与该国的足球传统结合。到 20 世纪 90 年代中后期，这些国家形成了以齐达内、菲戈为首的拉丁技术派足球，也形成了各国的"黄金一代"。这一派至少在技术和打法上完全超越了德国足球。而英超、意甲此时也开始飞速发展，为国家队输送了贝克汉姆、欧文、希勒、卡纳瓦罗、布冯、托蒂等 70 后著名球星，极其引人注目。

但德甲依然故步自封，守着 30 年的老传统，躺在功劳簿上吃老本。2000 年的欧洲杯，德国队居然还靠马特乌斯、科勒尔、克林斯曼这些 60 后的"老人"支撑，如何能不败？变革从 2000 年欧洲杯惨败后开始。这场德国足球界的"大革命"主要从三个方面展开：足协、国家队和俱乐部。这三方面缺一不可，足协的指导自然是最重要的，所谓火车跑得快，全靠车头带，更何况还有青训问题。国家队是最必要的方面，如果没有国家队的成绩，就根本无法检验变革成功与否。俱乐部是国家队的支柱，它为国家队输送人才，因此两者的理念应该相同。

从后来的结果看，德国在这三方面做得都非常成功。首先是足协。2004 年欧洲杯惨败后，一向保守的德国足协终于受不了各方压力而开始变革。在贝肯鲍尔的支持下，改革派足协执委茨旺齐格当选第二主席，接管了足协大权。足协主要做了两件事。其一是鼓励非德裔的德籍青年才俊进入国家队，当然这和新世纪德国社会的开放和欧洲的整体化有关。由于历史的原因，德国是欧洲血统最纯正的国家。不像英法等老牌帝国主义国家，因长期的殖民地历史拥有大量的有色人种。在 2000 年以前，德国队是由纯日耳曼人组成的。这在德国民众看来是天经地义的，1996 年，南非籍前锋邓迪想通过加入德国国籍而为德国队出战，在德国掀起了轩然大波，最后也没有成功。

进入 21 世纪后，其他足球强国，特别是法国，依靠大量非本民族的人才而取得了好的成绩，让德国人看着眼馋。而德国国内，本民族的后备力量薄弱，相反，二战后移民德国的其他族裔的第二代、第三代中，却涌现了大量的足球人才，其数量之多和水平之高到了无法忽视的程度。因此，改革派的足协顺势而为，明确规定凡在德国踢球、拥有德国国籍的非德裔青少年，必须服从德国各级青年队的征召条令。正是因为这一措施，我们才能在 2010 年的世界杯上看到由土耳其裔的厄齐尔、突尼斯裔的赫迪拉、加纳裔的博阿滕、塞尔维亚裔的马林、巴西裔的卡考等"八国联军"和日耳曼青年才俊一起掀起的青春风暴。

德国足协做的更重要的一件事，是完善青训体系。首先是加大基础投入，包括德国足球联盟从资格审查入手，硬性规定各队开展青训建设，德甲、德乙俱乐部必须有符合专业标准的青训学院，青训配套建设必须标准化。德国足协也在青训方面投入了大笔资金。2000～2010年的十年间，德国足协为青训计划投入了 5 亿多欧元，平均每年 5000多万欧元，主要用于俱乐部的青训学院基础建设。

其次是天才培养计划。从 21 世纪开始，德国新星呈喷涌之势。波多尔斯基获得 2006 年世界杯最佳新秀称号。2010 年南非世界杯，穆勒为德国队蝉联了这一荣誉。2014 年世界杯，德国队的平均年龄还不到 25 岁，简直就是一支德国青年队。

欧美精英教育的理念就是绝不放弃把任何一个孩子培养成才。德国足球的天才培养计划也是这样，不放弃任何一个可能成为球星的天才。

他们为14~18岁的孩子提供专门的培训，因为有好多德国孩子都是到后期才突然表现出足球天赋，训练基地为这些孩子多留了一次机会。

"拓展人才促进计划"总监丹尼尔说："即使那些有着极强天赋的球员生活在大山深处，现在我们也会想尽一切办法找到他。"正因为如此，21岁仍在德国第五级别联赛（业余联赛）踢球的克洛泽能被发现，并最终扬名世界。

最后就是高质量的教练队伍。根据欧足联的统计，德国拥有28400个持有欧足联B级执照的足球教练，持有A级执照的教练有5500人，持有专业教练执照的有1070人。正是因为如此雄厚的教练员规模，德国孩子才能在很小的时候就接受相对专业的训练。

而一些著名的球星也在俱乐部和国家队层面亲自负责青训，如萨默尔、赫鲁贝施等。优异的青训成果是，2006年后德国的后起之秀大量涌现，各级青年队的战绩都在欧洲遥遥领先。2008年8月，19岁以下德青队获得U19欧青赛冠军。2009年5月，17岁以下德青队获得U17欧青赛冠军。2009年8月，21岁以下德青队获得U21欧青赛冠军。连续抢元三个年龄组，这在欧洲足坛尚属首例，可见德国青少年人才后备力量之充足。未来的10年勒夫恐怕要挑花眼了。但愿这些未来的明星们能继承德国足球的优良传统，世界终将是他们的。

说过国家层面的措施，再来看看俱乐部层面。首先，他们开始向欧洲学习。1996年博斯克法案通过后，德甲赛场涌入了东欧、南美的廉价且技术优秀的球员。其中巴西球员尤其受欢迎，如埃尔博、泽·罗伯托、卢西奥等。这些球员的加入使德甲联赛改变了过去传统的硬碰硬踢法，增加了一分细腻，为德国足球风格的转变积蓄了力量。同时，欧洲拉丁派的成功对德甲联赛造成很大影响。特别是1998年法国队获得了世界杯冠军，在德国足坛引起了很大反响。在俱乐部层面，人们开始反思德国足球存在的问题。以道姆为

欧陆群雄

首的中生代教练开始尝试新的打法，随后沙夫、马加特等年轻教练也紧随其后。一时间，技术流成了时尚，五花八门的新阵型不断出现，德甲成了试验田。

各俱乐部积极配合足协的各项规定，改变以往大手大脚花钱买人的做法，开始培养后备人才，扎扎实实做好青训工作，为各级国家队输送人才。俱乐部是现代足球运动的基本单位，由各俱乐部参与的联赛是国家队实力的基础和保障。只有俱乐部充满活力，国家队才能生机勃勃，只有俱乐部完成了转型，国家队的变革才有可能成功。

德国足球"大革命"的核心，自然在国家队。国家队是一个国家足球水平的最终体现，国家队的成绩是检验大变革成效的唯一标准。而国家队的改革，则是三位少帅谱写的三部曲。沃勒尔奠基，克林斯曼推进，勒夫集大成；沃勒尔除旧，克林斯曼布新，勒夫完善。

德国国家队几十年不变的传统 3－5－2 阵型在世纪之交终于玩不下去了。其原因首先是这个打法对边路球员的要求过高。一个人要完成整条边路的进攻与防守，既要攻得上去，又得退得回来，对球员的技术和体力都是极大的考验。几十年中涌现过不少著名边路球员，他们都是真正的日耳曼铁汉，但随着齐格的退役，那种一人控制整条边路黄金通道的球员其实已经没有了。

其次，3－5－2 阵型要求有一个"自由人"，但德国队自贝肯鲍尔以后，就再也没有合适的自由人了。马特乌斯和萨默尔勉强能胜任，但萨默尔以后就再也没有了。2001 年德国队 1:5 败给英格兰队，2004 年又以 1:5 败给弱旅罗马尼亚队。这都表明德国队的攻防脱节。攻得上去却退不回来，回来防守又导致进攻瘫痪。德国队彻底沦为欧洲二流。这个坚持 30 年的打法必须改变了。欧洲范围内先进的打法遍地都是。变革势在必行，沃勒尔是变革的开始。他在 2004 年欧洲杯前变阵，最终导致惨败，黯然下课。但这只是改革所付出的必要代价而已。不变，就只能永远修修补补、提心吊胆，永远是一群莽夫左冲右撞。变了，才是凤凰涅槃，才能铸就 2010 年世界杯上的青春风暴。沃勒尔很清楚这一点，他以牺牲自我来成就德国足球。

接手的是沃勒尔踢球时的搭档 ——"金色轰炸机"克林斯曼。闲居美国、具有改革思想的克林斯曼和足协改革派的思维非常相似。于是克林斯曼上位，德国队开始了真正的变革。克林斯曼做主教练后，获益最大的是当时还籍籍无名的前斯图加特少帅勒夫。正是后者最终将德国足球重新推上了荣耀的巅峰。最后悔的应该是克林斯曼 1990 年世界杯时的战友奥西克，本来应该是他而不是勒夫来做助理教练的，但他拒绝了邀请。

克林斯曼当时才 39 岁，是典型的少帅，激情四射，充满活力，没有什么条条框框，也没有那么多利益纠葛。他不会像老帅一样因循保守，躺在自己的功劳簿上不思变革。这也是足协看中他的原因之一。"激情足球"是克林斯曼的口号，他在技术层面对国家队的改造，就是用 4 - 4 - 2 阵型取代 3 - 5 - 2 阵型。具体的做法就是抛弃传统的层层推进的阵地战，靠扯动和渗透等运动战撕开对手防线，达到进攻的目的。这要求队员有良好的技术作为保障，传统的德国"糙哥"是不能用的。同时，要充分发挥体能优势，不惜体力地奔跑来扯开对方防线。为了贯彻自己的新战术理念，克林斯曼不断地引进年轻人，让整个队伍充满了生机和活力。

克林斯曼不但在战术上颠覆传统，在训练方式上也和传统格格不入。他的训练营里充满了"美国味"，他不仅高薪聘请美国体能教练为队员加强体能储备，还一改传统德国足球训练的单调枯燥，甚至通过练瑜伽来锻炼队员的身体柔韧性。

而在管理团队的方式上，克林斯曼则采用企业式的管理模式，每个队员必须服从他的时间管理系统。全队什么时间该干什么、不该干什么，都规定得一清二楚。每天的工作生活安排表贴出来后，队员们就只有服从了。克林斯曼的变革让队伍进攻流畅，但后防线上却漏洞百出，成绩大起大落。他们经常大比分赢球，也同样会大比分输球，因此克林斯曼在德国国内毁誉参半。2006年世界杯获得季军后，克林斯曼坚持离去，或许也是压力太大。

但克林斯曼的确给传统的德国足球加入了一丝拉丁足球的技术和激情，让整支球队快起来、活起来，更流畅也更细腻。他改革的方向是正确的，因而很多做法也被继任者勒夫坚持下去，并最终修成正果。从这个意义上说，克林斯曼于德国足球功莫大焉。

尤阿希姆·勒夫是德国历史上第一位不是国脚的国家队主帅。和之前的助理教练"转正"一样，勒夫的继任在最大程度上推进了克林斯曼的国家队变革。可以说勒夫赶上了好时候。2006年后德国足球人才呈井喷之势，勒夫手里能排出好几副妙牌，当打之才多得让人羡慕。更为关键的一点是，德国足协在频繁更换了三位主教练后，给了勒夫较长的时间，让他充分贯彻自己的理念，磨合队伍，在足够多的大赛中积累经验。2014年世界杯是勒夫第四次带队参加大赛，他的前辈沃勒尔只带队参加过两届大赛，而克林斯曼仅有一届。

勒夫时期的德国队中，传统的力量、勇气、稳定性和坚强的意志没有变，更融入了青春、激情、流畅性和细腻性。新德国足球是20世纪90年代全球足球风格大融合的一个最成功典范。这是一支平民化的足球队，没有超级球星和超级偶像，但他们却是一个牢不可破的整体，是一支球队而不仅仅是11个人。这也是一支没有短板的球队，你挑不出它哪里不好，似乎也说不出它有什么特长，但当你准备发动攻击时，才发现根本无从下手。

其实，他们所具备的技术和配合，别的球队也都具备，但他们就是比其他球队做得好。哪怕是简单的"撞墙"式二过一，能上教科书的也一定是德国人做的示范。这就像他们的工业产品，看上去朴实无华，但总比别国生产的精致耐用。

1954 年德国队主帅、伯尔尼奇迹的缔造者塞普·赫尔伯格有句名言：Nach dem Spiel ist vor dem Spiel。根据字面意思可直译为：一场比赛之后，就开始下一场的准备。如果"信达雅"一些，则是"结果缘于准备"。这也是对德国足球乃至德式思维的精辟总结。

> 有人说，意大利人天生应该踢足球，你看他们国家的地理形状，就像一只穿靴子的脚（亚平宁半岛）在踢着一只足球（西西里岛）。
>
> —— 题记

把意大利、法国、西班牙和葡萄牙（有些人还要加上南斯拉夫）统称为欧洲拉丁派，主要有三个原因。首先，人们把欧洲足球称为力量型足球，这是和南美为代表的纯技术足球的一种宽泛比较。欧洲内部并非铁板一块，各国之间种族、历史、文化、宗教和地理条件差异很大，体现在足球风格上也是流派纷呈。其次，意、法、西、葡地处地中海沿岸，气候温暖，阳光明媚，与冰天雪地的北欧国家气候迥异，这些国家的人踢起球来风格细腻，重视技术配合，喜欢用短传渗透的方式组织进攻，但球员的身体条件并不突出，与英、德两国身高体壮的球员那种大刀阔斧、长传冲吊型的纯力量足球有很大的差异。当然，这种比较也是最宽泛意义上的，不能较真，毕竟当代足球合流的趋势已经非常明显。最后，由于历史的原因，这些国家与南美、北非的一些国家有密切的关系，双方在足球上的交往也比较多，因而更容易受其影响。

笼统地说，我们可以把欧洲拉丁派看成介于南美技术型足球和北欧力量型足球的一种中间派别。这些国家都是大名鼎鼎的足球强国，意、

法、西是公认的"世界冠军俱乐部"成员，足球历史传统悠久，人才鼎盛。每逢国际大赛，这些国家都是夺标热门，而其国内的俱乐部也在全世界威名赫赫，如皇家马德里、巴塞罗那、尤文图斯以及米兰双雄。而具体到每个国家，情况又各有不同。

说到意大利足球，人们能想到他们曾四捧世界杯，尤文图斯、AC米兰、国际米兰、那不勒斯、罗马、拉齐奥、都灵、佛罗伦萨等大牌俱乐部的名字，以及佐夫、马尔蒂尼、巴乔这些明星的身影，都会立刻浮现在脑海中，久久挥之不去。

中年以上的中国球迷心中都有一种浓浓的意甲情结。在对足球还似懂非懂的年龄，他们看到了1982年意大利扬威西班牙，捧得世界杯的壮举。而到20世纪80年代末，中央电视台开始转播有"小世界杯"之称的意甲联赛，这是他们当时唯一能看到的最高水平的比赛。而多支意甲球队的访华也使商业比赛高潮迭起，神州大地一片足球热潮。

整个90年代，随着中国足球职业联赛的开展，以及转播造成的"意甲热"，意甲也和中国足球进入了"蜜月期"。这段时间，多支意甲球队访华，与中国国家队或地方队进行了一系列比赛，一时间造成轰动效应。当时的热潮已远远超出足球本身的范围，而成为一种全民总动员，激励着整个民族昂首迈进新世纪。

中意足球交流的第一个"吃螃蟹者"是国际米兰俱乐部（当时翻译为"英特米兰"）。改革开放元年的1978年，国际米兰队就已访华，虽因一些原因没有造成轰动效应，但确实打开了中意足球交流的大门。

到了1994年，中国开始了职业联赛，而央视的意甲转播也进入了第6个年头。"荷兰三剑客""德国三驾马车"都令中国球迷津津乐道，人们对意甲的热情一浪高过一浪。大家盼望这些豪门大腕能亲临中国，盼望能目睹他们的绝世风采，也期待中国球队能和他们正面过招。要知道，在那个年代，中国球队很少有机会能和世界强队较量。

欧陆群雄　足球传奇 SOCCER LEGEND

首先来华的是桑普多利亚队，意甲的一支二流强队。他们在北京工人体育场对阵刚刚折戟伊尔比德、世界杯预选赛出局的中国国家队。5 月 15 日的比赛中，尽管球队主力"光头"隆巴多、"国门"帕柳卡、曼奇尼都悉数登场，但桑普多利亚队明显轻敌了。他们被"哀兵"中国队以 4:2 轻松击败，压抑许久的中国球迷终于扬眉吐气。领略意甲球星风采的同时，足球热也迅速升温。

　　这场比赛之后，中外足球交流的商业化模式逐渐形成，足球热席卷整个华夏大地。球迷的盛宴开始了。一个月后，真正的豪门大腕 AC 米兰队驾临中国。那时的 AC 米兰队已从 20 世纪 80 年代的低谷中走出来，并在 1994 年完成意甲联赛三连冠，在欧冠决赛中以 4:0 痛击"梦之队"巴塞罗那队。"米兰王朝"再一次威震欧洲。AC 米兰队的这次中国之行，本是给队员的一次放松和走秀，带有很强的商业目的。为备战世界杯，除德塞利、伦蒂尼、萨维切维奇等有限的几位球星外，众多名将都无缘首次中国行。但对中国球迷来说，这些已经足够了。只要"AC 米兰"这几个字符一出现，就能让他们欢呼雀跃甚至尖叫。AC 米兰队在中国转战深圳和沈阳，一路高歌获胜，赚足金钱人气。但在北京他们碰到了苦主北京国安队。6 月 16 日，距桑普多利亚队兵败工体一个月后，AC 米兰队也倒在了这里。北京国安队以 2:1 战胜 AC 米兰队。

　　这一年的北京国安队正处于他们的鼎盛时代。队中有高峰、谢峰、曹限东、魏克兴、胡建平、谢朝阳等名将。球员们众志成城，誓与 AC 米兰队掰掰手腕。开场仅 12 分钟，高峰下底传中，谢峰头球破门。30 分钟时，AC 米兰队还以颜色，他们的任意球由帕努奇头球扳平比分。第 47 分钟，高峰罚进点球，将比分定格为 2:1。正是在这场比赛中，北京球迷喊出了"工体不败"的口号，很快传遍全国。这是中国足球史上最令人振奋的口号之一。

这场比赛的失利让 AC 米兰队感到大丢颜面，主帅卡佩罗发誓第二年要报仇雪恨。1995 赛季，AC 米兰队欧战失利，来华的阵容比上一年完整得多。队中球星云集，马尔蒂尼、巴雷西、多纳多尼、帕努奇、阿尔贝蒂尼、埃拉尼奥等大牌球星悉数亮相。在轻松击败广州太阳神队和四川全兴队后，6 月 14 日，AC 米兰队再次光临北京工体，迎战老对手北京国安队。

这一次，AC 米兰队主力悉数登场。国安队同样以最强阵容迎战，符宾、韩旭、杨晨、周宁等新生代球员陆续亮相，希望能延续"工体不败"的神话。双方你来我往，场面上一直相持，谁也无法打开局面，只能靠点球决胜。最终，米兰队以 4:3 战胜北京国安队，算是报了上年的一箭之仇。

1996 年，AC 米兰队第三次来到中国。这次他们没有再碰国安队，只是走马观花地击败了上海申花队和吉林延边队。那几年，以 AC 米兰为代表的豪门俱乐部在中国掀起了一股足球热潮，刺激了中国的足球市场，也在很大程度上提高了中国的足球水平，其成果之一就是 2002 年中国首次打进世界杯决赛圈。

21 世纪，意大利和中国的足球交往更加频繁和紧密，许多大型的比赛都被安排在中国举行。2009 年 8 月 8 日，为纪念北京奥运会开幕一周年并回馈中国球迷对意甲的厚爱，意大利超级杯在北京"鸟巢"国家体育场举行。对阵双方是 2008~2009 赛季的意甲冠军国际米兰队和意大利杯赛冠军拉齐奥队。这是意大利超级杯第 4 次在意大利国境之外举办，并且是首次在亚洲举办。2011 年 8 月 6 日，意大利超级杯再次在"鸟巢"举办，这次对阵的双方是 AC 米兰队和国际米兰队。最高水平的米兰德比在中国上演，两队都拥有令人眩目的大牌国际纵队。

近 10 年来，受经济状况的影响，意甲水平明显下滑，在欧洲五大联赛排名中越来越低，再也难现当年"七姐妹"主导的"小世界杯"风采，但中国球迷的意甲情结却矢志不渝、痴心不改。

对于意大利足球，可以说的东西太多太多。在世界杯历史上，除缺席1930年的第一届和1958年的第六届，意大利参加了其余的18届世界杯决赛圈比赛。以战绩论，意大利4座世界杯冠军的成绩羡煞世人，仅次于巴西和德国。

意大利足球给我们最深的印象就是防守。他们的防守就像一张针扎不透、水泼不进的网，又像一堵花岗岩铺就的石墙。那是真正的钢铁长城，挡住和撞碎了无数球星的冠军梦，一个又一个足坛英雄在它面前仰天长叹，掩面而泣，又绝望而归。

这种防守被称为"链式防守"或"混凝土防守"。意大利人就是靠它纵横世界足坛百余年，栉风沐雨仍痴心不改。看看那些熠熠生辉的名字：1970年的法切蒂、特拉帕托尼、老马尔蒂尼，1982年的卡布里尼、希雷阿、詹蒂莱和科洛瓦蒂，1990年的巴雷西、贝尔戈米、费里和马尔蒂尼，2006年的格罗索、卡纳瓦罗、内斯塔、赞布罗塔，无一不是这条钢铁防线中的钢铁卫士，守护着蓝衫军团大旗屹立不倒。

由于地处欧洲中部、地中海沿岸的中心，意大利成了欧、亚、非三大洲各民族频繁往来的集散地，民族混杂，本身的特点并不鲜明。这一点与英、法、德三国差异很大。在足球理论上，意大利人却非常"认死理"地在防守反击的路上坚持到底，倒也不失为世界足坛的一段佳话。

链式防守的前身，是20世纪30年代多瑙河流派的奥地利人卡尔·拉潘在瑞士国家队实施的"清道夫防守体系"。著名的波佐教练在意大利国家队同时开始这种防守体系的试验。其核心是立足防守，伺机反击，使用波佐独创的2－3－2－3阵型。二战之前，这种试验还处在初级阶段。这也是意大利足球与多瑙河流派的一段渊源。

促使意大利在二战后全面推行"链式防守"的，有两个非常重要

的因素。意大利人的身体素质不如英、德等国，一对一防守明显吃亏。1948 年，英格兰队和意大利队进行了一场友谊赛，主场作战的意大利人在技术远远领先对手的情况下，竟以 0:4 惨败，身体条件是主要原因。他们必须靠集体的力量进行防守，而不是一对一硬扛。因素之二就很偶然了。在 1949 年的苏佩加空难中，意大利都灵队的全体队员罹难，导致以都灵队为核心的意大利国家队一下子失去 8 名主力球员，攻击力大幅减弱，战术体系全部瓦解。无奈之下，1950 年的世界杯上，意大利队采取了以防守为主的战术。虽然小组赛遭到淘汰，但新打法仍让意大利人尝到了不少甜头。世界杯之后，"链式防守"就在意大利联赛中全面流行起来。一些俱乐部出于实用主义的目的，此战术屡试不爽。1947 年，名不见经传的特里斯蒂纳队在著名教头内雷奥 – 罗科的率领下，依靠这一战术获得意甲联赛的亚军，震惊了亚平宁半岛。

"链式防守"真正成形是在伟大的"大米兰"时代。20 世纪 60 年代中期，阿根廷人埃雷拉执教国际米兰队，内雷奥·罗科执教 AC 米兰队。两人在米兰城的两支球队中全面推行"链式防守"战术，球队所向披靡，称雄亚平宁，扬威欧罗巴。AC 米兰队获得了两次联赛冠军、三次意大利杯冠军、两次欧洲冠军杯冠军、一次世俱杯冠军杯和两次欧洲优胜者杯冠军，而国际米兰队获得了三次联赛冠军、两次欧洲冠军杯冠军、两次世界俱乐部杯冠军。自 20 世纪 50 年代皇家马德里队称雄欧洲后，米兰人开始执欧洲足坛之牛耳。

被誉为 AC 米兰队历史上最伟大教头的罗科，对"链式防守"的成形和光大贡献极大。他为 AC 米兰队设计了四后卫的阵型，并在四个后卫身前设置了两个防守型中场，同时要求两名前锋就地反抢，进攻时两个边后卫插上助攻，两个边前卫向中路靠拢，与两名前锋组成交叉密集的火力网。

1962 年和 1966 年的两届世界杯上，意大利队都没能从小组出线。

1966 年世界杯后，埃雷拉入主国家队，将"链式防守"的思想注入国家队的肌体和灵魂。这是意大利"链式防守"战术的真正开端。很快他们就在 1968 年的欧洲杯和 1970 年的世界杯上夺得了冠军和亚军，丑小鸭终于变成白天鹅。一切应归功于"链式防守"。这种彻底的 1:0 主义思想虽然场面上不好看，却实实在在能获得胜利。从此，不论是意大利国家队还是俱乐部队，主教练从萨基到特拉帕托尼，都彻头彻尾地奉行这一战术，直到现在。

在人盯人时代的防守中，后防队员只是一个个零散的点，机械、被动地参与防守。他们受制于对方球员的攻击线路，疲于奔命，而且相互之间联系不多，很容易被攻破一点而导致防线崩溃。但"链式防守"将防线组成了一条铁链。从阵型上看，四个后卫里，两个是边后卫，两个是中后卫。其中一个中后卫负责盯人和协防中场，最著名的例子就是盯死马拉多纳、济科的詹蒂莱。另一个中后卫是整条防线的核心，能力超强的清道夫，比如老马尔蒂尼和巴雷西。"链式防守"的思想核心就是在防守队员心中树立一种意识：队员之间有条无形的链条，每个人都是链条上的一个点，链条上如果一个点动，其余的点就必须跟着动，以保持特定的阵型。或者协防，或者阻击，或者补位，链条要将对方的进攻球员挡在外面，不能让其在任何一点上有所突破。这就是"链式防守"的精髓。

一般来说，意大利的"链式防守"有两条链。除后卫线外，前卫线也有一条链，起阻击和迟滞对方进攻的作用。但这种战术对前卫队员参与进攻有很大限制，所以，意大利盛产优秀后卫和前锋，却始终缺少济科和普拉蒂尼这样的攻击型前卫。

后场的密集防守确实很有效果，但也会使比赛场面沉闷。很难看到意大利队打出巴西队或荷兰队水银泻地般的进攻，前场也少有流畅的配合和小范围传递。意大利足球似乎和"好看"无缘，但赢球倒是经常的。很多球迷因此不喜欢意大利队，倒是有很多女球迷钟情于巴乔忧郁的眼神。

小世界杯意甲联赛

真正与中国球迷建立联系的意甲联赛是从 20 世纪 80 年代开始的。意甲吸引了大批超级球星和几乎全球的球迷，一度被称为"小世界杯"，傲世欧洲五大联赛，"前后七姐妹"各领风骚若干年。

这一切要从意大利足协的一个政策变革说起。在 20 世纪 60 年代末，意大利足协关闭了国际转会市场。大约 10 年中，意甲球队都只能关起门"自己玩"，这极大影响了意大利的足球水平。1980~1981 赛季，意大利足协重新开放外籍球员转会市场，宣布每队可招入两名外籍球员。于是奥地利球员普罗哈斯卡转会国际米兰队，成为第一个吃螃蟹的人。趁 1982 年夺取世界杯冠军的机会，世界杯上表现出色的各国球星纷纷登录亚平宁半岛，待价而沽。一时间，这只"战靴"成了足球圣地。普拉蒂尼、济科、苏格拉底、法尔考、马拉多纳、鲁梅尼格、劳德鲁普、博涅克、卡雷卡……哪一个不是足球圣殿的巨人？

经济一体化促进了足球市场的一体化，意大利的球市变得更加开放。1988 年，每队可拥有外籍球员的人数增加为三人。但 1993 年推出了只允许最多三名外籍球员同时登场的规定。博斯曼法案通过以后，各队的外援人数再也不受限制，但非欧盟国家的球员最多只允许三名同时上场。越来越多的球星加盟意甲，荷兰的"三剑客"古力特、巴斯腾、里杰卡尔德，还有科曼、天才博格坎普；德国的"三驾马车"马特乌斯、克林斯曼、布雷默，还有比埃尔霍夫；法国的帕潘、齐达内；阿根廷的"战神"巴蒂斯图塔；葡萄牙的菲戈；巴西的"外星人"罗纳尔多……

欧陆群雄

传统三强俱乐部尤文图斯、AC 米兰、国际米兰挥舞着支票，竞买和囤积球星，轮番称霸意甲和欧冠，一些二三流的中小球会也凭借一两个球星彻底改变了形象，甚至横空出世，一飞冲天，把意甲传统秩序搅得天翻地覆。比如加盟乌迪内斯队的济科、加盟罗马队的法尔考以及加盟佛罗伦萨队的巴蒂斯图塔。巴西名将法尔考更被称为"罗马皇帝八世"，在他率领下，罗马队最先冲破传统三强的包围，在1982~1983 赛季一举夺冠。而 1984~1985 赛季的冠军更让人大跌眼镜。在这之前，名不见经传的小城维罗纳仅会因"罗密欧与朱丽叶诞生的地方"被人提起。而那个赛季，默默无闻的维罗纳队依靠德国名将布里格尔、丹麦射手埃尔克耶尔的完美表现一举夺魁，被意大利足坛称为"新时代的灰姑娘"。这一成绩也让他们吸引了更多的世界名将，如"风之子"卡尼吉亚。不过他们再也没能达到那个高度，在意甲星空中如流星一般划过，爆发出瞬间的火花后又转眼归于平庸。最让人瞠目结舌的是马拉多纳加盟的那不勒斯队。阿根廷球王几乎凭借一人之力，将这支地处意大利南方且长年在甲级、乙级联赛间沉浮的球队带上了意甲冠军和欧洲联盟杯冠军的宝座。7 年内他们两夺意甲冠军，两夺意甲亚军，一次获第三名，一次获第四名，更赢得一个意大利杯冠军和一个意大利超级杯冠军。拥有马拉多纳的那不勒斯队是意甲当之无愧的强队。而这种完全靠一人之力改变联赛版图的例子，再也不可能出现了。足球的英雄主义时代已经过去，生在那个时代的球迷能够见证这一切，足以私藏心中一生。

　　在传统三强之外，意大利足坛有了"前后七姐妹"的称呼。关于为什么称姐妹而不是兄弟，有必要做个解释。意大利语中"球队"一词是阴性的，所以对几支球队的称呼只能是"姐妹"。"前七姐妹"包括尤文图斯、AC 米兰、国际米兰、帕尔马、那不勒斯、桑普多利亚、佛罗伦萨七支球队。他们在 1988~1995 赛季包揽了意甲和意大利杯的冠军，并至少得过一座欧洲三大杯冠军。1989~1990 赛季，他们包揽了三大杯冠军。AC 米兰队勇夺冠军杯冠军，尤文图斯队摘得联盟杯冠军，桑普多利亚队笑纳优胜者杯冠军，年底 AC 米兰队再接再厉，连夺欧洲超级杯冠军和丰田杯冠军，实现大满贯。20 世界 90 年代的上半期是意甲的超级黄金时代。1993~1994 赛季，AC 米兰队夺得冠军杯冠军，国际米兰队夺得联盟杯冠军，创造了"米兰神话"，米兰成为一座真正的足球城。

1999~2000 赛季、2000~2001 赛季，来自罗马城的两支球队拉齐奥和罗马连续获得意甲冠军，掀起一股罗马狂飙，震惊亚平宁。这两支球队逐渐取代没落的那不勒斯和桑普多利亚，构成了新的"七姐妹"群体。

世纪之交，"新七姐妹"的时代其实只有短短的 4 年时间。由于传统三强的疲软，意甲诸强在欧洲收获寥寥，不仅无缘冠军杯，优胜者杯也只有拉齐奥队在 1997~1998 赛季获得的一座。联盟杯上差强人意，国际米兰队和帕尔玛队分别在 1998 和 1999 赛季捧回一座。21 世纪，随着意大利经济陷入困境，意甲也开始衰落。十多年的足球泡沫时代造就了无数神话，但只有潮水退去才能看清到底谁在裸泳。当足球的泡沫被戳穿后，那些底蕴不足、一哄而起的球队露出原形，谁是真正的强者，谁是沐猴而冠，一望便知。

"七姐妹"群体随之分化。幸福的家庭情况相似，尤文图斯和米兰双雄三位大姐大依然保持豪门本色，AC 米兰在 2003 赛季重夺冠军杯冠军，向欧洲宣布"我又回来了"，金钱是其最大的资本。而不幸的家庭，状况也相差不大。帕尔玛俱乐部的老板坦济被抓，球队成绩每况愈下，终于在 2015 赛季降入乙级联赛，紧接着便是破产重组。新球队叫帕尔玛 1913 队，算是对老帕尔玛队的继承和纪念。我们期待新帕尔玛队浴火重生。2002 年，佛罗伦萨俱乐部宣布破产，被判降级。重组后球队从丙二联赛开始打，令人吃惊地在三年内完成三级跳，重返甲级联赛！这真是个励志的故事。拉齐奥队和罗马队也陷入了财务困境，尽管还不至于降级，但只能在意甲中游沉浮，为一张联盟杯的入场券疲于奔命。而"前七姐妹"中的那不勒斯队于 2004 年降入乙级联赛，桑普多利亚队在甲、乙两级联赛中两上两下——两队都流于平庸。

传统三强奋斗史

世事沧桑，令人不禁唏嘘。百年意甲，真正称得上豪门，能在欧洲足坛跺一脚引得四周乱颤的，也只有尤文图斯队和米兰双雄。如果说这三支球队有什么共同点的话，除了优异的战绩，就是他们的球衣——都是黑色打底。尤文图斯队因为黑白相间的球衣被称为"斑马军团"，AC 米兰队"红黑军团"名字来源于他们红黑相间的球衣，而国际米兰队则是"蓝黑军团"。这三支球队都来自"米兰—都灵—热那亚"黄金三角区，那里不仅是意大利经济最发达的地区，也是足球水平最高的地区。雄厚的经济实力保证了这些球队的百年荣耀。

"老妇人"尤文图斯

尤文图斯队的绰号是"老妇人"，因为球迷认为该队尊贵、理性、稳健而令人尊敬，就像一位沉稳得体的老妇人。球队地处汽车城都灵，背后的金主是执掌世界汽车业巨头菲亚特集团的阿涅利家族。正是阿涅利的金钱保证了尤文图斯雄踞意甲领头大哥地位，32 个联赛冠军的成绩把米兰双雄的各 18 次冠军远远甩在后面，让其望尘莫及。中国球

迷成为尤文图斯的粉丝大多是在普拉蒂尼加盟以后。1982年世界杯后，法国球星普拉蒂尼和波兰球星博涅克加盟尤文图斯队，加上该队原本的国家队级钢筋混凝土防线，简直是如虎添翼，当年就斩获足协杯冠军。第二年，又顺理成章地夺取优胜者杯冠军。1983~1984赛季，他们勇夺联赛冠军，普拉蒂尼还获得最佳射手和欧洲足球先生称号。在老帅特拉帕托尼的率领下，尤文图斯队在1984~1985赛季击败英格兰老牌劲旅利物浦队，获得他们的第一座冠军杯奖杯。1985~1986赛季他们获得第22个联赛冠军，并获得洲际杯冠军，成为历史上第一支完成"大满贯"的球队。

　　普拉蒂尼率领尤文图斯队夺得了三次联赛冠军，其间还率领法国队夺得了1984年的欧洲杯。他本人连续三年获得欧洲足球先生荣誉（1983~1985年），这是个空前绝后的纪录。在此之前和之后，克鲁伊夫和范巴斯滕都三次获得这一项奖，但很遗憾都不是连续的。而随着2009年欧洲足球先生和金球奖的合并，这一纪录将永远无人超越。普拉蒂尼和尤文图斯队交相辉映，在20世纪80年代中期独领欧洲足坛风骚。

　　普拉蒂尼是20世纪80年代技术最为全面的球星之一，几乎将足球运动中的一切技巧集于一身。他的控球、传球技术都已臻化境，而且天生具有领袖才能。不论在法国队还是在尤文图斯队，他都是绝对的中场核心和进攻发动机。同时他还有一脚任意球的绝活，他踢出的任意球势大力沉，角度刁钻，是公认的"任意球之王"。普拉蒂尼当之无愧地入选了尤文图斯百年最佳阵容。

　　1987年普拉蒂尼退役后，尤文图斯队陷入了近10年的低潮期，直到1994年"银狐"里皮开始执教，他们才重现辉煌。而这时，已经是皮耶罗、因扎吉和齐达内的时代了。这三位天才组成的三叉戟帮助尤文图斯蝉联1996~1998赛季的意甲冠军，同时他们在欧洲赛场

也收获颇丰。1995~1996 赛季，他们获得球队有史以来的第二座欧洲冠军杯奖杯，并蝉联接下来的两届亚军。21 世纪，意甲被英超、德甲和西甲抢去了风头，尤文图斯也渐渐洗去铅华，平庸尽现。特别是"电话门"事件，让他们丢尽了颜面。被罚降级后，他们很快又重新回到意甲联赛，但这一不光彩的行为严重损害了意甲和尤文图斯的形象。最近几年尤文图斯有复兴迹象，2012~2015 年他们连续获得四次意甲冠军，但欧洲赛场仍一无所获。要在球迷心中重建"老妇人"的形象，他们前途漫漫。

"红黑军团"AC 米兰

米兰城才是真正的足球之都，只有她拥有两支水平相当的世界级豪门球队。从这一点上看，似乎只有曼彻斯特能和她媲美——有曼彻斯特联队和曼彻斯特城队两支水平相当的世界顶级球队。但曼彻斯特城队总给人暴发户的印象，似乎底蕴不足。而米兰双雄则是真正的百年豪门。1908 年，AC 米兰队刚刚成立不到 10 年时，因对球队踢法的过分英国化以及某些势利行为不满，队内一些瑞士、意大利球员愤然脱队，自行组建了国际米兰队。就这样，两支米兰队成了同城死敌。在意甲百年史上，国际米兰队是唯一一支从未降过级的球队。

渐渐的，两队恩怨湮没在历史的迷雾中。到"小世界杯"时代，米兰双雄双双处于历史低谷，前有"老妇人"一枝独秀，绝尘而去，后有众姐妹跃跃欲试，你追我赶。形势危矣，两支米兰队痛定思痛，也开始了复兴大业。AC 米兰队复兴的关键人物是亦正亦邪的大富豪贝卢斯科尼。在他的主持下，球队迎来了欧洲足球历史上最为辉煌的时代——荷兰"三剑客"时代。古力特、巴斯腾和里杰卡尔德的相继加盟让 AC 米兰队彻底脱胎换骨。在教头萨基的带领下，巴雷西、马尔蒂尼领衔的后防线为三剑客保驾护航，三剑客有如神助，无坚不摧。1988 年 5 月 1 日，AC 米兰队客场挑战那不勒斯队。马拉多纳使出浑身解数，让那不勒斯队 2:0 领先，但"辫帅"古力特更加神勇，带领 AC 米兰队连扳 3 球，最终 3:2 赢得了胜利。到联赛结束时，AC 米兰队以 3 分的优势力压那不勒斯队，9 年后重新登上冠军宝座。

　　凭借这个冠军，AC 米兰队挺进第二年的欧洲冠军杯，一路高歌猛进。尤其是半决赛中，凭借古利特、里杰卡尔德、范巴斯滕、安切洛蒂和多纳多尼的 5 粒进球，AC 米兰队横扫皇家马德里队，震惊整个欧洲足坛。皇家马德里这支欧洲超级老牌劲旅颜面尽失。1989 年 5 月 25 日，在西班牙巴塞罗那诺坎普球场，AC 米兰队迎来了冠军杯的决赛对手，1986 年的冠军杯得主、罗马尼亚布加勒斯特星队。尽管这是欧洲最高水平俱乐部之间的决战，但比赛场面完全一边倒。荷兰三剑客没有给对方一点机会，古力特和范巴斯滕双双梅开二度，4:0 干净利落地击败对手，时隔 20 年后第三次捧起欧洲冠军杯奖杯。随后，他们又夺得当年的超级杯冠军。这时的 AC 米兰队就像他们球衣颜色所象征的一样，"红色是魔鬼的颜色，而黑色则散发着恐怖气息"（米兰创始人之一休伯特·基普林语）。一股红黑色的力量震慑欧洲足坛。

　　1990 赛季重复了上一年的辉煌。米兰人蝉联冠军杯和超级杯冠军。而到了年底，在冰天雪地的日本东京国家体育场，他们以 3:0 轻松击败南美冠军巴拉圭奥林匹亚队，第三次举起丰田杯奖杯，里杰卡尔德如愿当选最佳球员，开走了丰田车。这段时间 AC 米兰队所向披靡，欧洲足坛进入米兰时间。1991~1992 赛季无疑又是个梦幻赛季。三剑客如日中天，阿尔贝蒂尼、巴雷西、马尔蒂尼、科斯塔库塔、加利、罗西、多纳多尼、西蒙尼等意大利国脚群星闪耀。全队众志成城，势如破竹，以不败战绩轻松摘得桂冠。尤其是联赛最后一场，他们以 8:2

欧陆群雄

的大比分获胜，锋线杀手范巴斯滕以 25 粒进球蝉联最佳射手称号。这是 AC 米兰队最伟大的一个赛季。

1992~1994 赛季，又一批世界级球星加盟。南斯拉夫"三个火枪手"之一的萨维切维奇，年度世界、欧洲双料足球先生法国人帕潘，225 亿里拉创纪录身价的伦蒂尼，热那亚的埃拉尼奥……联赛不败的纪录在延续，直到不可思议的第 58 场才被帕尔玛队打破金身。对 AC 米兰来说，联赛冠军如探囊取物。1993~1994 赛季 AC 米兰队再次夺得欧洲冠军杯冠军，决赛中甚至以 4:0 轻取巴塞罗那队。1995~1996 赛季 AC 米兰队成功夺回联赛冠军。

在 21 世纪意甲沦落到五大联赛"第四把交椅"时，是 AC 米兰队在欧洲赛场维持着意大利的脸面，2002~2003、2006~2007 两个赛季，他们两次夺得欧冠冠军。尤其是 2006~2007 赛季，由于队伍老化，青黄不接，俱乐部人员极度匮乏，一度只有 11 人征战欧冠。就是在这种极度困难的局面下，AC 米兰队在冠军联赛中越战越强，从 1/4 决赛第二回合开始，打出了当年最为壮丽的 4 场比赛，分别以 2:0 胜拜仁慕尼黑队，2:3 和 3:0 力克曼彻斯特联队，2:1 赢利物浦队，勇夺欧洲冠军。并在 8 月与欧洲联盟杯冠军塞维利亚队的比赛中 3:1 取胜，获得欧洲超级杯冠军。年底的丰田杯决赛中，他们以 4:2 击败阿根廷博卡青年队，再捧丰田杯冠军奖杯。

AC 米兰队这一年的辉煌，成就了老队长马尔蒂尼最后的功成身退，也成就了卡卡的世界足球先生和欧洲金球奖。这些都与 2006 年意大利获得的世界杯一起，成为 21 世纪意大利足球最辉煌的一页。

"蓝黑军团"国际米兰

国际米兰队最辉煌的岁月是 20 世纪的 60 年代。1960 年，时任国际米兰俱乐部主席的安吉洛·莫拉蒂以高出两倍的年薪从巴塞罗那队挖来了冠军教练、阿根廷人赫雷拉。可见国际米兰"烧钱"是有历史渊源的。在赫雷拉的率领下，后防法切蒂、西班牙中场名将苏亚雷斯和前锋马佐拉组成了三条线的核心，一个全新的国际米兰出现了，1962~1963 赛季他们一举夺回意甲冠军。1963~1964 赛季，国际米兰队在冠军杯中一路高奏凯歌，决赛中以 3:1 力克老牌劲旅皇家马德里队，首夺冠军杯冠军。在接下来的洲际杯（丰田杯的前身）中，他们击败阿根廷独立队，又夺得洲际杯冠军。

接下来的两个赛季里，国际米兰队连续夺得意甲冠军，并在1964~1965 赛季蝉联了冠军杯冠军和洲际杯冠军。巧的是，这一次洲际杯的决赛对手仍是上一届的老对手阿根廷独立队。阿根廷人两次栽在国际米兰队脚下，不免生出"既生瑜，何生亮"之叹。国际米兰队也成为球王贝利领衔的桑托斯队之后第二支蝉联洲际杯冠军的球队，他们在欧洲乃至世界足坛威风八面。这是国际米兰队的鼎盛时期，被称为"大国米时代"。

国际米兰在足球界以"球星黑洞"和"烧钱"著称。整个 20 世纪70 年代的外籍球员市场关闭期，就是它的低谷时期，直到 80 年代初球市重新开放才有所好转。1986 年，他们从尤文图斯队挖来了金牌教练特拉帕托尼，开始球队的重建。一个崭新的国际米兰队出现了，这就是我们中国球迷熟悉和热爱的"德国三驾马车"时代。

马特乌斯、克林斯曼和布雷默三名德国最顶尖球星的加盟不仅让国际米兰队得到大量"德粉"的支持，也让球队拥有了与同城对手 AC米兰队"荷兰三剑客"抗衡的资本。明星的效应立竿见影，1988~1989

欧陆群雄

赛季，国际米兰队获得了他们的第 13 个意甲冠军，并且创下 34 轮积 58 分的纪录。与现在获胜积 3 分的规则不同，当时的赛制是获胜积 2 分。1990 年意大利世界杯上，以"三驾马车"为核心的德国队如愿捧杯。同年，马特乌斯也成为国际米兰队历史上第一位获得欧洲足球先生的球员。

整个 20 世纪 90 年代，国际米兰队在欧洲赛场也收获颇丰。1991、1994、1998 三个赛季，他们都获得了欧洲联盟杯冠军。1998 年国际米兰队的核心已经是巴西人罗纳尔多了。"外星人"依靠出色的表现成为国际米兰队历史上第二位欧洲足球先生和第一位世界足球先生。

俱乐部主席莫拉蒂以"烧钱"著称。1999 年，意大利强力前锋维埃里加盟国际米兰队，转会费创了当时的世界纪录 —— 5000 万美元，合 900 亿意大利里拉。所以维埃里又被称为"900 亿先生"。莫拉蒂终于实现了梦寐以求的维埃里、巴乔、罗纳尔多组成的强力三前锋组合。但这种烧钱囤积球星的做法并没有带来相应的回报。21 世纪初的几年又是国际米兰队的低潮期，无数高价球星走进梅阿查球场，却又失意离去。莫拉蒂似乎在和市场较劲，又像是和自己较劲，他抛出更高的价格来购买球员，却不能取得成效。很快，国际米兰队便以"球星黑洞"著称。百年意甲的一个规律是传统三强各领风骚三五年，中间偶尔有小球会横空出世，打乱一下节奏，但总体格局不变。长时间看，传统三强谁也压不倒谁，谁也别想独霸，只能和谐共存。

在度过世纪初那几年黑暗期之后，国际米兰队的春天来了。2006 年因"电话门"事件，尤文图斯队的冠军被法院改判给国际米兰队。这是意甲历史上唯一一次由法院决定的冠军归属！这一看似胜之不武的冠军给国际米兰队带来了空前的好运。趁尤文图斯队的降级和 AC 米兰队的低潮，国际米兰队在 2006~2010 赛季连夺五个意甲冠军，实现了惊人的"五连霸"（这是意甲历史上的第二次，上一次要追溯到二战之前的 1931~1935 赛季，那次的主角是尤文图斯队）。这一连串胜利的顶峰是 2010 年 5 月 23 日。国际米兰队在西班牙巴塞罗那的伯纳乌球场以 2:0 击败拜仁慕尼黑队，获得球队历史上第三座欧洲冠军联赛（冠军杯）冠军。8 月 27 日，在欧冠联赛的颁奖仪式中，国际米兰队成为绝对赢家。朱利奥·塞萨尔获得最佳门将，麦孔·道格拉斯·西塞纳多当选最佳后卫，韦斯利·斯内德当选最佳中场，迭戈·阿尔贝托·米利托拿走了最佳前锋和最佳球员两个奖项。年底，国际米兰队又如愿以偿地获得了世俱杯（洲际杯、丰田杯的加强版）的冠军。这一赛季，国际米兰队获得了意甲联赛、意大利杯、意大利超级杯、欧冠、世俱杯的冠军，成为意大利第一支"五冠王"。

经过 20 世纪末"小世界杯"的辉煌后，意甲在 21 世纪逐渐被英超、德甲和西甲赶上乃至超过，在欧洲赛场上不如其他国家的俱乐部耀眼，但至少传统三强是不容任何人小觑的。

有趣的德比

"德比"一词，最早仅限于同城球队间的较量，后来才引申为同级别球队、历史上有恩怨情仇的球队、国内最强球队等各种各样的"德比"。现在这个词耳熟能详，中国球迷不仅熟悉各国的"德比"大战，也创造出了国内的各种"德比"，比如"京城德比""广东德比""齐鲁德比""京津德比"……并且创造性地把这个在欧洲仅限于足球领域的词用在了篮球、乒乓球乃至围棋等一切比赛中。

比较靠谱的说法是，"德比"指英国小城德比郡（Derby），那里是英国举办赛马比赛的传统地点，德比郡出产的赛马更是闻名英国

赛马界。1870 年，英国的德比伯爵（Sir. Derby）创立了英国大赛马会，每年 6 月的第一个星期三都会在伦敦附近举行赛马比赛，这是英国非常有名的赛马大赛之一，这一天就被命名为"德比日（Derby Day）"。比赛中的参赛马匹大都来自德比郡，于是"德比大战"就被用来形容"来自德比郡的马之间的比赛"。后来，"德比"一词被引申到其他体育比赛领域中。英国人把它用于两支同城球队之间的比赛，以此形容比赛的激烈程度，这就是"德比大战"。

意大利足球的德比大战尤其精彩火爆，形式多样。意大利职业联赛历史悠久，各队之间有着说不清的复杂关系。而大部分球队又集中在北部几个经济发达的城市，意大利球场法案规定，足球场所有权属于当地政府，各队要使用球场就只能采取租赁方式。对于同城球队来说，两支球队往往会共用一个球场，如 AC 米兰队和国际米兰队就共用圣西罗体育场（国际米兰队称之为梅阿查体育场，以纪念本队历史上最伟大的球星）；罗马队和拉齐奥队共用罗马奥林匹克体育场；热那亚的桑普多利亚队和热那亚队共用路易费吉拉里体育场；维罗纳的切沃队和维罗纳队共用本特戈蒂体育场。试想，同一座体育场内的同一批球迷，时常主、客身份互换，这是多么有趣而又激动人心的情景！

意大利职业联赛大大小小、知名或不知名的"德比"大战中，有这么几例最引人注目。

首先是"国家德比"，即尤文图斯队和国际米兰队的比赛。这两支球队从来就没有降过级。当然，这是一种历史上的说法。尤文图斯队在 2005 年因"电话门"降级，但国家德比的名称却被继续沿用。

最火爆的德比战应该是"米兰德比"，这是真正世界级水平的"德比大战"，说它是世界最高水平的同城德比，肯定也不为过。多莫大教堂及其中的圣母像是米兰城的象征，所以米兰德比也被称为"圣母德比"。AC 米兰队和国际米兰队在圣西罗（梅阿查）球场上演过无数经典的对抗，让人回味无穷。

　　"罗马德比"又被称为"首都德比"，两支老牌劲旅罗马队和拉齐奥队尽管共用罗马奥林匹克体育场，但这座城市里球迷的立场却泾渭分明。罗马队球迷大部分来自罗马城南部，经济条件较差，政治倾向偏左；而拉齐奥队球迷则来自罗马城北部，经济富裕，政治倾向偏右。这些足球之外因素的掺杂使球场内的竞争更加激烈，球迷之间甚至互相敌视。因此"罗马德比"堪称意甲最火爆的德比。

　　"都灵德比"亦称"尖塔德比"，是尤文图斯队和都灵队的同城对抗。都灵的标志性建筑之一是安托内利尖塔，它同时也是都灵的艺术文化中心，"尖塔德比"的称谓就是来源于此。这一名称更多是对历史的美好追忆，是为了纪念苏佩加空难前那支无敌的都灵队。现在的都灵队与尤文图斯队远不在一个级别，我们只能默默祝福，希望都灵队重现当年的辉煌。

　　"热那亚德比"又叫"灯塔德比"，是热那亚队与桑普多利亚队之间的同城德比。热那亚是意大利最大的港口，灯塔是这座城市的地标，所以球迷把"热那亚德比"称为"灯塔德比"。老牌劲旅热那亚队和后起之秀桑普多利亚队德比战的火爆程度一点也不亚于"米兰德比"

　　其他有代表性的地区德比还有"海岛德比"，是指来自西西里岛的巴勒莫队与撒丁岛的卡利亚里队的比赛，"西西里德比"则是指同样来自西西里岛的巴勒莫队和卡塔尼亚队之间的较量。这些形形色色的德比大战给本来已精彩纷呈的意甲联赛更添靓色，形成意甲独特的德比文化，魅力无穷。

法兰西的浪漫与窘迫

上天入地

　　从亚平宁半岛沿着地中海海滨向西，跨过白雪皑皑的阿尔卑斯山，就到了法国。法兰西民族是近代民族国家兴起后一个极富特色的民族，在足球方面，人们有时甚至无法判断法国到底是不是足球强国。

　　我们来看看法国人的世界杯历程：二战后的 17 届世界杯中，法国队 1950 年在预赛阶段即遭淘汰；1954 年进入了决赛圈，但小组赛没有出线；1958 年竟然获得第三名；1962 年又是预赛阶段惨遭淘汰；1966 年小组赛未出线；1970 年、1974 年连续两届预赛阶段被淘汰；1978 年再次小组赛未出线；1982 年就获得了第四名；1986 年获第三名；紧接着 1990 年、1994 年又是连续两届预赛阶段被淘汰；之后的 1998 年竟得了冠军！ 2002 年又是小组赛没有出线；2006 年就得了亚军；2010 年，甚至小组垫底出局；2014 年差强人意地打入八强。

　　不厌其烦地把它罗列出来，我们可以看到，他们居然有 6 届比赛是在预赛阶段就被淘汰，占二战后比赛总数的 1/3 强。有 5 次进了决赛圈，但小组赛都没有出线，而另外小组出线的 6 次中竟然有 5 次打进了四强！

　　没有任何一个足球强国会像法国一样如此极端，如此大起大落。这一点倒和这个国家很像。法国原本是欧洲最反动、最保守的封建国家，通过一场大革命，就在短短几年里变成最自由、最平等的国家，这在全世界都很少见。这也许是法国人骨子里遗传下来的特质。

法国足球的成绩和世仇德国根本没法比——德国人从 1954 年就没出过八强。再看邻居意大利、西班牙和英格兰，法国也只能望其项背。这样的成绩似乎没法被称为足球强国，即使法国拥有举世无双的普拉蒂尼和齐达内。

煌煌一部法兰西足球史，就只有普拉蒂尼时代（1982~1986 年）和齐达内时代（1998~2006 年）这两段能拿得出手，前后加起来也不过 20 年，其余的时间，法国足球几乎都在"陪太子读书"。法国国家队的全部荣耀，就是一个世界冠军和两个欧洲冠军——有两个还是在本土获得的。至于俱乐部，尽管法甲也被列入"欧洲五大联赛"之一，但这一称号似乎仅仅是对雷米特先生和德劳内先生祖国的一种安慰。自 20 世纪 90 年代开始，除了马赛队和波尔图队各得过一次冠军外，欧冠联赛就再也没有法国俱乐部球队的身影了。1972 年开始的欧洲联盟杯，法国人一次也没有染指过。

法国足球文化

说法兰西没有文化，肯定会被骂死。启蒙运动、伏尔泰、卢梭、孟德斯鸠、百科全书派、巴尔扎克、大仲马、小仲马，都是法国文化的代表。但如果说法国足球缺少内涵，没有共同的思想支柱，或许就触及法国足球最深层次的问题了。

法国足球可能是欧洲血统最为混杂的一支。作为一个老牌殖民帝国，法国在北非、西非、远东甚至加勒比海地区都有殖民地。宗主国与殖民地的人员往来很早就开始了。法国本土人将足球带往殖民地，而殖民地的人又通过移民，加入了法国球队。二战之前，法国队就开始吸收非洲移民代表国家队参加比赛。1938年的本土世界杯上，法国队就有黑人球员参赛。经过自由、平等、博爱观念的洗礼，法国人拥有极大的包容度，对黑人球员的接纳并没有什么难度。这一点是保守的德国人无法企及的，一直到20世纪90年代，德国队都是清一色的日耳曼人。

二战后的法国社会更加开放，法国国家队也几乎由移民撑起了半边天。1958年世界杯最佳射手、至今保持单届世界杯进13球纪录的方丹是摩洛哥裔；号称"足坛拿破仑"的科帕是波兰裔；齐达内是阿尔及利亚第二代移民；而最像法国人的普拉蒂尼其实是意大利人的后代，和他同为中场铁三角的蒂加纳则是黑人。还有德塞利、德约卡夫、维埃拉、特雷泽盖、皮雷、亨利、马克莱莱以及本泽马、博格巴等，全部都是移民，他们成为近20年法国队取得好成绩的主要力量。坎通纳、帕潘、里贝里是纯粹的法国人，但他们对国家队的贡献却没有那么大。

从法国队的实践来看，以移民球员为主组成的球队存在两个问题。第一，由于缺少统一的、持久的足球文化，这些球员被捏合起来后，总是各行其是，缺乏统一的风格。甚至有些球员连法国国歌《马赛曲》都不会唱。在这一点上，法国队甚至不如英格兰队。

这种情况下，历届国家队教练只能妥协，迁就各位球星，随遇而安。除非出现一个球王式的人物，如普拉蒂尼和齐达内，能将队内的足球天才们统一起来。否则他们就只是欧洲二流的水平。正是在普拉蒂尼、齐达内出众球技和号召力的带领下，法国人才达到他们足球史上的两个顶峰，夺取了1984年欧洲杯、1998年世界杯和2000年欧洲杯的冠军。可一旦没有领袖型的球员，这群狮子就将各自为战，混乱不堪。

第二，法国队内的种族矛盾依然存在。成绩好的时候，这些矛盾被掩盖，而成绩差的时候就会被扩大。1998 年世界杯法国队夺冠后举国欢庆的场面，让任何一个外国人都觉得法国是一个民族融洽的国家，齐达内就是他们的拿破仑，甚至阿尔及利亚也是法国的好朋友，好得像一个国家似的。但事实上，矛盾依然如故。很快，在 2001 年一场法国队和阿尔及利亚队的比赛中，双方球迷就爆发了大规模冲突，比赛不得不中断。国内矛盾最容易引发种族冲突，特别是关系每个人切身利益的时候。法国极右翼政党民族战线领袖让－玛丽·勒庞就认为，多民族球员组成的法国队不是纯正的法国队。当然，他是为了讨好底层有排外倾向的选民。勒庞和法国队成了世仇，双方结怨甚深，以至于 2002 年 5 月世界杯之前法国队球员宣称，如果勒庞当选法国总统，他们将退出世界杯。

多元化之殇

很难说到底为什么，法国足坛的顶层会被移民球员占领。法国人就培养不出自己的顶尖球员吗？是他们太养尊处优了，还是移民的孩子为了生计而刻苦训练，抢走了本土球员的饭碗？就像从小住在马赛贫民窟里的齐达内一样，苦练着马赛回旋走向世界足坛。

多元化的球队有它的优势，也一定会有缺陷。不同种族、不同风格的球员组成一个球队，自然会兼容并包，博采众长，实现风格的多样化。而缺点是，这样的球队会缺少主心骨，没有一种大家共同理解的文化底蕴来做支撑。这个说法看似虚无缥缈，但其实很有内容。

我们来比较法国队和德国队。法国人的两次高峰都靠当家球星的捏合，一旦他们离去，球队的精气神就散了。尽管球员们在欧洲市场上依然炙手可热，球队却沦为羔羊。反观德国队，二战后从 1954 年开始，在 16 届世界杯中他们从未跌出过前八名。在这 60 多年里，德国队并不是都是由贝肯鲍尔率领的，他们也有平庸和低潮的时候。但是，什么因素支撑他们在最低潮的时候依然保持良好而稳定的成绩？什么因素让 2002 年那支"史上最弱的德国队"最终获得了世界杯亚军？德意志民族精神，这种深入每个球员灵魂深处的意识，让他们在场上团结成一个人，默契的配合和顽强的毅力终于弥补了技术和能力的不足，这就是精神化为物质力量。而移民球队法国队缺少的就是这一点。

　　当然，在全球化时代中，技术和经济的力量也引导着足球运动飞速融合，根本不以人的意志为转移。就连欧洲最保守的德国队，也加入了黑人球员、突尼斯裔和土耳其裔球员。未来的德国足球，会不会也变得和法国一样由移民球员组成？对德国足球的管理者来说，不管怎样都不能染上这种"法国病"，否则德国足球也会"打摆子"。

　　另一个值得思索的问题是，不论世界杯还是欧洲杯，其存在的根本，本身就是近代国家间对抗的一种变形。这种对抗说到底还是民族的对抗。不同的国家和民族，通过足球的舞台展示自己的民族文化和风格，彰显国力和影响力，宣扬各自的民族凝聚力和战斗力。在足球场上，一些小国可以打败大国，扬国威、振士气，做到他们在其他场合永远都做不到的事情。更极端的情况是，足球场上的胜利，会给整个国家和民族带来一种虚幻的胜利意识，让人们把足球场上的胜利和战争的胜利等同，把一种游戏性质的运动，和杀人如麻的冷酷战场联系起来——就像曾经的阿根廷，这就有些无可奈何了。

　　随着全球一体化的发展，足球界的融合趋势异常明显。欧洲和南美以及欧洲内部，都在技术、打法、战术、理念等方面逐渐趋同，连球队也变得面貌一致起来。不仅俱乐部如此，国家队也在朝着这个方向发展。未来的世界杯，会不会变成 32 支同质队伍的较量？每队上场的 11 人中，都是黑、白、黄三色人种各占 1/3？场上高奏国歌时，大部分人都紧闭嘴唇，一脸茫然？如果不是球衣，我们将很难判断是谁和谁在比赛？这样的世界杯，还有什么意思？在全球化的时代，能被称为"民族性"的东西，其生存空间已经很小了，但愿足球世界里还能保留一些。

法兰西球王齐达内

在屈指可数的法兰西足坛超级巨星中，齐达内是最后的一位，也是争议最大的一位。爱他的人把他捧上了天，把他称为当代球王、足坛圣人、足坛好男人、中场大师，他的技战术水准古往今来举世无双，贬他的则说他欺世盗名，球品低下，只是个"廖化式"的人物、纸老虎，而他的"马赛回旋"就是个超级模仿秀。双方都能举出详尽而扎实的例子，且泾渭分明，势不两立，口水战从齐达内出现一直打到现在。

确实，在足坛的天皇巨星中，很少有像齐达内这样争议如此之大的。而这种争议的存在，既是齐达内本人的缺陷所致，也是拜法国足球本身所赐。从数据上看，齐达内获得过一个世界冠军、一个世界亚军、一个欧洲冠军、一个欧洲冠军杯冠军，以及三次世界足球先生、一次欧洲足球先生、一次世界杯金球奖和劳伦斯终生成就奖。无数的桂冠和荣耀下，齐达内当之无愧地成了足坛巨星、法国球王、当代法国足球的代表。

他的球技自然不容置疑。齐达内粉丝最为津津乐道的，是他小时候在马赛郊区尘土飞扬的穷街陋巷中苦练球技的一幕。想象一下，一个北非二代移民的孩子，为了出人头地，拼命地练习颠球、传球、过人、射门，多么励志，多么正能量。据说，他后来的成名绝技"马赛回旋"就是在那里练成的。所谓马赛回旋，是一种华丽又实用的过人技巧，

欧陆群雄

是指在带球过程中，以 180 度以上的拉球转身动作摆脱防守队员，整个动作一气呵成，能够出其不意地占据主动。

足球界公认，这一招不是齐达内最先使用的，在他之前的马拉多纳也使用过，而且南美那些技术型球员很多都能用好这一招。齐达内也把这一招用得得心应手，以他在足坛的巨大威望，用他的发迹地马赛来命名，也确实很合适。

齐达内在足坛最高光的时刻，是 1998 年的世界杯决赛。在小组赛对阵沙特阿拉伯的比赛中，齐达内因为不冷静，蓄意报复对方后卫，被红牌罚下，并停赛两场。法国队面临着失去中场发动机的严峻局面，幸好当时的法国队巨星云集，利扎拉祖、布兰科、德赛利、图拉姆组成了当时世界上最强大的后防线，中场由德尚、维埃拉调度，前锋有德约卡夫、亨利和特雷泽盖，也算弥补了齐达内缺席造成的困境。直到决赛，齐达内才得以现身赛场。对阵巴西队的决赛中，齐达内一扫自己和法国队的颓势，利用"外星人"罗纳尔多不在状态的机会，居然用自己的劣势——头球，一左一右地攻进了两粒进球。最终法国队以 3:0 干净利落地夺取了他们的首个世界杯冠军。从此，齐达内的光头成了法国足球的标志。在普拉蒂尼退役 10 年之后，法国球迷终于迎来了新的"神"。通过这场比赛，齐达内奠定了自己在足球历史上的地位，成为当时世界足坛的"一哥"。

齐达内的另一个高光时刻，是在皇家马德里队。2001 年转会皇家马德里队后，齐达内在巨星云集的"银河战舰"里当之无愧地成了中场核心。彼时，他的队友有罗纳尔多、贝克汉姆、菲戈、劳尔、卡洛斯，群星闪耀也丝毫掩盖不住齐达内的光芒。2002 年 5 月 15 日，苏格兰格拉斯哥汉普顿公园球场迎来了欧洲冠军联赛的决赛。皇家马德里队将在这里迎战德甲球队勒沃库森队。这场比赛中，齐达内震惊世界。

比赛进行到第 45 分钟，皇家马德里队从左路发动进攻，索拉里传球给卡洛斯，后者用一脚又高又飘的长传，将球交给前面的齐达内。齐达内在大禁区线附近，半转身用左脚凌空抽射，势大力沉地攻破了对手球门。这记远射惊世骇俗，在场的所有球迷都目瞪口呆。后来，这脚仿佛从天外飞来的远射，被球迷称为"天外飞仙"。齐达内用完美的球技，让所有质疑他技术的人闭口。而这一球，也帮助皇家马德里队以 2:1 击败了勒沃库森队，捧起球队的第 9 座、他自己的第 1 座欧冠奖杯。从此，齐达内成为世纪之交无数球迷心中的神！

但这只是齐达内的一面。就像"黑"他的球迷所说的，他还有另一面。而这一面让人无法直视，也无从辩解。2006 年的世界杯上，除了意大利队的夺冠和德国队的"青春风暴"外，最引人注目的就是"齐达内的头"。7 月 10 日的决赛在两支欧洲老牌劲旅意大利队和法国队之间进行。谁也没有料到，巨星云集的两支球队中，成为这场比赛焦点的居然是意大利后卫马特拉齐。

首先是 6 分钟时，因为马特拉齐的一次有争议的犯规，齐达内罚进了一个点球，让法国人领先。第 20 分钟时，马特拉齐戴罪立功，头球破门，为意大利扳平比分。1:1 的结果让比赛进入了加时赛。时间定格在了加时赛的第 20 分钟。"老冤家"齐达内和马特拉齐发生碰撞，然后是口角，最后就是全世界球迷都看到的，齐达内一头撞向马特拉齐胸口，后者仰面倒地，裁判对齐达内举起了红牌。

在此之前的所有比赛，齐达内都表现得堪称完美，甚至超过了 1998 年夺冠时。但这该死的"一头"，却让他和法国人之前所有的努力都化为乌有，让齐达内和法国人留下了无尽的耻辱记录。这"一头"也成就了意大利人，点球决战中从未获胜过的蓝衣军团，这次"雄起"了一把。这个冠军也给下滑中的意大利足球挽回了一些颜面。当然，这"一头"也开启了长达 10 年的法国足球的低谷期。加上一系列的丑闻，法国足球至今依然在黑暗中徘徊。真是成也齐达内，败也齐达内。

尽管赛后齐达内进行了道歉，并信誓旦旦地说马特拉齐是个"种族主义者"，侮辱了自己家里的女性，尽管绝大部分法国球迷最后都原谅了他，但我还是认为，齐达内本人不应该原谅自己。不管怎么说，两届世界杯"两红三黄"的成绩，都将是他和法国足球永远的耻辱。作为一国足球的代表，齐达内在球风和球品上远没有达到他球技所达到的高度。而我们知道，在评价一个球星或者球王级人物的时候，人品是极其重要的因素，因为他们是足球界的表率，一举一动都关系着这项运动的发展和未来。

　　齐达内说："我想向数以百万计的孩子们以及教我们该做什么、不该做什么的教师们道歉。"没错，球技和社会责任，两者缺一不可。就像马拉多纳，球技举世无双，但吸毒差点毁了他，至今仍备受争议。从某种程度上说，作为曝光率最高的群体之一，足球巨星是容不得半点瑕疵的。不管你用何种理由为他辩解，都是徒劳。

　　进一步分析齐达内现象，有两个方面的因素值得注意。

　　首先是他个人的经历。一个出生在法国的北非移民二代，为出人头地而苦练球技，最终练成出神入化的绝技而成名。在他的童年或青少年时期，是否受到过一些不公平的对待？来自外界的羞辱、冷嘲热讽和各种打击，也许都会对他的心理产生影响。要知道，成年人的很多做法，都是源于童年时期就形成的心理阴影，只是成年后无从知道罢了。齐达内后来在球场上的不冷静行为，也许和这种深刻的童年阴影分不开。

　　其次，从法国足球的大层面来解读。法国足球的江湖地位与法国的国家地位是不相称的，和球迷的期望更差着十万八千里。法国特殊国情下独特的足球文化使法国球迷一直盼望救世主的出现。因为只有出现一个摆平所有问题的救世主，才能给他们带来胜利。20 世纪 80 年代的救世主叫普拉蒂尼，90 年代的救世主就是齐达内。法国人对齐达内寄予了太大的希望，以至于超出了齐达内的能力范围。

2002 年世界杯，法国队一球未进，小组倒数第一，铩羽而归。尽管有齐达内伤病的因素，但法国队在走下坡路的事实是不言而喻的。2004 年 6 月 25 日，法国队输给希腊队，从欧洲杯上出局，齐达内宣布退出国家队。随后的 2005 年 2 月 4 日，齐达内宣布他将在 2006~2007 赛季之后，彻底告别绿茵场。

没有了齐达内的法国队，连 2006 年世界杯预选赛都过不了关。无奈之下，齐达内只能选择回归。接着，早已退出国家队的马克莱莱和图拉姆也都选择了回归，这支"老爷车"确保了法国队得以进入德国世界杯的决赛圈。在决赛阶段，法国队依然锐气十足。直到齐达内那销魂的"一头"，才宣告它彻底散架。如果没有参加 2006 年世界杯，也许齐达内的形象要比现在更加光辉。

重整旗鼓

和英、德、西、意等老对手相比，法国足球的问题是一目了然的。除了没有统一的足球文化外，从职业联赛层面看，法甲和四大联赛的差距也不仅仅是成绩上的。法甲缺乏国内的龙头，缺乏一个内战内行、外战同样内行的超级俱乐部。

德国有拜仁慕尼黑，英格兰有曼联、阿森纳、切尔西、曼彻斯特城，意大利有尤文图斯和米兰双雄，而西班牙有令人生畏的双子星皇家马德里和巴塞罗那。这些球队不仅撑起了本国联赛，成为联赛的领头羊，而且在欧洲赛场上也能过关斩将，隔三岔五地捧杯而回。同样，这些俱乐部也撑起了各自的国家队，往往是输送给国家队球员最多的俱乐部。从俱乐部到国家队，统一的风格得以形成。这就是符合各国国情

欧陆群雄

的足球文化。

而法国却没有。非常遗憾，大部分球迷都叫不出几支法甲球队的名字来，也没有哪支法甲球队可以一统国内联赛江山。法国人也不是没做过这方面的尝试。20世纪80~90年代，马赛俱乐部在国内形成了一家独大的局面，接连获得九次法国甲级联赛冠军和十次法国杯冠军。在法国传媒大亨塔皮的统领下，马赛队成了法甲的绝对老大和欧洲足坛的新贵。

1993年的欧洲冠军杯决赛中，马赛队1:0击败AC米兰队，成为首支夺得欧洲冠军杯的法国球队，马赛队和法国足球扬威欧洲。但很快，事情就出现了逆转。媒体爆出在决赛前，马赛队曾贿赂国内联赛的对手瓦朗西安队的主力球员，让他们故意放水，输给以次选球员阵容出战的马赛队，以使主力球员得以充分休息，从而应付欧洲冠军杯决赛。结果，马赛队被收回1992~1993赛季的法甲冠军荣誉，并被判降入乙级联赛，且禁止参加欧洲比赛。俱乐部主席塔皮也被判处监禁一年。马赛队从此一蹶不振，法甲也再次陷入群龙无首的状态。

近年来，亚洲资本大举进军欧洲五大联赛，给本来就火爆的五大联赛火上浇油。一批足球新贵凭借巨大的投入脱颖而出，最典型的就是英格兰的切尔西队和曼城队。这也让法国联赛受惠不少。看上法国球队的是来自海湾的石油富豪，他们选中了成立于1970年的年轻球队巴黎圣日耳曼队。2011年5月底，卡塔尔主权财富基金[1]斥资5000万欧元，收购巴黎圣日耳曼70%的股份。至此，巴黎圣日耳曼队就成了中东人的球队，开启了"卡塔尔时代"。成为巴黎圣日耳曼的第一大

1　卡塔尔主权财富基金的老板叫塔米姆·阿尔萨尼，1980年出生。他不仅是卡塔尔王储，也是卡塔尔国家奥委会主席、国际奥委会委员，是卡塔尔体育界的头号人物。他掌管下的卡塔尔体育投资基金是卡塔尔国有的一家主权投资基金，这家基金会的资产保守估计在600亿美元以上。

股东后，卡塔尔人大撒金钱招兵买马。一个夏天，他们累计投入8950万欧元，先后购入了意甲当红新星帕斯托雷以及梅内、西索科、卢加诺、马图伊迪、西里古、加梅罗等著名球员。当年年底，他们还签下了意大利名帅安切洛蒂。为了进一步提升人气，2013年，他们还引进了贝克汉姆。

金钱的效果是显而易见的。巴黎圣日耳曼队在2012~2016连续五个赛季获得法甲联赛的冠军，俨然成了法甲联赛新的龙头大哥，热情的球迷称巴黎圣日耳曼队为"大巴黎"。尽管年轻的"大巴黎"在欧洲冠军联赛中成绩依然不佳，但假以时日，这支球队一定会得到磨炼。或许未来法国足球的新生，就是从这支"大巴黎"开始的。

欧陆群雄

"牙好"与"牙坏"

从法国海滨越过比利牛斯山脉，我们就到了斗牛士之国。关于西班牙，我们能想到什么呢？宝船、斗牛、卡门、风车、唐·吉诃德，还有吗？这个曾经的世界老大，如今的落魄贵族，今天几乎只能靠足球而活着。

西班牙德比

很多球迷认为，皇家马德里队和巴塞罗那队的比赛之所以被称为"国家德比"，是因为他们代表西班牙联赛的最高水平。了解巴塞罗那的历史后，我们会知道这其中有更深层的原因。巴塞罗那人一直把自己所在的地区看作一个国家，但他们没办法作为一支国家队向西班牙队挑战，只能把巴塞罗那队和皇家马德里队的比赛看成两个国家之间的对抗。这便是他们意义上的"国家德比"。

西班牙足球包含了太多的政治符号、象征、纠结乃至血泪。皇家马德里队和巴塞罗那队是两支受不同民族支持并有其使命的球队。他们的背后分别是西班牙中央政府和巴塞罗那地方政府，两家俱乐部在球队投入方面都不惜成本，一掷千金，最终目的就是尽一切可能压倒对手。20世纪50年代，两队对斯蒂法诺的争夺一时间甚嚣尘上。至于欧洲冠军这一目标，反倒是这一争夺的副产品。

在这种竞争下，两支球队的竞技水平不仅远远高于联赛同侪，在整个欧洲也相当高。同样，由这两支球队队员组成的西班牙队，也一直是欧洲的最强队之一。经过战后半个多世纪的蛰伏，最终在2008~2012年全面爆发，一飞冲天，两夺欧洲杯冠军，一次夺得世界杯冠军，还有两个欧冠冠军共五个世界级大赛冠军。开创了一个短暂的西班牙王朝。

半个世纪之路

西班牙足球在 20 世纪五六十年代曾辉煌一时。皇家马德队里在欧洲冠军杯五连冠，1964 年，他们获得第二届欧洲杯的冠军，一时风头无二。但 20 世纪 70 年代，随着荷兰、德国的兴起，以及"全攻全守"为代表的战术革命在欧洲的兴起，西班牙足球落伍了。70 年代的五届大赛（三届世界杯、两届欧洲杯）中，西班牙队几乎全军覆没。勉强搭上 1976 年阿根廷世界杯的末班车，还在小组赛里就惨遭淘汰。

西班牙足球复兴的转折点，是 1982 年的世界杯。重新崛起的因素有两个。第一是随着欧洲和南美足球的联系越来越紧密，大量南美球员来欧洲淘金。由于历史和语言的原因，南美球员淘金欧洲的第一站往往都是西班牙。他们把西班牙当作适应、熟悉欧洲的试水池，最终扬名立万，建功立业。从早年的斯蒂法诺到后来的马拉多纳，再到罗纳尔多无不如此。而梅西干脆就是巴塞罗那青训营培养出来的。西班牙联赛里充斥着大量的南美球员，他们将南美的技术风格带到了西班牙联赛中，也影响了西班牙国家队。因此，西班牙足球是欧洲足球中最接近南美技术流风格的。他们球风华丽细腻，讲究小范围的配合，传接速度快，中场控制力强。

　　对西班牙足球有重大影响的另一个因素，是荷兰足球。作为前西班牙帝国的一部分，荷兰和西班牙有着千丝万缕的联系，当然也包括足球。一代又一代的荷兰名帅执教了巴塞罗那队，他们是米歇尔斯、克鲁伊夫、范加尔和里杰卡尔德。而本哈克和希丁克执教了皇家马德里队。在 2000 年前后，在巴塞罗那队中踢球的荷兰人，就有海斯普、雷茨格、德波尔兄弟、岑登、克鲁伊维特、科库、奥维马斯等等，足够组成一个荷兰帮。他们将荷兰足球全攻全守的精髓注入了西班牙足球，也将荷兰足球重视战术纪律、追求场面控制、合理安排战术等特点，一股脑地移植到了西班牙。21 世纪的西班牙足球，不论是巴塞罗那队还是国家队，从技战术风格到精神气质都有荷兰人的影子。2010 年前后西班牙足球称霸世界，荷兰人功不可没。

　　2003~2008 年担任巴塞罗那队主教练的里杰卡尔德说：“很多人都说荷兰足球就是 4－3－3，就是全攻全守，我想做些修正。大多数人讲的荷兰足球应该指的是克鲁伊夫时代的荷兰队，那时不存在 4－3－3，阵型排列非常随意，而且全攻全守也指的是有效的进攻和及时的退守。按照这样的理念，或者说是荷兰足球理念，欧洲只有一支球队做到了，它就是巴塞罗那。”里杰卡尔德在巴塞罗那队的工作最卓有成效。他坚持走技术化的道路，重用罗纳尔迪尼奥和梅西等技术巨星，在战术上坚决贯彻短传控球的打法。未来西班牙国家队的中场双子星哈维、伊涅斯塔就是从这时开始崭露头角的。这一良好的基础最终为巴塞罗那队在 2009 年创造了“六冠王”的神话，并且在 2010 年为西班牙夺得了第一座世界杯。

Tiki-Taka 战术

在"斗牛士"们最牛气冲天的 2008~2012 年，有种战术在世界范围内所向无敌，那就是 Tiki-Taka 战术。国内至今没有针对这一名词的明确中文译法，我们只能暂且使用其原文写法。这是一种由西班牙人独创的、带有深厚西班牙文化烙印的足球风格，在它的全盛时期，曾风靡全世界。

西班牙语中的"tiki"和"taka"是象声词，用在这里是形容赛场上快速传球所发出的声音。据说，这个词的发明者是西班牙的体育评论员安德雷斯·蒙特斯。在 2006 年世界杯西班牙队对阵突尼斯队的比赛中，他曾经说："我们在使用 Tiki-Taka，Tiki-Taka。"他用这句话来形容西班牙队的场上表现，一是短传，二是快速，这两点道尽了 Tiki-Taka 战术的核心思想。短传的成功率高，容易将球控制在自己脚下，只有控制住球才能有进球的机会。巴塞罗那队在比赛中控球最多时，能达到不可思议的 85％。而"快速"是为了打破对手的固定思维，不给对方从容防守的时间。只有快速、连续地出球，才能将对手打得手足无措，从而觅得进球良机。

这一明显带有荷兰风格的战术，就是由里杰卡尔德在巴塞罗那打造的。他利用西班牙人华丽细腻的脚法，开创了这种控球—传球—再控球—再传球的战术。控球要稳，传球要快，跑动要积极。阵型可以灵活变化，但不能散。必须通过层层渗透攻入对方禁区，或在禁区外寻找机会。这种看似反反复复、无穷无尽的快速短传渗透，让人很容易想起 1974 年世界杯决赛荷兰队对阵德国队的比赛。开赛后，荷兰人通过 16 脚传球攻入一球，而那时德国人连球都还没有碰到。

随后，西班牙队主帅阿拉贡内斯在吸收巴塞罗那队球员的同时，

欧陆群雄

也将这一战术运用到西班牙国家队。依靠这一战术，西班牙队夺取了2008 年欧洲杯的冠军。2009 年，瓜迪奥拉将这一战术略加改进，解放了梅西，摆出了惊世骇俗的巴塞罗那"无锋阵"，史诗性地完成了"六冠王"的伟业，国王杯、西甲联赛、西班牙超级杯、欧冠联赛、欧洲超级杯和世俱杯冠军均被巴塞罗那队收入囊中。瓜迪奥拉版的"Tiki-Taka"战术完全征服了西甲各队和欧洲各国，就连保守的德国人也惊呼，要学习西班牙人的控球和传球。

因为需要不停地传球，就要求球员不停跑动，所以球员既要有良好的技术，又要有充沛的体能，以及相互之间的默契配合。这对球员和球队整体来说，都是非常高的要求。有评论者认为 Tiki-Taka 战术的成功有三大必备要素——精准的传球、勤奋且默契的跑位、多个出球点的选择。这一战术很难被复制和模仿。瓜迪奥拉试图在拜仁慕尼黑队复制这一战术，也不是很成功。

和任何战术一样，关键是使用它的人。高水平的球员是重中之重。进入 21 世纪，西班牙联赛的水平越来越高，足球人才也随之呈井喷之势。卡西利亚斯、皮克、普约尔、伊涅斯塔、哈维、法布雷加斯、比利亚等一连串巨星照耀伊比利亚半岛，这批人运用这一高难度的战术，撑起了短暂而辉煌的西班牙王朝。随着他们的老去，西班牙足球又回到原点。或许这就是世界足坛的规律，你方唱罢我登场。

梅西和 C 罗

最近 10 年，西班牙足坛甚至是国际足坛都进入了一个"二人转"的时代。特别是从 21 世纪的第二个十年开始。这一现象愈演愈烈，随着小罗、卡卡等顶尖高手逐渐退出足坛，"两个人的江湖"一骑绝尘而去，空留世间凡夫俗子高山仰止。里奥内尔·梅西和 C. 罗纳尔多，这两人几乎包揽了近十年国际足坛的所有奖项和荣誉，也让皇家马德里和巴塞罗那这两个名字光芒万丈。由他们支撑的西甲联赛一跃成为欧洲五大联赛之首，成为最吸引眼球的比赛。两人的风头甚至盖过在此期间一夺世界杯冠军、两夺欧洲杯冠军、创造了短暂王朝的西班牙国家队！

而神奇的是，他们俩都不是西班牙人。梅西来自球王马拉多纳的故乡，但从小在西班牙的拉玛西亚受训，并一直在巴塞罗那队踢球。虽然国籍是阿根廷，但可以算半个西班牙人。为与两位同名前辈区分，克里斯蒂亚诺·罗纳尔多被中国球迷称为"C 罗"，而最早中国媒体曾叫他"小小罗"。C 罗来自西班牙的邻邦葡萄牙，一个天才不断但战绩平平的欧洲二流足球强国。

梅西相貌普通，身材一般，性格温和，他曾说过自己学习成绩极其糟糕。如果他没有踢球而是从事了其他工作，一定会泯然众人。C 罗高大帅气，我行我素，绯闻不断，是个典型的伊比利亚半岛男人。这两个男人几乎没有相同之处，但足球把他们牵扯到了一起，让他们反复较量，争奇斗艳。两个外国人，用他们的全部才华，将西班牙足球推到了前所未有的高度。这或许是西班牙足球能达到的最高峰。

两人的正面交锋开始于 2009 年，"论剑"至今仍难分高下。这一年，C 罗从曼彻斯特联队转会皇家马德里队，在穆里尼奥的率领下，与卡卡、卡西利亚斯、本泽马、厄齐尔等人组成"第二银河战舰"。随着卡卡的离去，C 罗在皇家马德里队独领风骚，将国王杯、西甲联赛、欧冠联赛的冠军全部收入囊中。而他个人的荣誉也扑面而来，蝉联金球奖，获得欧洲足球先生，四次获得欧洲金靴奖……一切似乎趋于完美。

2008 年，瓜迪奥拉接过里杰卡尔德的帅印，梅西也接过了小罗的 10 号球衣。巴塞罗那队开始了瓜迪奥拉和梅西时代。在 2008~2009赛季，梅西帮球队赢得联赛冠军、欧冠冠军和国王杯冠军，来年的欧洲超级杯冠军、西班牙超级杯冠军和世俱杯冠军，成就了史无前例的"六冠王"伟业。之后更是一发不可收拾，联赛三连冠、三次欧冠、五次金球奖、五次欧冠金靴奖……全都归功于梅西。

我们根本无法罗列两人获得的全部荣誉。

可以说，梅西是当今足坛技术最为全面的球员。来自阿根廷的他本就拥有南美人与生俱来的足球天赋。在成长阶段，又得到了拉玛西亚的严格训练和悉心照顾。他13岁漂洋过海去巴塞罗那，就是因为球队答应出钱帮他进行药物治疗，以解决生长激素分泌不足的问题。到了职业队，梅西又先后得到里杰卡尔德和瓜迪奥拉两位名帅的指点。梅西把阿根廷足球的精妙脚法、荷兰足球全攻全守的大局观和巴塞罗那传统的细腻配合完全融于一身。他左右脚的技术非常均衡，所以能在前场忽左忽右，不固定位置，也让对方后卫防不胜防。

梅西的射门技术极其精湛，可以在各个角度、各种条件下射门，甚至不用调整和过渡，这是一个射手所能达到的最高境界，当今足坛，无出其右。他惊人的速度加上灵活的脚法，能轻易撕破对手防线，带球内切或下底，给对方球门造成致命威胁。尽管身高只有1.69米，但凭借敏锐的跑动和判断能力，梅西常有出其不意的头球破门，这也展示了他全面的技术。任意球也一直是他的一项绝技。他踢出的任意球势大力沉，角度刁钻。梅西的任意球直接得分也成为西甲一道独特的风景。

梅西的荣誉，除2005年的世青赛冠军和2008年北京奥运会冠军外，大都在2009年之后获得。这与教练瓜迪奥拉的努力分不开。正是因为"瓜帅"专门为梅西量身建构了战术体系，才让他如鱼得水。

C罗比梅西大两岁，也比梅西出道更早。在梅西还在巴塞罗那给小罗当小弟时，18岁的C罗已经是红魔曼彻斯特联队的一员了。能在这个年龄得到教练"老爵爷"弗格森的青睐和悉心指导，是多么幸运的一件事！C罗在曼彻斯特联队的进步可以用日新月异来形容。他每年进一步，到2009年离开曼彻斯特联队加盟皇家马德里队时，已经帮助球队获得了三届英超联赛、欧洲冠军联赛和世俱杯三项最重要赛事的冠军。并且在2008年，他包揽了金球奖、世界足球先生、欧洲金靴奖这三项足坛顶级个人荣誉，是继巴西球星罗纳尔多之后的第二人。C罗当之无愧地成了欧洲新一代球星的杰出代表。

C罗身上更带有欧洲传统强力前锋的特点。他身高体壮，速度快，力量足。在拼抢、护球、过人时常常能"生吃"对手，让对方徒呼奈何。他技术全面，进球能力超强，可以说是一架特制的"进球机器"。无论是突破射门、包抄、远射、头球和任意球，几乎没有短板。

C罗身体素质出众，弹跳力惊人，据说他比一般的NBA篮球运动员跳得还高。这主要得益于他强壮有力的大腿和上肢肌肉。2013年2月14日，欧洲冠军联赛，皇家马德里队主场迎战曼彻斯特联队。在比赛中，C罗以惊人的弹跳力和头球功力，顶入扳平比分的一球。而防守C罗的曼彻斯特联队名将埃弗拉只能目瞪口呆地看着皮球直飞网窝！

至少到目前为止，两位天皇巨星的最主要舞台还是俱乐部，而在另一个重要的舞台——世界杯上或表现平平，或未能只手擎天，这也妨碍了他们向更高的层次——球王冲击。

C罗时代的葡萄牙国家队，已经没有了菲戈、保莱塔、科斯塔和德科等"黄金一代"球员了。即使C罗已是身价顶尖的超级球星，仅凭他一人也绝非易事。

C罗18岁一进入国家队，就取代菲戈成为队里的顶梁柱。2004年欧洲杯的半决赛，C罗的关键进球帮助葡萄牙队淘汰了荷兰队，但在决赛中遗憾地被"黑马"希腊队一黑到底，成为"希腊神话"的背景，好在他本人入选当届欧洲杯最佳阵容。2006年世界杯，葡萄牙队进入

欧陆群雄

四强，C罗在预选赛中进7球，名列射手榜第二。2008年欧洲杯预选赛，C罗以8粒进球帮助葡萄牙队如愿闯入决赛圈。2010年世界杯，葡萄牙队进入十六强，1/8决赛中输给了该届冠军、如日中天的西班牙队。

2012年欧洲杯，葡萄牙队与荷兰队、德国队、丹麦队一起分在了"死亡之组"B组。小组赛首场对阵德国队，葡萄牙队以0:1惜败。小组赛最后一场C罗梅开二度，葡萄牙队2:1战胜荷兰队，成功从死亡之组中脱险晋级。1/4决赛对阵捷克队，在葡萄牙队久攻不下时，C罗于第79分钟接队友传中大力头球破门，最终葡萄牙队1:0绝杀捷克队晋级半决赛。半决赛对阵西班牙队，两队于120分钟内战成0:0，进入点球决战。最终葡萄牙队点球2:4负于西班牙队，止步四强。C罗的出色表现获得了球迷的广泛认可，并被欧足联官方选入2012年欧洲杯最佳阵容。

2014年世界杯预选赛和附加赛中，C罗两次上演帽子戏法，让葡萄牙队绝处逢生，淘汰了爱尔兰队和瑞典队，成功进军巴西。2016年欧洲杯，C罗以3进球3助攻的成绩，带领葡萄牙队闯入决赛。然而让人始料未及的是，开场仅20分钟C罗就不得不因伤下场。全世界都看到他遗憾不舍的泪水。葡萄牙队在失去队长后反而被激发出斗志，神奇地赢下决赛，获得2016年法国欧洲杯的冠军。这是葡萄牙国家队历史上的第一个国际大赛冠军。同年8月，C罗又获得欧洲最佳球员奖，12月第四次获得金球奖。

还有一项成绩，2012年10月17日，27岁的C罗代表葡萄牙队出战达100场，成为葡萄牙足球史上最年轻的"百场先生"和第三位为国家队出战满百场的球员。可以毫不夸张地说，C罗凭借一己之力将葡萄牙国家队提高了一到两个档次。

相比C罗在葡萄牙国家队的作为，梅西在阿根廷国家队的表现是非常让人失望的。至今梅西代表阿根廷参加了三次世界杯。2006年的德国世界杯，表现平平。2010年南非世界杯中，梅西已经成为阿根廷队的进攻核心。但在俱乐部队进球如砍瓜切菜般的梅西，到国家队居然不会进球了！ 1/4 决赛中，阿根廷队以 0:4 的世界杯队史最大输球比分惨败给德国队，简直是奇耻大辱。要知道，梅西不是一个人在战斗，阿根廷队还有伊瓜因、特维斯、贝隆和马斯切拉诺等世界级名将，而他们的主教练是马拉多纳。

2014 年世界杯，阿根廷队在梅西的带领下，跌跌撞撞进了决赛。但最终还是栽在老对手德国人脚下。尽管梅西获得了金球奖，但从他的表情就可以知道，这离他本人和阿根廷人民的期望还差得很远。

梅西曾经很谦虚地说："不是巴塞罗那与阿根廷的未来在梅西，而是梅西的未来在巴塞罗那和阿根廷。"看来这话说对了一半。巴塞罗那的未来在梅西，而梅西的未来也在巴塞罗那，和阿根廷国家队无关。梅西离"球王"就差一个世界杯，是"毫厘"还是"千里"？

梅西性格内向、沉稳，球场表现大气、淡定，一副成竹在胸的感觉。他热爱家庭，有点宅，甚至没事只喜欢睡觉。这种性格，在已整合为一个整体，所有人都围着他转的巴塞罗那队，显然让梅西很从容，能闲庭信步般地摧垮对方。但阿根廷队不是巴塞罗那队。作为最自由散漫的球队之一，阿根廷队的更衣室历来是混乱、争吵和出"刺儿头"的地方。除了马拉多纳这样的狂人，其他人很难镇住这帮"暴徒"。可惜梅西不是马拉多纳，他很难将阿根廷队捏合成一个整体，也很难让那些阿根廷天才都像巴塞罗那队友一样围着他转，这甚至连阿根廷主教练都做不到。

所以，我们看到代表阿根廷队比赛的梅西，和巴塞罗那的梅西完全两样，只是埋头带球、过人、突破，一次次被阻击，一次次被放倒。我们仿佛能听到他一遍遍地低唱"Don't cry for me Argentina"。一个游离于阿根廷队的梅西，或许从他 13 岁离开阿根廷时，就已经不属于阿根廷了。

欧陆群雄

郁金香传奇

　　说到荷兰足球，我们能想到什么呢？是米歇尔斯的全攻全守，还是阿贾克斯队的狂飙突进？是克鲁伊夫的长发飘飘还是伦森布林克的中柱一球？是范巴斯滕的零度角挂网还是博格坎普的惊人弧线球？是范尼斯特鲁伊式的中流砥柱还是罗本式的巧如灵狐？

　　足球史上没有任何一支国家队能像荷兰队一样，上演一场勃然而兴又倏忽而落的大戏，如划过夜空的一颗流星，瞬间照亮沉沉的暗夜，但转眼又坠入无边的黑幕之中，平静地仿佛什么事情也没有发生。

　　很少有国家能像荷兰这样，在极短的时间内涌现出如此多的超级明星。他们个个身怀绝技，才华惊人，作为个人来说丝毫也不亚于那些球王、准球王或世界冠军队中的大佬。球迷常常被他们的灵感和创造性所折服，为他们张扬的个性而惊叹，同时也为他们那掩饰不住的落寞和无奈而暗自神伤，发出"既生瑜何生亮"之叹。

　　但当他们组成一支球队时，又命途多舛。在长达近半个世纪的时间里，他们除了唯一的一次欧洲杯外，大部分时间都仿佛被下了魔咒，在运气、内斗以及其他说不清的因素影响下频频崩溃，始终无法一窥顶峰堂奥，落得"无冕之王""千年老二"的称号。这些天才们终究没能鱼化为龙，只能附骥于真正的球王之下，让天下"橙迷"顿足捶胸，徒唤奈何！

　　荷兰队，足球界一个永恒的话题。到底是什么因素造就了荷兰足

球队？或许我们通过荷兰历史和荷兰人的性格能看出一些端倪。

"orange"的传说与荷兰人的性格

欧洲版图上的低地国家包括现在的荷兰、比利时、卢森堡和法国的一部分。中世纪以后，经过一番混乱的战争和联姻，这块土地归哈布斯堡王室所有，成为庞大的神圣罗马帝国的一部分，后来又属于西班牙王室。宗教改革后，尼德兰北部的七个省成为新教的领地，出于宗教和经济的原因，他们开始反抗西班牙王室的统治，要求独立。

这场战争断断续续，长达 80 年，因此荷兰独立战争又被称为"80年战争"。领导这场独立运动的，就是后来被称为"荷兰国父"的奥兰治亲王威廉·拿骚。"奥兰治"的荷兰语写法是"Oranje"，与英语中表示橙色的"orange"发音相近。奥兰治家族的族徽图案是橙色的狮子，因此橙色也成了荷兰国旗三色中的一色。荷兰国家队的球衣也是橙色的，在绿油油的球场上分外显眼，真正是历史与审美相统一的成果。

尽管奥兰治亲王是名义上的领袖，但这场"七省同盟"革命其实是一场合作与妥协的产物，最终建立的也是共和国而不是帝国。在革命中，近代荷兰人的性格开始形成，除了抗争、开拓、勤劳外，不服从权威也是他们的主要性格特点。

荷兰人性格的另一个起源是"海上马车夫"时代。荷兰地势低平，河汊纵横，是欧洲人口密度最大的国家。荷兰人除围海造田外，就是通过不劳而获的金融投机来创造生存空间，要么就是从事远洋贸易。17 世纪，他们凭借自己的勤勉、坚韧、意志和杰出的商业头脑，在各个大国之间折冲樽俎，建立起一个庞大的海洋商业帝国，在全世界做

欧陆群雄

生意。因此荷兰人也被称为"海上马车夫"。这个时代的他们精明、散漫、圆滑、缺乏亲情，人与人之间追求赤裸裸的利益关系，为了利益可以不择手段。荷兰人是唯一向中国皇帝下跪的欧洲人，当然是为了做生意，而他们也是欧洲最后一个废除奴隶贸易的国家。

长时间的海上生活，赋予他们的另一个性格特点就是叛逆，甚至无法无天。所有这些性格，在今天的荷兰队和球员身上都表现得淋漓尽致。

荷兰足球简史

20世纪70年代以前，荷兰足球在欧洲的地位大致相当于今天的斯洛伐克足球，长期混迹于二流和三流之间。1971~1973年，阿贾克斯队依靠强大的青训体系异军突起，在欧洲冠军杯中三连冠，预示着荷兰足球春天的到来。

荷兰足球是最后一个加入"足球强国俱乐部"的。在它之后，世界足坛的格局基本固定，强队、弱队泾渭分明，一、二、三线各排座次，"黑马"再也做不了白马了。挟阿贾克斯队青年军欧洲冠军杯三连冠的势头，荷兰队在汇集了一大批青年精英如克鲁伊夫、内斯肯斯、伦森布林克、科洛尔、阿里·汉后，在老教头米歇尔斯的率领下，直扑德国。甫一亮相，荷兰队就震惊了全世界。

首先是外形。1974年的荷兰队队员，大都留着"披头士"发型，蓬松凌乱，鬓角趣味十足。他们个性突出，有点像20世纪60年代欧洲"革命"后的城市流浪青年。

其次是打法。随着荷兰人第一场比赛2:0力克南美劲旅乌拉圭队，一种全新的战术——全攻全守打法在全世界亮相。全场紧逼，就地反抢，

足球传奇
SOCCER LEGEND　　欧陆群雄

队员们不停地换位，任何人都可以参与进攻，任何人都必须参与防守，前锋就是第一后卫，把战线推到对方的禁区里！其中核心克鲁伊夫起着穿针引线的作用，整个前场都是他的区域，他的来回扯动搅乱了对方的防线，从而为自己的前锋创造出机会。在此之前，足坛从来没有如此积极主动、崇尚进攻的打法；而在此之后，几乎所有的战术阵型安排，都必须遵循全攻全守这一最高准则。荷兰人把 20 世纪足球革新的浪潮推向了巅峰。

进入复赛的荷兰队信心更足，配合也更纯熟，连续以 4:0 和 2:0 击败阿根廷队和巴西队，创造了一个纪录——在一次世界杯中连克"南美三雄"。尤其是对阵巴西队的比赛，被誉为 20 世纪最为精彩的一场比赛。

这场比赛是国际足坛新老交替的典型赛事，新锐的荷兰人冲击老迈的巴西人。在荷兰队的全场紧逼下，巴西人几乎没有任何机会。荷兰队科洛尔率领的后防线在大部分时间里压在接近中线的地方，完全控制了中场，掐住了对方的咽喉，也切断了其前后场的联系，巴西前锋根本无法得球。而两个荷兰前锋伦森布林克和勒普在前场就地反抢，巴西队后卫乱作一团，错误频出。克鲁伊夫踢进了一个永远铭记在 20 世纪足球史上的经典进球：内斯肯斯左路传球，克鲁伊夫从对方三名后卫的围追堵截之中强势脱身，横身飞出四五米远，凌空一脚破门！

2:0，荷兰人完爆巴西。习惯戏弄别人的巴西人，这次被荷兰人玩得恼羞成怒，输球又输人。后卫佩雷拉怒从心头起，恶向胆边生，从背后一脚踢倒了内斯肯斯，直接被红牌罚下，这一犯规被称为世界杯历史上最肮脏的犯规之一。

战胜巴西队表明荷兰人的战术大获成功，全攻全守的历史地位得以完全奠定。同时也表明，以克鲁伊夫为核心的"第一荷兰王朝"建立，全世界都相信荷兰人将夺取他们的世界杯第一冠。但是，接下来他们

欧陆群雄

的终极对手是该死的德国人。

　　人们现在很难搞清楚，到底是什么原因让荷兰人与冠军失之交臂。他们为可怜的荷兰人找了无数理由，甚至包括所谓的"阴谋论"，但全都没有绝对的说服力，或许只能抱怨命运的不公。荷兰人在全场占据绝对主动的情况下，错失了无数机会，而有些机会中，打不进比打进更难！内斯肯斯的两次凌空打门，一次打在已经倒地的迈耶尔腿上，另一次击中横梁，而克鲁伊夫的一次单刀球仅仅偏了几厘米……球门似乎专门和荷兰人作对，不仅是那时，还有四年后的伦森布林克。

　　据说，荷兰人对这次失利一直耿耿于怀。爱好思辨的他们将这场比赛提升到家国天下的高度，与整个20世纪荷兰频频遭受侵略、多灾多难的历史联系了起来。荷兰戏剧家蒂莫斯把这场比赛称为"荷兰20世纪三大灾难"之一，另外两起灾难是1953年的大洪水和二战中德国的入侵。他们把一切归结为弱小民族的宿命，而对弱小民族来说，心灵一旦受到创伤，就很难完全愈合。我们每看到荷兰足球，总会产生一丝不安、怜惜、幽怨的心理情绪，或许就是宿命的体现。一个弱小的民族总是让人同情的，更何况他们做得那么好。

　　1974年世界杯后，克鲁伊夫因与米歇尔斯的矛盾加深，淡出了国家队。克鲁伊夫的缺席对荷兰队在1978年世界杯的最后失利有多大影响，现在又是一桩无头公案，根本不可能有答案。但从当时的情况看，似乎影响不大。在"老大"出走后，荷兰队反而焕发出另一种活力，进入了群星璀璨的时代。年轻球员日益成熟，如凯尔霍夫兄弟，一前一后担当起荷兰队攻防的中坚，而老将阿里·汉也迎来第二春，将在阿贾克斯队的招牌菜——远射带进了国家队，因而后来被球迷誉为足球史上的"头号远射炮手"。在打法上荷兰队也更加富于进攻性。由于缺少了天才的克鲁伊夫，他们不得不加强进攻人员，将后卫提前。阿里·汉从后卫线解放到了中场，他的传球成为荷兰队的致命武器之一，杨森也从后腰改踢前腰，加强了中路的进攻。后克鲁伊夫时代的荷兰队，进攻强于防守，比赛场面非常精彩，但防守常有疏漏，被肯佩斯们偷袭也在情理之中。

"第一荷兰王朝"的荣光延续到了1978年。这一年他们重整旗鼓，再次向着顶峰冲击。不知是因为欧洲人到南美水土不服，还是上届亚军的光环让他们有些轻飘飘，荷兰队进入状态很慢。小组赛中只赢一场，3:0击败鱼腩伊朗队（伦森布林克包办了3个进球，第79分钟的点球是世界杯历史上第1000个进球）。之后被拥有"南美最佳中场"库比拉斯的秘鲁队0:0逼平。第三场更是输给了一贯"陪太子读书"的苏格兰队。苏格兰人吉米尔攻进的第三球极其精彩，他连续晃过五名荷兰后防队员，射进了这届世界杯的最佳进球，而老态龙钟的荷兰后卫竟如梦游一般。

危难时刻，荷兰人再次掀起青春风暴。斯里奇费尔斯成为主力门将，波特维利特从中场改踢盯人中卫，年轻的布兰茨和维德斯切特第一次担任首发。年轻人果然了得，复赛第一场对阵拥有欧洲最佳中锋科兰克尔和著名中场普罗哈斯卡的奥地利队，布兰茨在开赛仅5分钟时就以一记不可思议的远射为荷兰人打开胜利之门。随后比赛完全成了橙衣军团的表演，一波又一波的橙色浪潮压向奥地利人的球门，让他们感到窒息，最终荷兰人5:1取得了不容置疑的胜利。青春荷兰，生机无限。

第二场的对手是老冤家德国人。阿里·汉的远射初露锋芒，一脚35米开外的大力射门让德国门将迈耶尔毫无反应，双方2:2握手言和。

第三场对阵意大利队的比赛是对荷兰人的巨大考验。意大利队门将是一代门神佐夫，而著名的"橡皮胶"詹蒂莱领衔的混凝土式后防线可谓牢不可破，年轻的卡布里尼崭露头角，前锋线上更有"机会主义者"保罗·罗西。上半场，荷兰队的布兰茨不慎将球误踢进自家球门，还撞伤了自己的门将，真是祸不单行。不过下半场布兰茨知耻而后勇，

用一脚远射将比分扳平。荷兰人越打越疯，精彩的时刻出现在第 75 分钟。荷兰队在中场左侧获得一个任意球，W.凯尔霍夫将球横拨开出，阿里·汉接球后看似漫不经心地横带了几步，此时他在中圈附近，距球门有 40 多米远。好一个"老汉"，突然起脚远射，球呼啸着飞向球门，有如离弦之箭，又似出膛炮弹，直冲大门左上角。佐夫奋力跃起，但无奈鞭长莫及，球"砰"的一声击中左门柱后，弹进网内。这一球也被称为世界杯历史上最精彩的远射。

复赛的杰出表现让荷兰人信心爆棚。荷兰队年龄搭配合理，经过多场的磨合，老将有经验，年轻人有冲劲，全队配合默契，门前的射门技术全面开花，特别是那一手远射绝活，更让各队胆战心惊。荷兰人带着极度的自信踏入与东道主决赛的赛场。

某种程度上说，这场比赛是 1982 年巴西队与意大利队大战的前传。荷兰人和巴西人一样，围着对手狂轰滥炸，自信在 90 分钟内可以解决问题。而梅诺蒂与贝阿尔佐特一样狡猾，巴西人摆起了铁桶阵，企图用偷袭来一招致命。肯佩斯和罗西相差无几，偷袭的本领天下无双，这类前锋只会偶露峥嵘，很快就在足球历史的长河中湮没无闻了。

打成 1:1 后，比赛的最后 10 分钟成了这批荷兰明星的"绝唱"。离 90 分钟比赛结束还有几秒钟时，伦森布林克在小禁区左侧得到一个千载难逢的机会。当时他距球门仅 1 米多远，面对守门员费洛尔的封堵，他竟一脚把球打在了门柱上。还是那句话，这个球踢不进比踢进更难，伦森布林克挑战了最大的困难。那该死的门柱，让伦森布林克和全体荷兰人、全世界的"橙迷"肝肠寸断。不知晚年的伦森布林克会不会每天在轮椅上喋喋不休：上天给了我一次超越克鲁伊夫的机会，可惜我没有抓住，如果上天能够给我一个再来一次的机会，我会对全世界的球迷说三个字，我能进！

这一良机的错失，让荷兰队顿时像泄了气的皮球一样，斗志全无。

加时赛他们连丢两球，以 1:3 完败，将几乎到手的"大力神杯"拱手让给了阿根廷人。从这一点上看，荷兰人和德国人尽管同源同种，但后天的不同造化还是让他们有了不同的精神气质。同是加时赛，德国人在 1:3 落后的情况下，能生生扳平，最后靠点球胜出，这是什么样的精神！反观荷兰人，在各方面都占优的情况下，却在加时赛中崩盘。他们为何如此脆弱，如此不善于打硬仗？目前为止夺得过世界杯冠军的 7 个球队中，哪个队的夺冠是容易的？哪个队不是闯过了无数的刀山火海？哪个队不是历经磨难才修成正果？一个在关键时刻顶不住的球队，很难说自己是足球界的最强者。从这个意义上说，1978 年荷兰人的再次失利，并不值得同情。

荷兰人堕落的速度比想象的要快得多。阿根廷世界杯后，随着伦森布林克、苏尔比尔和内斯根斯等老将的退役，荷兰队面临青黄不接的局面。1980 年欧洲杯荷兰队一胜一平一负，未能小组出线。1982 年世界杯预选赛上，他们仅排名小组第四，失去了进军西班牙的资格。1984 年的欧洲杯时，尽管古利特已经崭露头角，但他们依然没有获得出线权。这还没有完，1986 年的世界杯预选赛中，他们在附加赛里输给了邻居比利时队，再次折戟。20 世纪 80 年代初的荷兰队铅华洗尽，重归平庸。

对荷兰足球来说，什么都可以失去，但只要阿贾克斯队还在，希望就还在。阿贾克斯俱乐部的青训可不是吃素的。球队名字的来源是希腊神话中的英雄阿贾克斯（也译作埃阿斯），他是特洛伊战争中名声仅次于阿喀琉斯的勇士，身材魁梧，力大无比。每每屹立在希腊军中都如巨人般令人惊叹。他屡立战功拯救希腊联军。而阿贾克斯俱乐部这个荷兰足球界的巨人、冠军杯三连冠的战神，更以青训闻名于国际足坛。他们不仅为荷兰足球贡献了米歇尔斯和克鲁伊夫，更在 20 世纪 80 年代再次为荷兰贡献了一名超级杀手——马克·范巴斯腾。

"第二荷兰王朝"崛起于 1988 年的欧洲杯预选赛。整个欧洲仿佛看到 10 年前那支荷兰队又回来了。这时的荷兰队已经进入"三剑客"时代。范巴斯滕、古利特和里杰卡尔德三人，组成了后来赫赫有名的荷兰和 AC 米兰队的"三剑客"。他们三人的位置分别是前锋、中场和后腰，正好撑起整支球队的中轴线，成为耀眼而短暂的"第二荷兰王朝"的中流砥柱。加上科曼兄弟，荷兰队瞬间拥有了堪比 1978 年的豪华阵容。在整个预选赛中，他们摧枯拉朽般地痛击对手，主客场分别以 8:0 和 4:0 两胜塞浦路斯队，客场 3:0 胜希腊队，2:0 胜波兰队，最终以进 24 球仅失 1 球的优异战绩获得出线权。整个欧洲都屏气凝神，谁也无法预测捉摸不定的荷兰人在决赛圈中将演绎怎样的疯狂，欧洲的足球格局是否会被"橙色风暴"打破。

时年 23 岁的范巴斯滕在决赛圈的第一场还是替补，但荷兰人 0:1 败给苏联队后范巴斯滕等来了出场机会。投桃报李，他以"帽子戏法"帮助荷兰人 3:1 击败了英格兰队，用英格兰队为自己的登顶祭旗。真正的决战在汉堡，半决赛中荷兰人将面对他们的苦主德国人，后者占有天时、地利、人和之势，志在夺冠。

比赛的下半场，德国队的马特乌斯首先打入一个点球。荷兰队希望不大了，因为全世界都知道，德国人才是逆转之王，在他们身上逆袭难于上青天。

剩下的时间就属于范巴斯滕了。上天不管再怎么对荷兰人苛刻，也不能让他永远一无所获；命运再怎么对范巴斯滕这位悲情英雄不公，也总会给他一个专属的舞台、专属的时刻，让他把所有激情、才华和创造力迸发出来，照亮 20 世纪 80 年代末的足球星空。

德国人打进一球后就开始保守了。荷兰队开始反攻。第 72 分钟，范巴斯滕创造了一个点球，由科曼罚进，将比分扳平，荷兰人士气大振。第 88 分钟，范巴斯滕在禁区接队友沃特斯直传后，一记倒地铲射，将球送入德国队的网窝，荷兰人绝杀德国人，范巴斯滕为 1974 年的先辈们报了一箭之仇。足球江湖，快意恩仇。荷兰人肯定不知道，仅仅两年后，他们将再一次被德国人绞杀，而再次沉沦。

决赛的对手是第一场赢了他们的苏联队。苏联人在欧洲杯的战绩一直强于世界杯，20 世纪 60 年代的前两届上，他们分别获得了冠军和亚军，一时间，拥有门神雅辛的苏联队威震欧洲。一直到 2008 年的欧洲杯，继承苏联血脉的俄罗斯队再一次进入了前四名。而 1988 年欧洲杯的半决赛上，苏联人 2:0 干脆利落地击败了意大利队。面对决赛对手、他们的手下败将荷兰队，苏联人似乎看到了久违的德劳内杯在向自己招手。

但是，有了范巴斯滕的荷兰队已经脱胎换骨，他们对欧洲杯冠军的渴望绝不亚于苏联人。整场比赛，荷兰队配合默契，跑动积极，控制着比赛的节奏。第 32 分钟，范巴斯滕头球传给古利特，后者首开纪录，荷兰队 1:0 领先。第 54 分钟，是见证奇迹的时刻。足球史上最为经典的进球之一出现了，这一进球完全可以和 1986 年世界杯上马拉多纳连过五人后打入英格兰队的那个进球相媲美。

当时，荷兰人发起中路进攻，带球长驱直入，古利特在近处策应，穆伦和范巴斯滕一左一右快速突进，荷兰队形成了四箭齐发。苏联队的防守不断收缩，有点顾此失彼。在大禁区外，球被分到穆伦脚下，他接球后直接传出一个又高又飘的长传，找到了右路的范巴斯滕。这时范巴斯滕已经接近底线，苏联队的一个防守队员就在附近，但并没有上前紧逼范巴斯滕，或许他认为这个位置根本无法射门。得球的范巴斯滕距球门大概 15 米左右，角度虽不是 0 度，但最多也只有 5~10 度。他没有等球落地，出人意料地直接凌空射门。球画出一个稍向外的弧线，内旋飞向球门。苏联队门神达萨耶夫跳了起来，但竟完全没摸到球。皮球贴着横梁飞入了网窝。

现场的观众都被这个不可思议的进球惊得目瞪口呆，旋即全场沸腾。所有的观众和荷兰队员一起庆贺这一难得的经典进球，荷兰队老帅米歇尔斯甚至有点不相信自己的眼睛，下意识地捂住了脸。2:0，荷兰队完胜苏联队，第一次（也是目前为止唯一一次）获得了欧洲杯冠军。这是一个完全不亚于世界杯的荣誉！

这是一届属于范巴斯滕的欧洲杯。在荷兰队的全部 8 个进球中，7个和范巴斯滕有关。他打进 5 球，助攻 1 球，还创造了 1 个点球。说范巴斯滕凭一己之力将荷兰人推上欧洲顶峰，似乎有点过头，但他确实功不可没。这一届欧洲杯后，范巴斯滕进入了超级球星的行列，当年就获得世界足球先生和欧洲足球先生称号，1989 年再次获得欧洲足球先生称号。1989 年和 1990 年，他两次率领 AC 米兰队赢得欧洲冠军杯、欧洲超级杯和洲际杯冠军，1992 年再次获得世界足球先生和欧洲足球先生称号！如果不是脆弱的脚踝导致他在 28 岁就提前退役，他的成就将不亚于马拉多纳。

1988 年的这支荷兰队应该是史上最强的荷兰队了。除万马军中取上将首级如探囊取物的范巴斯滕外，"辫帅"古利特、里杰卡尔德、罗纳德·科曼等都是当时的足坛巨星，威风八面。这支队伍技术全面，攻守平衡，几乎没什么明显短板。古利特作为中场核心可以更放心地投入进攻，因为身后有里杰卡尔德。后者是本届欧洲杯荷兰队的黑马人物，起到了一夫当关万夫莫开的作用。而同为后卫的科曼则更多地参与了进攻。

1988 年的世界足坛属于荷兰，1990 年世界杯的前景一片光明。但荷兰队让人又爱又恨的秉性再次暴露。不和、猜忌、内斗等"传统戏码"再次上演，球队灵性全无，再次变成平庸之辈。这次虽没上次跌得那么深，但跌得更久。在未来 20 年的时间里，他们仍被看作世界强队，但没人相信他们能取得冠军。虽然仍拥有大批才华出众的球星，各自在俱乐部建功立业,可一旦被归拢到橙色大旗下,总显得那么别扭,那么平庸。在这段漫长的岁月里,陆续聚集到橙色大旗下的博格坎普、奥维马斯、克鲁伊维特、西多夫、戴维斯、马凯、范德萨、范德法特、范尼斯特鲁伊等,没有一次能取得令球迷满意的战绩,不论是世界杯还是欧洲杯。他们几乎都止步于八强或四强,而2002年的韩日世界杯,干脆止步预选赛。

最近的一次上升始于2008年的瑞士—奥地利欧洲杯。拥有范尼斯特鲁伊、范佩西、斯内德的荷兰队再次显示出强大的攻击力。他们在小组赛中3:0横扫意大利队,4:1大胜法国队,2:0完胜罗马尼亚队,以第一名的成绩从死亡之组出线。但在1/8决赛中,荷兰队在全场占尽优势的情况下,在加时赛中1:3不敌荷兰人希丁克率领的俄罗斯队,被淘汰出局。

2010年的南非世界杯,对荷兰人来说意义非同寻常。这个地方几百年前由荷兰人最先占领,在这里本土化的荷兰人被称为"布尔人"。在20世纪初的"布尔战争"中,他们被英国殖民者打败,慢慢融入了南非的多民族大家庭中。这一届世界杯,他们缺少了范尼斯特鲁伊,但有了"小飞侠"罗本,加上范佩西和斯内德,新"三剑客"呼之欲出。在预选赛中,荷兰队以8战全胜、进17球仅失2球的优异战绩轻松晋级决赛圈。在南非的决赛阶段,他们6战6胜。特别是1/4决赛逆转了被一致看好的巴西队,让斯内德光芒四射。半决赛他们再接再厉,力克乌拉圭队。时隔32年后,荷兰人再次闯入冠亚军的决赛场。

郁金香遭遇斗牛士。这两支渊源极深的球队在世界杯决赛场上相遇了。某种程度上说,近几十年荷兰人是西班牙人的老师。米歇尔斯、克鲁伊夫、范加尔、古利特、里杰卡尔德等荷兰足球名帅,都曾执教过西班牙的球队,荷兰足球全攻全守的理念对西班牙足球影响非常大。

2010年的西班牙队同样处于全盛时期,他们拥有卡西利亚斯、哈维、伊涅斯塔和比利亚等才华横溢的球员，并且刚刚夺得 2008 年欧洲杯的冠军，士气正旺，也想尝尝世界杯冠军的滋味。

从比赛的过程来看，双方势均力敌，一直缠斗到加时赛的 116 分钟，西班牙队的伊涅斯塔才一脚定乾坤。这时荷兰队连反击的时间也没有了。头发渐稀的罗本这次扮演了悲情英雄的角色，他浪费了无数次机会。哪怕他能把握住一次机会，历史就将改写。最可惜的是第 62 分钟，斯内德中路送出直传，罗本接球后形成单刀。但他的射门被卡西利亚斯用脚挡出底线，荷兰人错过了绝佳的机会，再一次屈辱地登上了亚军领奖台。赛场内外无数"橙迷"和他们一起泪洒球场，戴着"千年老二"的帽子离开南非，同时也带走德容那"无影腿"犯规的耻辱。

从 2012 年欧洲杯小组赛的三连败和 2014 年巴西世界杯上的表现看，这支荷兰队已经越过了顶峰，开始走下坡路了。由于年龄关系，罗本、斯内德们最多坚持完 2016 年欧洲杯，很难再踢到 2018 年俄罗斯世界杯了。"橙迷"们不妨将这段时间的荷兰队称为"第三荷兰王朝"，以纪念他们的第三个亚军。不知道下一次郁金香的绽放会是什么时候，他们是否还要继续"无冕之王"的征程呢？

致命缺陷

球迷都知道荷兰队的"三剑客"，那是荷兰队巅峰时期的三个杰出代表：古利特、范巴斯滕和里杰卡尔德，他们代表了荷兰足球所获得的最高荣誉。但是，有人知道荷兰队的"三棍客"吗？

罗本的铁棍、范佩西的木棍和亨特拉尔的电棍，被称为"三棍客"。这三条棍子放在哪里？更衣室。拿来何用？打架！

这可不是笔者随意编排荷兰队，而是荷兰队长范博梅尔亲口说的。

在接受荷兰记者采访时，前荷兰队队长范博梅尔炮轰了罗本和范佩西等人，称他们是荷兰队更衣室的毒瘤。范博梅尔抱怨说："如果你作为球队队长，本应该感到高兴，因为这是一种荣誉，你可以带领球队不断前进，你就是球队领袖。但是我从来没有享受过这样的待遇，球队有太多超级球星，他们踢球都是以自我为主，更衣室里经常发生矛盾。一开始我还试着去阻止，后来他们直接叫我闭嘴。我根本感觉不到自己就是队长。"

据范博梅尔透露，荷兰队的更衣室更像个打架斗殴的场所。那些平日里衣冠楚楚、球场上威风八面、球迷面前像个绅士的球星们，在更衣室里的言行却更像街头流氓。"三棍客"作为球队的大佬，经常是混战的主角。一棍子下去，打得队友鼻青脸肿、头破血流是家常便饭。纵观足球史，更衣室风波几乎无处不在，争吵打架也不足为奇，但用棍子打人就不多见了。都是队友，有这么大的仇恨吗？

尽管荷兰队的战绩是"千年老二"，但有一项指标肯定是世界第一，那就是不团结。喜欢或不喜欢他们的人，在谈起荷兰队时都会提到一个词——内讧。这个词仿佛鬼魅一般，如影随形地附在荷兰队身上，从他们在足球舞台上崭露头角开始，直到现在都挥之不去。

无数论者在谈到这一奇特现象时都指出，荷兰队总是在最关键的时候崩盘，这和他们的内讧有关。越是碰到强硬的对手，荷兰人就越容易争论、吵架乃至反目成仇，并在球场上肆意胡来，自毁长城。

形成这种特性的根源，既有历史文化原因，也有现实的利益因素。种种原因纠缠在一起，形成了足球史上独一无二的"荷兰内讧"现象。

从历史文化因素看，荷兰人尽管自诩"血管里流着日耳曼血液"，但他们和德国人刻板、服从、守纪律的民族精神完全不同。作为有悠久商业和航海历史传统的民族，他们崇尚自由，个性散漫，无拘无束甚至目无尊者。同时，作为热爱哲学思考的民族，每个荷兰人都善于

欧陆群雄

独立思考，有自己的见解，并敢于藐视和挑战权威。

　　而球队的权威，当然是主教练，所以在荷兰队当教练是非常不容易的，很难完全掌控球队，甚至会被球员摆布。历史上，除了威望极高的米歇尔斯外，其他所有执教荷兰队的名帅最后都是落荒而走。1990年世界杯时，全体荷兰队员在"三剑客"的号召下罢免了主教练，自行选举克鲁伊夫为主教练。但和克鲁伊夫有矛盾的荷兰足协却给他们派来了本哈克，这直接导致1988年的新科欧洲冠军荷兰队瞬间崩盘。随队采访的荷兰电视记者基斯·扬斯马后来回忆说："那根本就不是一支球队，每个球员都感觉自己是英雄，每个人都有自己的主意，有太多的意见，太多的山头。"

　　因现实的利益而引发的矛盾，其实是从俱乐部来的。荷兰国家队的球员主要来自国内三强俱乐部——阿贾克斯队、埃因霍温队和费耶诺德队，而海外球员也基本都从这三支球队中走出。三队不仅在国内联赛明争暗斗，甚至到了国家队也继续争斗不休。

　　1974年，如日中天的荷兰队用全攻全守打法震惊了世界。但这支队伍还是白璧有瑕，球队被阿贾克斯队和费耶诺德队的球员控制，导致来自埃因霍温队的门神杨·范贝弗伦和天才前锋威利·范德库伊伦落选国家队。1978年，内讧达到了顶点。克鲁伊夫因与荷兰足协不合，退出了国家队，因而荷兰队在最后的决赛中功亏一篑，所有"橙迷"都扼腕叹息，而克鲁伊夫却好像什么事都没发生。1990年的世界杯更是搞笑，除逼宫主帅外，古利特、范巴斯滕和里杰卡尔德三个大佬，每人手下一帮小兄弟，仿佛存在三支荷兰队。1994年，古利特因和主教练艾德沃卡特的冲突，怒而退出国家队。

　　2002年世界杯的预选赛上，矛盾激化到了顶点。除三大俱乐部之间的矛盾外，以戴维斯、西多夫为首的苏里南移民后裔与土生白人球员的矛盾也爆发了，更有主教练范加尔和非巴塞罗那队出身的球员的矛盾。这一届的荷兰队拥有范尼斯特鲁伊、克鲁伊维特、马凯、范博梅尔、范德法特、西多夫、戴维斯、奥维马斯、岑登、范德萨、斯塔姆、科库这些大名鼎鼎的球星，但居然在预选赛中就被爱尔兰队和葡萄牙队打穿。这哪里是一支球队，简直就是一盘散沙！

另外一点就是种族矛盾。在欧洲范围内，这是荷兰队特有的。英、法两队有黑人球员的历史很长，最保守的德国队现在也有了黑人球员和土耳其裔球员。这些国家的球队内从未出现过种族冲突，唯有荷兰队存在这个问题。

荷兰的有色人种主要来自南美的苏里南，独立前那里的名字是荷属圭亚那。独立之后，苏里南与前宗主国依然保持紧密的联系。荷兰队的古利特、戴维斯、西多夫等人都来自苏里南。他们在白人为主的荷兰队中属于另类。

1996 年欧洲杯时，黑白球员的矛盾有了一次大爆发。黑人球员抱怨待遇不公，薪酬不及白人球员，吃不到苏里南食品等。冲突的结果是，球员们把矛盾带到了球场上。比赛中黑白肤色的球员泾渭分明，各踢各的球。在对东道主英格兰队的比赛中他们获得了点球，但西多夫却把球紧紧抱在怀中，不让白人球员碰。他主罚时，德波尔等白人球员甚至扭头不看，结果他紧张地把球踢飞。英格兰队捡了个大便宜，以 4:1 狂扫 20 年都没能赢过的荷兰队。

2003 年欧洲杯预选赛阶段，黑人球员戴维斯在训练中与白人球员范博梅尔发生口角，之后拳脚相加。作为范博梅尔的好友，同是白人的范尼斯特鲁伊上来拉偏架，这更激怒了性格暴躁的戴维斯。他怒吼着："来吧，让我们出去来一场单挑！"此事随即被媒体曝光。时任荷兰队主帅的艾德沃卡特在接受采访时无奈地说："我拥有欧洲最出色的球员，但他们却不愿意组成一支最优秀的团队。"

对荷兰队的内讧问题，与克鲁伊夫同时代的荷兰国脚范亨内哈非

欧陆群雄

常无奈："问题对荷兰队来说是健康和正常的。如果我们的国家队内外一片安静，那每个人都会觉得自己有病。如果我们没有问题，那么我们也必须要制造问题出来。我个人认为，安静对于我们更好。但每到世界杯或欧锦赛，我们就必须要有问题。我也不知道为什么。这是典型的荷兰队！"看来有时真的只能一声叹息了。

荷兰队的最后一个话题，是他们会不会放弃激情四射、让人如痴如狂的全攻全守打法，而改为功利主义的防守反击打法。毕竟这在实用第一、利益至上的时代，已经成为足球界的潮流。

从 2006 年的范巴斯滕，到 2010 年获得世界杯亚军的范马尔维克，荷兰队的风格开始变得保守、稳健和务实。作为德国的近邻，他们从德国足球改革的经验中得到很大的收获，慢慢开始向德国足球靠拢。范马尔维克痛感荷兰队的不团结，在选人上一直侧重德国风格，青睐团队精神强、有韧劲、敢于奉献和牺牲的球员。因而大批来自德甲和曾经效力德甲的球员得以入选国家队。前荷兰队名宿阿里·汉说："他比范巴斯滕更热爱德式球员"。

如果用传统的眼光看，这种变革必然导致"丑陋的足球"——1:0主义盛行，防守稳固，不思进取。为此，荷兰全攻全守的旗帜克鲁伊夫批评道："再这么踢下去，荷兰足球的精髓就被糟蹋了。"而范马尔维克对此的解释是："过去两年，我一直让球员们明白，我们参加世界杯绝不仅仅是为了奉献精彩的比赛，而是有一个更重要的目标：拿到世界杯冠军。"胜利永远是第一位的，范马尔维克非常务实。而 2010 年世界杯的亚军，似乎可以给这种变革做个比较完美的注解。

政治拼图：东欧足球面面观

从地理位置上看，德国、奥地利和意大利以东的土地都叫东欧。但从政治意义上讲，二战结束后，欧洲东部由无产阶级政党领导的社会主义国家统称东欧。我们要说的是后者。

很多人都认为，东欧足球在 20 世纪 80~90 年代取得了辉煌的战绩，甚至可以与西欧足球分庭抗礼，其后来的衰落也是由于政治原因，并为此痛心疾首。如果单就足球成绩而论，这说法或许有一定道理：捷克斯洛伐克队摘取了 1976 年欧洲杯桂冠，苏联队勇夺 1988 年欧洲杯亚军，波兰队两夺世界杯季军，保加利亚队和克罗地亚队双杀德国队，挺进世界杯四强，罗马尼亚的布加勒斯特星队和南斯拉夫的贝尔格莱德红星队在欧洲冠军杯夺冠，还有那支出师未捷身先死的南斯拉夫队。

但放眼奥林匹克运动的整体，东欧足球还是非常落后的，不仅和西欧足球没法比，就是和本国的其他运动项目相比也是如此。二战后，东欧各国在体育上的投资是巨大的，加上层层选拔的体校精英培训体系，这些国家的体育水平整体非常高。尤其是苏联和东德，在 20 世纪 90 年代以前的历届奥运会上，摘金夺银如切菜砍瓜一般，连美国也不是他们的对手，足球的金牌也几乎被苏东国家垄断。现在我们了解到，当时他们是以职业足球（也称专业足球）对抗西欧的业余足球。如果是职业足球间的对决，那差距就不是一点了，世界杯、欧洲杯和欧冠联赛的成绩就是明证。在这种举国体制下，东欧国家的足球水平并没有达到其理应达到的高度。

　　鉴于足球的巨大影响力，东欧国家非常重视这项运动。一些领导人也很喜欢足球，如贝利亚、铁托。

　　从一些球队的名字中我们就能初见端倪：苏联的莫斯科中央陆军、莫斯科火车头、莫斯科斯巴达、莫斯科迪那摩、莫斯科鱼雷、基辅迪那摩、明斯克迪纳摩；捷克的布拉格斯巴达；南斯拉夫的贝尔格莱德红星、贝尔格莱德游击队、萨格勒布迪那摩；保加利亚的索菲亚中央陆军、索菲亚火车头；罗马尼亚的布加勒斯特星、布加勒斯特迪纳摩。

　　这些球队无不有强大的组织机构作为后台和财政支柱。"斯巴达"是全民体育系统，"迪纳摩"是让人闻之色变的内务部系统，"火车头"属于铁老大系统，其他也都属于军队系统（贝尔格莱德红星队代表的是南斯拉夫独有的自由派）。国家强力部门的支持保证了这些球队和球员能得到良好的待遇和训练。要知道，在20世纪七八十年代的西欧，球员的待遇并不高。像克鲁伊夫这样的身份地位，在富裕的荷兰阿贾克斯队踢球时，居然还要做些兼职补贴家用，何况其他球员？

　　斯拉夫人的身体素质加上严格的训练，以及与西欧的多方交流，苏东国家的足球水平不应低于西欧。但现实就是这么残酷，举国体制的苏东国家可以在竞技体育的所有方面压倒英、法、西德等国，但就是足球不行。也就是说，这些国家里，足球的投入和产出完全不相符合。这也是后来这一足球体制崩塌的原因之一。时至今日，世界上除极个别国家还在坚持这种足球体制外，其他国家都实行了以俱乐部为基础的市场体制。

　　当然，巨大的投入不可能一点水花也不见，几乎每个国家都涌现出了自己的"黄金一代"。这些优秀球员在并不算长的足球生涯中，迸发出了无穷的创造力和耀眼的光芒，达到了炫目的高度。他们取得的成就尽管离荣耀的顶峰还有一定差距，但足以让西欧那些老牌劲旅吃惊不小，大呼"狼来了"，也足以在世界足坛的拼图上，留下一块特殊时代的特殊印记。

从时间上看，二战以后东欧足坛第一个崭露头角的是匈牙利队。严格地说，匈牙利足球并不是体育举国体制的产物，因为当他们在20世纪40年代末重新崛起时，匈牙利还尚未建立举国体制。

以普斯卡什、柯奇士、博西克和希代古提为代表的匈牙利"黄金一代"，承袭了1938年世界杯亚军匈牙利队的余韵，后者是20世纪30年代威震欧洲的"多瑙河流派"最后也是最辉煌的一代。他们在20世纪50年代初横扫世界足坛，在4年里创造了31场国际比赛不败的惊人纪录，被称为"魔幻匈牙利"。1954年世界杯之前，他们在主、客场分别以7:1和6:3"痛宰"英格兰队，让足球发源地之国颜面尽失，走下神坛，灰溜溜地回到国际足球大家庭中。

当时的足球界一致认为，1954年的世界杯冠军应该是匈牙利队囊中之物，他们自己也是这样看的。但是人算不如天算，永远也说不清的"德意志民族精神"和糟糕的运气让他们被德国人翻了盘，成为"伯尔尼奇迹"的牺牲品。这是马扎尔人离世界杯冠军最近的一次，可惜圣伊斯特万这次没有保佑他们。

对匈牙利足球打击更大的是1956年的"匈牙利事件"。那次事件后，普斯卡什、柯奇士等人远赴西欧，有些甚至变更国籍，再也没有为匈牙利效力，一支伟大的球队就此星散。此后的匈牙利队泯然众人，尽管他们还是世界杯的常客，偶尔也能创造些奇迹，如1982年世界杯10:1"屠杀"萨尔瓦多队，但这种比赛只能带来很小的关注度。20世纪90年代后，他们再也没有出现在世界杯舞台上，人们也渐渐把他们给忘了。只是在翻开封存的记忆时，才会想起那比肩球王的"飞奔少校"普斯卡什。

继匈牙利之后崛起的是苏联足球。与西欧足球类似，东欧足球大

欧陆群雄

体也可分成两派——以苏联为代表的力量派和以南斯拉夫为代表的技术派。苏联莫斯科体育学院的尼古拉·康斯坦丁教授结合本国球员的身体条件，建立了一整套苏联足球发展理论。这一理论也影响了东欧的波兰、罗马尼亚、保加利亚和捷克斯洛伐克，甚至北欧的几个国家。足球史上把奉行这一理论的球队称为"康斯坦丁流派"。

这一理论的核心思想就是快速、简洁、实用。利用速度快速推进，多用中长传，没有任何花哨。进攻方式单一，多为边路突破后下底传中，再利用身高优势来攻门。这套理论非常适合苏联人的身体条件和技战术水平，在这套理论的指导下，苏联队在国际足坛独树一帜，取得了不俗的战绩。

苏联人身高体壮，体力好、速度快，他们打法简练，直来直去，场面控制能力很强。平心而论，苏联的足球水平比现在乱哄哄的俄罗斯高很多，在当时是准一流的，离最高水平就差那么一点。苏联足球崛起的标志就是获得1960年首届欧洲杯的冠军。他们在"八爪鱼"雅辛（有人说他是人类有史以来最伟大的门将）的率领下，连克匈牙利、西班牙、捷克斯洛伐克和南斯拉夫四队，捧得德劳内杯。当时苏联队还拥有巨星伊万诺夫和维克多·波内德尔尼克，后者在对阵南斯拉夫队的决赛中，在加时赛打入制胜一球，帮助球队以2:1获胜。但这次的冠军奖杯成色略有不足，因为德、英、意三大足球强国并没有参赛。4年后，苏联人获得第二届欧洲杯的亚军。这次决赛的对手是弗朗哥将军的西班牙队。据说，由于大独裁者使了盘外招，最终冠军奖杯留在了西班牙。

苏联人在世界杯上的最好成绩是第四名。本来他们有可能进入决赛，但"足球皇帝"贝肯鲍尔一脚惊世骇俗的远射攻破了雅辛的十指关，也粉碎了他们的冠军梦。

在夺得1968年欧洲杯第四名和1972年欧洲杯亚军之后，苏联队的第一个黄金时代结束了。在这段时期内，最让他们骄傲的成绩就是在前四届欧洲杯中均进入了四强。一个冠军、两个亚军和一个第四名的成绩，足以笑傲欧洲。

苏联人的第二个黄金时代开始于 20 世纪 80 年代。1975 年，基辅迪纳摩队获得了欧洲优胜者杯的冠军，并在同年击败了强大的拜仁慕尼黑队，获得欧洲超级杯的冠军。这标志着苏联足球"基辅时代"的开始。

20 世纪 80 年代初，在苏联最伟大的教练洛巴诺夫斯基的精心栽培下，以基辅迪纳摩队为班底组建的苏联队极其强大。这支队伍被认为是 1986 年世界杯的夺冠大热门，呼声甚至超过了拥有马拉多纳的阿根廷队。他们拥有 1975 年的欧洲足球先生布洛欣，20 世纪 80 年代世界最佳门将达萨耶夫、扎瓦洛夫以及普罗塔索夫、阿列尼科夫、利托夫琴科、米哈伊利琴科等著名球星，更有因在那届世界杯上表现出色而当选欧洲足球先生的新星"苏维埃闪电"别拉诺夫。

1986 年世界杯的 1/8 决赛中，苏联队迎战"欧洲红魔"比利时队。这是世界杯历史上有名的大逆转比赛。苏联队的别拉诺夫上演了帽子戏法，但比利时队仍凭借两个明显的越位球，在加时赛中以 4:3 淘汰了苏联队。难怪苏东国家的球队老觉得自己在国际赛场受到的待遇不公正，确实，有一部分西欧裁判会戴着有色眼镜看他们。

1988 年，这支苏联队再次向顶峰冲击，不过他们碰到一个硬茬。这届欧洲杯的颜色是"橙色"而非"红色"。在"橙色风暴"荷兰队面前，所有人只能退避三舍。决赛中，尽管苏联人体能和力量占优，但荷兰人的反击更有冲击力。最终巴斯滕的一脚零角度射门再次把苏联人挤到了亚军领奖台上。

1988 年的欧洲杯亚军，已经是苏联人最后的辉煌了。随着苏联的解体，继之而起的俄罗斯足球和整个国家一样，在寡头的统治下，足

欧陆群雄

球场也笼罩在金元、贿赂、假球、赌球、黑哨、暴力甚至枪击的阴影下，苟延残喘。

　　捷克斯洛伐克在文化上受德国人影响很深。他们本就是德意志神圣罗马帝国的重要组成部分，一度开创了帝国的波希米亚王朝，国民的日耳曼化程度很深。在足球场上，他们和德国有着世仇，恩怨纠缠许久，贯穿了整个欧洲足球史。二战后，他们的足球受两方面影响。其一是传统的多瑙河流派，其二就是苏联的康斯坦丁流派。因而捷克斯洛伐克足球是技术流和快速简练打法相结合的产物。两者结合得越好，他们的成绩就越好，反之亦然。二战后捷克斯洛伐克取得的第一个好成绩，是1962年智利世界杯的亚军。决赛中他们败于如日中天的巴西队和加林查。

　　那个时代的捷克斯洛伐克涌现出了一批优秀的球员。如门神希洛夫、中卫诺瓦克、中场普鲁斯卡尔，前锋波斯比切，耶林内克等。最出色的是东欧第一个欧洲足球先生、左后卫马索普斯特。这批球员帮助捷克斯洛伐克队在世界杯和欧洲杯中屡创佳绩，最辉煌的时刻是1976年的欧洲杯，维西克成为那届比赛最亮眼的明星，甚至压倒了西欧的双子星贝肯鲍尔和克鲁伊夫。捷克斯洛伐克队在半决赛上击败由克鲁伊夫、内斯肯斯和范哈内亨领衔的荷兰队后，迎来了决赛的对手，上届冠军老冤家德国队。他们显然准备得更充分，一直以2:0领先，德国人在比赛最后1分钟将比分扳平。加时赛中双方都没有进球，只能靠点球决胜。这是足球史上第一次在洲级比赛中出现点球决胜场面。

　　德国人的心理素质是众所周知的，而捷克斯洛伐克队也不差。双方你来我往，弹无虚发，前七罚全部命中。德国队第八个出场的，是后来在德国足坛呼风唤雨、毁誉参半的拜仁慕尼黑队总经理霍内斯，可惜他打出了一脚高射炮，机会的天平倾向了捷克斯洛伐克队。他们年轻的帕年卡出列，助跑，加速，在全场都以为他要大力射门时，却突然放慢了脚步。而那时德国队的门神迈耶尔已经做出了向左扑救的动作，于是帕年卡从容地将球踢进了球门中央。

捷克斯洛伐克队获得了他们唯一的一次大赛冠军。能与这一荣誉相媲美的，是他们创造的一个纪录：唯一能在洲级大赛中点球击败德国人的球队。帕年卡非常肯定自己的那个"神来之脚"，他曾说："如果这种踢法可以申请专利，我一定会去申请。"

捷克队的再次辉煌是20年之后。那时的捷克已经和斯洛伐克分开。1996年的欧洲杯上，捷克队涌现出跨世纪的"黄金一代"：内德维德、波博斯基、卡德莱克……他们以亚军的成绩演绎了迄今为止最璀璨的辉煌。他们在"死亡之组"里连胜俄罗斯队和意大利队，接着又力克拥有菲戈和科斯塔的葡萄牙队，点球战胜拥有齐达内和德约卡夫的法国队。捷克人一路过关斩将，杀进决赛，等待他们的是小组赛中唯一击败自己的德国队。

结果众所周知，捷克人猝死于比埃尔霍夫的"金球"，没能重演1954年伯尔尼奇迹的精彩。但亚军的成绩也值得他们骄傲了。随着黄金一代渐渐老去，20世纪的捷克足球逐渐衰落，等待他们的是复苏的漫漫长路。

20世纪70年代崛起的另一支东欧球队是波兰队。波兰的足球故事是两届世界杯季军和两位球星组成的。

1974年第一次参加世界杯决赛阶段比赛的波兰队，就让人大跌眼镜。他们不仅小组赛全胜出线，还在复赛中连胜瑞典队和南斯拉夫队，仅以0:1小负这届世界杯冠军德国队。在三四名决赛中，他们1:0力克巴西队获得季军。全程7战6胜的优异成绩，与他们的头号球星拉托的突出表现分不开。拉托是波兰队的前锋，他在门前活动范围很大，善于抢点，在那届世界杯中他共打入7球，成为最佳射手。

欧陆群雄

波兰人的第二次世界杯季军，是 8 年后在西班牙获得的。尽管拉托还在队中并有一球进账，但此时波兰队的核心，已经是名气远大于拉托的博涅克了。小组赛中波兰队以 5:1 大胜南美劲旅秘鲁队，3 场小组赛后一胜两平，获小组第一。在复赛中他们 3:0 大胜击败阿根廷队的比利时队，博涅克也完成了自己的世界杯"帽子戏法"。之后他们 0:0 逼平苏联队，以不败的战绩昂首挺进四强。半决赛负于意大利队之后，波兰队在季军争夺战中 3:2 战胜了斗志低迷的法国队，第二次获得世界杯第三名。

　　在此之后，波兰足球的成绩单上一片空白，但博涅克的故事才刚刚开始。由于在世界杯上的出色表现，博涅克转会到意甲豪门尤文图斯队。在那里，他和普拉蒂尼以及丹麦名将大劳德鲁普组成了意甲最具攻击力的前锋线。1984 年欧洲优胜者杯决赛中，博涅克为尤文图斯队打了制胜一球，帮助球队击败葡萄牙波尔图队获得冠军。1985 年，尤文图斯队击败上届冠军利物浦队，夺取了欧洲冠军杯的冠军，博涅克再次立下功勋。

　　据说，博涅克因为在夜间的比赛里表现较好，得了个"夜间美人"的绰号。你能想象，一个留着小胡子的壮汉美人吗？

　　20 世纪 90 年代，东欧足球的接力棒传到了黑海之滨的两个国家——罗马尼亚和保加利亚手中。这两支球队几乎同时异军突起，扬威足坛。尽管经历了东欧剧变，举国体制已经消失，但这两支球队的基础却是变革之前就牢牢打下的。传统体制在他们的足球上迸发出最后的辉煌。

　　罗马尼亚足球崛起于一个偶然的事件。1986 年，名不见经传的布加勒斯特星队在欧洲冠军杯决赛中以 2:0 力克大名鼎鼎的巴塞罗那队，首夺大耳朵杯，全欧洲大跌眼镜。如果仅看比分，绝对想不到这场比赛最终是点球决胜的。比赛的结果非常罕见，在 120 分钟的比赛后比分依然是 0:0，点球决胜中，巴塞罗那队主罚的 4 粒点球居然全部被星队门将杜卡达姆扑出！而星队则罚进 2 球。巴塞罗那队窝囊地为东欧第一个冠军杯得主做了回背景。

罗马尼亚最伟大的球星哈吉，是在这场比赛之后才加入星队的，并帮助星队获得第二年的欧洲超级杯。哈吉有两个著名的外号，一个叫"喀尔巴阡的马拉多纳"，另一个叫"中场阴谋家"。前者表明他的技术直追马拉多纳，特别是左脚技术更是出神入化，而后一个外号则非常值得玩味。这表明他在中场的组织和传球完全不按常理进行，让人防不胜防。可以想象，多少对手吃足了他的苦头，才会叫他"阴谋家"。

星队的夺冠和哈吉的横空出世，提升了整个罗马尼亚的足球水平。从 20 世纪 90 年代开始，以星队为班底组建的罗马尼亚国家队连续参加了三届世界杯，尽管没有取得特别突出的成绩，但他们通过努力的表现让全世界球迷记住了罗马尼亚，记住了喀尔巴阡山的雄鹰，以及这样一支技术出众、打法简洁、防守稳固、反击犀利的东欧球队。

1990 年世界杯，初出茅庐的罗马尼亚人硬是 2:0 干掉老大哥苏联队，1:1 逼平上届冠军阿根廷队而从小组中出线。在同阿根廷的对决中，"喀尔巴阡的马拉多纳"一点也不输给"正版"马拉多纳，几次直接的对话里哈吉都占了上风。害得"老马"怒从心头起，最后只能犯规了事。

真正让罗马尼亚人扬名立万的，是 1994 年的美国世界杯。29 岁的哈吉正处于全盛时期，罗马尼亚队又增添了拉杜乔尤和杜米特雷斯库等名将，可以说是兵强马壮，剑指美利坚。首战他们就碰上了贝利看好的夺冠热门哥伦比亚队。哥伦比亚人不能怪罪贝利的乌鸦嘴，他们的前锋一次次落入越位陷阱，而罗马尼亚队的进攻却一次比一次犀利。哈吉踢进一个匪夷所思的球。当时，他带球刚过中场，还没有带出中圈时，就在两个防守队员夹击之前送出一脚吊射。这个球直奔球

欧陆群雄

门，角度并不刁钻，可守门员猝不及防，球贴着横梁飞进了门。这是世界杯历史上最为诡异的进球之一。之后年轻的拉杜乔尤又独中两元，罗马尼亚队以 3:1 击败哥伦比亚队。之后哥伦比亚队直接崩溃，小组垫底出局。这场比赛的一个间接结果，就是后来的埃斯科巴惨案[1]。

1/8 决赛的对手还是阿根廷队，喀尔巴阡的雄鹰挑战潘帕斯雄鹰。只不过，马拉多纳刚被查出药检呈阳性，这场比赛只能坐在看台上。但阿根廷队实力仍不可小视，"战神"巴蒂斯图塔、巴尔博、"小毛驴"奥特加、西蒙尼和雷东多这些球员，任何一个的知名度都远高于罗马尼亚队球员。但在哈吉的带领下，罗马尼亚队众志成城。哈吉策动全队以攻对攻，看似被动，实则暗藏杀机。他们行云流水的反击，一次次将阿根廷队的后防线撕裂，新秀杜米特雷斯库梅开二度，哈吉锦上添花，最终罗马尼亚队 3:2 战胜了阿根廷队，这也是罗马尼亚队在世界杯上踢得最好的一场比赛。在罗马尼亚人的狂欢中，马拉多纳伏在妻子怀里失声痛哭。

不过好景不长，1/4 决赛时，罗马尼亚队在全场占优的情况下，被瑞典队逼平。最终点球告负，遗憾地没能进入四强。上一届比赛他们在 1/8 决赛中也是点球负于爱尔兰队，两次踏入同一条河流，为什么点球受伤的总是罗马尼亚人？

1998 年的世界杯，罗马尼亚队依然是小组赛的"龙"。他们以 2:1 击败拥有欧文、贝克汉姆的英格兰队，又以 1:0 再次击败哥伦比亚队。进入淘汰赛后，他们却变成了"虫"，碰上本届比赛最大的黑马克罗地亚队，只能打包回家。

至此，罗马尼亚人的世界杯之旅就结束了。那些随哈吉征战四方

---

1 1994 年 7 月 2 日，踢进乌龙球的哥伦比亚后卫埃斯科巴在回国后遭枪击身亡。

的名将也渐渐老去，只留下一些传说让人感叹。

与罗马尼亚队同时代的是保加利亚队。保加利亚人的足球之火燃烧得更短暂，但更耀眼。对他们来说，足球就是一个人和两场比赛。这个人叫斯托伊奇科夫，是保加利亚的第一球星。

斯托伊奇科夫的个人生涯极具传奇色彩。20世纪80年代末，他在保加利亚国内崭露头角，1990年获得欧洲金靴奖，随后就被克鲁伊夫召入顶级豪门巴塞罗那队。斯托伊奇科夫在克鲁伊夫的调教下成为世界级球星，是当时国际足坛最具实力的锋线杀手。

正是在斯托伊奇科夫的率领下，保加利亚队从世界杯预选赛中杀出一条血路，进入了决赛圈。在决赛阶段，他们4:0击溃希腊队，斯托伊奇科夫梅开二度；2:0力克缺少马拉多纳的阿根廷队，他又贡献一球；之后1/8决赛中点球击败8年前的苦主墨西哥人，这场比赛的英雄是保加利亚门将米哈伊洛夫，他扑出墨西哥人的两粒点球。最终，保加利亚队进入本届比赛的四强，成为最大的黑马。而斯托伊奇科夫和俄罗斯的萨连科同进6球，并列射手榜的第一位，同穿金靴。

在保加利亚的足球史上，有两场比赛生死攸关。这两场比赛的胜利让他们挤入了欧洲二流球队的行列，并在所有足球史书中都能占有一席版面。

第一场是1994年世界杯预选赛欧洲区第六小组的最后一场比赛，保加利亚队对阵法国队，比赛时间是1993年11月15日。

赛前，法国人积13分，保加利亚队积12分，而瑞典队积14分已经出线。很清楚，法国人只要踢平就能出线，而保加利亚人必须获胜才能晋级。这场在巴黎的比赛，竟成为法国足球史上最黑暗的一刻。法国人第二次被挡在决赛圈外，而保加利亚队的科斯塔迪诺夫却成了民族英雄。他不仅射入扳平比分的一球，还在比赛结束前10秒钟射入反超比分的一球！生生把保加利亚队从悬崖边拉了回来，踏上通往美利坚的大道。当然，这个进球首先要感谢法国队的著名球星吉诺拉，是他把球传给了保加利亚人。他为此付出的代价是被法国队永久除名。在法兰西飙泪的时候，保加利亚人尽情疯狂。

没有科斯塔迪诺夫的神奇一刻，就没有后来他们更耀眼的表现。科斯塔迪诺夫和斯托伊奇科夫、巴拉科夫被称为"保加利亚三勇夫"，正是这三人的出色表现，让保加利亚队在1994年世界杯上火速走红，甚至红得发黑，尽显黑马本色。

保加利亚人最重要的一场比赛，毫无疑问是1994年世界杯的1/4决赛，对阵上届冠军德国队。赛前几乎无人相信保加利亚人能赢。一方是三届世界冠军，一方是名不见经传的小国球队。在德国"巨无霸"面前，东欧球队历来都是垫脚石，尽管德国人已略显老迈，但对付保加利亚人还是绰绰有余的。而且，德国队历史上也鲜有输给弱队的先例。

比赛的上半场很沉闷，下半场开始后，德国队先进了一粒点球，保加利亚被逼无奈，只能放手一搏，精彩场面开始出现。第75分钟，斯托伊奇科夫在德国队禁区左前方约30米处主罚任意球。他用左脚踢出一记又高又飘的球，皮球飞过德国队的人墙，向外侧旋转并快速下落，几乎贴着左侧门柱飞入球门，撞在了左侧的球网上。很多媒体都说，德国门将伊尔格纳没做任何反应，其实他做了向左侧扑球的准备，但飞快的球速和刁钻的角度，已让他没有挽救的可能了，只能目送皮球入网。保加利亚人没有给对手喘息的机会，3分钟后，莱切科夫用他的光头顶入了制胜一球。就这样，本届世界杯最大的冷门就此诞生。

这是保加利亚足球的顶点。20世纪90年代，有两支强队成全了东欧的辉煌。一支是阿根廷队，另一支就是德国队，他们在4年后又成全了克罗地亚人。

东欧足球巡礼的最后一站是南斯拉夫。

解体后，南斯拉夫国家队星散，并被国际足联禁赛。貌似强大的南斯拉夫足球一下子崩溃。手下败将丹麦人顶替他们参赛，居然得了1992年欧洲杯的冠军。无数喜欢这支众星云集球队的球迷纷纷发出思古幽情。不平者有之，惋惜者有之，怀念者有之，哀悼者有之。纪念文章、分析资料汗牛充栋，如果写文章能决定奖杯归属的话，那南斯拉夫一定是1992年欧洲杯、1994年世界杯的双料冠军。

其实大家不知不觉地将南斯拉夫的足球水平人为拔高了。从两个方面可以证实：第一，从二战后到南斯拉夫解体，南斯拉夫队在世界杯的最好战绩是1962年的第四名，欧洲杯的最好战绩是20世纪60年代的两次亚军，70年代尚能进四强，80年代就无影无踪了，整体成绩远不如苏联队和捷克斯洛伐克队。要知道，南斯拉夫国家稳定，经济也远较其他东欧国家有活力。

第二，历史并不是没给南斯拉夫足球机会。南斯拉夫解体后，集中了其大部分优秀球员的克罗地亚队，在世界杯上的最好成绩是1998年的第四名。如果不解体，南斯拉夫1987年"黄金一代"能取得的最好成绩也就如此。而很多人却臆想，如果前南六国的足球运动员联合起来，这支队伍的水平还会更高。

这种观点非常可笑，足球怎能如此简单地做加减法？就算合并再多的人，在场上踢球的也只有11人。更何况，参加1990年世界杯的那支南斯拉夫队，已经显出头重脚轻的问题了。他们在中前场很多位置人员重叠，而后场包括守门员则明显存在软肋。这些问题在当时根本没有办法解决。

南斯拉夫在很多体育项目上水平都很高，这个民族似乎天生擅长运动。他们的足球水平虽然也很高，但远没到能与巴西、阿根廷、德国、意大利等强队比肩的程度，离世界最高水平还有不小差距。他们仍在东欧足球的政治范畴中，用国家的力量来培养一小部分精英球员，使其尽快地达到高水平，在国际赛场上为国争光。

但是，南斯拉夫的足球风格却不是苏联式的快速简洁打法。由于地理和历史的原因，前南地区受奥地利和意大利的影响很深，足球风格上也更类似"多瑙河流派"，属于欧洲拉丁派足球。球员技术出众、脚法细腻、配合默契、进攻流畅、讲究利用空间且战术多样化。

南斯拉夫足球的"末日辉煌"始于 1987 年的世界 21 岁以下青年锦标赛。在这届比赛中，南斯拉夫青年队以 6 战全胜的成绩获得冠军。这支队伍中拥有前南斯拉夫地区未来 10 年足球运动的顶梁柱：萨维切维奇、普罗辛内斯基、苏克、博班、米贾托维奇等大批天才球员，他们的横空出世，预示南斯拉夫足球至少在国家队层面将达到世界最高水平。性急的贝利在 1990 年世界杯之前，就预测南斯拉夫队能获得冠军，但后者辜负了他的期望，他们在点球大战中倒在了马拉多纳领衔的阿根廷人脚下。

这批球员首先在俱乐部层面获得了突破。1991 年，由他们组成的南斯拉夫贝尔格莱德红星队击败了法国马赛队，获得欧洲冠军杯的冠军。马赛人输得心服口服，当家球星帕潘说："他们主宰了比赛，就像他们之前每晚所做的一样。"整个欧洲似乎都已经听到南斯拉夫人征服的脚步声。

这支红星队几乎集中了全国的足球精英。除上述青年队的才俊外，还有南斯拉夫足球的标志性人物斯托伊科维奇、锋线超级杀手潘采夫、中场大师尤戈维奇和任意球大师米哈伊洛维奇。如此多的中前场优秀球员集中在一起，红星队在比赛中攻势如潮，场面恢宏。而后防不稳一直是他们的"阿喀琉斯之踵"。在当年年底的丰田杯比赛中，红星队以 3:0 轻取智利的科洛科洛队，创造了南斯拉夫足球最后的辉煌。

再好的成绩也无法弥合根深蒂固的民族矛盾。南斯拉夫不可避免地分裂了，不论是国家队还是红星队，都跟着一起瓦解。各族球员各回各国，飘零四海，浪迹天涯。20 世纪 80 年代末，南斯拉夫内部各族矛盾愈加激化，这种矛盾必然会反映到由各族球员组成的国家队中，其中克族和塞族的矛盾最深。1990年世界杯前，克族球员老大博班暴打塞族警察而被禁赛。在比赛中，塞族球员占据了主力，而克族球员只能坐冷板凳！这未尝不是他们在1990年世界杯失败的原因之一。硬要将他们捏合在一起，能实现多少战斗力也只有天晓得。

　　南斯拉夫瓦解后，南斯拉夫足球也随之告终。接下来的塞尔维亚足球、克罗地亚足球、斯洛文尼亚足球、波黑足球、黑山足球和马其顿足球，就像所有东欧国家的足球一样，在经历了各自的"黄金一代"后，就慢慢衰落。延续自计划经济的举国体制本身并不具有持续性，就像保加利亚队和克罗地亚队，都曾击败过强队德国队而进入世界杯四强，但现在，有人会认为他们比德国队强大吗？

　　唯一可惜的是那批优秀球员。从1992年开始的禁赛，让这些球员在最美好的年华报国无门，也无法通过世界杯舞台展示自己的球技。到1998年解禁时，很多球员都已廉颇老矣。幸好，还有俱乐部比赛。这些优秀球员成为西欧各大豪门的抢手货，苏克、普罗辛内斯基、米贾托维奇去了皇家马德里队，博班和萨维切维奇去了AC米兰队，潘采夫去了国际米兰队，尤戈维奇去了尤文图斯队，各自随队建功立业。这些俱乐部或许是这些天才们的最好归宿。

没落的贵族英格兰

由于历史原因，英伦三岛四个地区的足球协会各自独立发展，开展自己的联赛，并分别独立加入国际足联。这是国际足球界对英国人发明现代足球的一种褒奖，也是最让英国足球自豪的一件事。

四个足球协会中，苏格兰、威尔士和北爱尔兰都乏善可陈，威尔士队和北爱尔兰队属于欧洲三流球队，苏格兰队尽管对英格兰队一直不服不忿，但最多也只能在二三流之间沉浮。对这三支队伍来说，参加世界杯或欧洲杯决赛阶段的比赛都是件奢侈的事，想让他们同时在强手如林的欧洲出线，更是千年等一回了。但这一盛况还真让他们等着了，1958 年的世界杯上，来自英伦三岛的四支球队齐聚瑞典，当时决赛圈的参赛球队总共才 16 支，英国人竟占据 1/4 的席位，这无疑是英国足球的盛事。

英伦三岛的老大哥英格兰队一直在世界一流和二流之间飘摇，他们是世界足坛最让人爱恨交加的球队。爱她的人爱得死去活来，恨她的人恨得不共戴天。有句名言可以完美地套用在英格兰队身上：你想爱足球么？去看英格兰队吧，那是足球的圣殿；你想恨足球吗？去看英格兰队吧，那是足球的地狱！

英伦足球老大哥的经历也并不太辉煌，除 1966 年在本土通过一场有争议的比赛击败德国人，获得一次世界杯冠军外，他们仅有两次进入四强的历史。最近的一次是 1990 年的意大利世界杯，拥有莱因克尔、普拉特、皮尔斯和希尔顿的英格兰队在半决赛中点球负于德国队。至于欧洲杯，他们从来没有打进过决赛，哪怕是当东道主。

21世纪的4届世界杯中，英格兰队一次进入八强，两次进入十六强，一次小组赛被淘汰。而在4届欧洲杯中，他们两次进入八强，一次小组赛被淘汰，还有一次连预选赛都没有出线。这就是英格兰队在世界足坛地位的真实写照。

每逢大赛，英格兰队都器宇轩昂，志在必得。舆论也一致看好，夺冠理由"一、二、三"说得头头是道。"迷妹"们更是言必称小贝、欧文、鲁尼等人。但比赛的结果却都是高开低走、虎头蛇尾，最后难免落得笑柄，让自己的支持者和反对者们继续无穷无尽地打嘴仗。有人开玩笑说，如果有一个"口头世界杯"的话，英格兰队一定早就是冠军了。

像阿Q一样，英格兰队祖上其实也挺阔绰的。我们暂且不说作为现代足球的发明者这一"首倡"的荣耀，这个"发明"不能简单理解为单纯发明了现代足球，至少还应该包括英格兰足总在内的管理系统。在足球最初的传播和发展阶段，英格兰足球确实领先世界一大截。大家还不知道怎么玩足球时，英格兰人就已经踢得很好了。而大家都踢得很好的时候，英格兰人却不知道该怎么踢了。

20世纪之前，除了与英伦三岛的其他小兄弟们过招外，英格兰人基本不同外界交流。在他们眼里，欧洲大陆的足球根本不值一提，更遑论南美足球。他们认为那里的足球是跟英格兰商人和水手学的，水平不可能高。而英格兰人也确实有骄傲的资本。1908年，他们第一次去欧洲大陆比赛，就以6:1和11:1两次横扫中欧劲旅奥地利队，然后又以7:0大胜匈牙利队，4:0击退波希米亚（即捷克斯洛伐克）队。这次中欧的巡回赛加强了英格兰足球的自豪感和自傲感，也让他们更加孤立于世界足坛之外。他们看不上国际足联，看不上世界杯，自己玩自己的，任何国际组织和国际大赛都不参加。尽管1929年他们在马德里输给了西班牙队，但这并没让他们醒悟。直到1954年世界杯之前两次被如日中天的匈牙利人大比分完爆后，他们才真正看清自己已经多么落后。

二战后，国际足联好说歹说才把英伦四个足球协会重新拉回国际足球大家庭。英格兰人参加了1950年的世界杯决赛，但闹出了足球史上最大的"乌龙"，被一直笑话到现在。

以老大自居的英格兰队认为，只要自己出马，冠军一定手到擒来，其他球队只要努力争夺亚军就行。对小组赛的三个对手智利队、西班牙队和美国队，他们更是不放在眼里。第一场比赛的对手是由业余球员组成的美国队。别看英国在二战后成了美国的小兄弟，事事要看美国人脸色，但他们对美国人的足球根本不屑一顾。比赛中英格兰人创造了无数的机会，但都白白浪费了。美国人顽强地顶住攻击后，由加特简斯打入了制胜的一球，1:0击败英格兰队。这爆出本届世界杯最大的冷门，也是足球史上最大的冷门之一。

现在战胜英格兰队已经不算什么大新闻了，但1950年英格兰人的光环尚在，作为足球的发源国，人人都敬畏三分。这就像是有人告诉你，委内瑞拉乒乓球队在奥运会上击败了中国队。你的第一反应会是什么？肯定是不信！

是的，英格兰人也不能相信。当前方记者将0:1的消息发回伦敦后，后方的编辑一头雾水。他们认为记者一定是少写了一个"1"，肯定是把10:1写成了0:1。而当时报纸的出刊时限已经不允许他们再做核实，当然他们觉得也没有必要核实。于是，英格兰队10:1大胜美国队的消息第二天传遍了伦敦的大街小巷，足球史和新闻史上最大的笑话就这样产生了。英格兰人的傲慢与偏见可见一斑。

相反，美国人倒是很低调。足球在美国是个姥姥不疼、舅舅不爱的项目，远远不能和美式橄榄球相比。没人关心一群业余球员在遥远的巴西玩些什么，这也让美国人减轻了很多压力。美国队球员巴尔回忆说："我们当时心里想，别输太多，尽力去踢就行，结果却赢了！"世界杯结束后，巴尔继续他的专业工作，当中学体育老师，每周挣50美元。

直到好多年以后，美国人才开始热衷足球，搞职业大联盟。这时他们才想起自己的国家队在世界杯上曾有这么一段传奇，还把这个故事拍成了电影《他们一生中最重要的比赛》。

英格兰人足球事业的顶峰在1966年的英国世界杯上。这一年，足球回到了它的故乡，回到了发源地英国。这一届的英格兰队在功勋教练拉姆齐爵士（因率队夺得1966年世界杯冠军而被英国女王授予爵士爵位）的率领下，英格兰帐中云集了博比·查尔顿和杰克·查尔顿两兄弟、博比·摩尔、赫斯特、班克斯等英格兰足球史上最好的球员，誓将雷米特杯留在英国。

博比·摩尔是这届英格兰队的队长，作为后卫，他为人沉稳、低调，是让人信赖的球员。和那些高大凶猛的传统英格兰后卫不同，摩尔脚下技术出众，控球能力强，并有一脚漂亮的直传球技术。赫斯特打入的最后一球就来自摩尔后防线抢断后的冷静直传，赫斯特得以单刀完成"帽子戏法"。摩尔以队长身份从女王手中接过世界杯，成为英格兰足球史上最让人尊敬的球员，也是一代又一代英格兰球员的楷模。

博比·查尔顿，这个梳着怪异发型的球员是英格兰足球史上最为传奇的人物，也是唯一能与球王们媲美的球员。他至今保持着英格兰足球的个人进球纪录——49球。在夺得1966年世界杯冠军后，他获得了当年的欧洲足球先生称号，又在1968年率领曼彻斯特联队夺得球队的第一座欧洲冠军杯奖杯。1994年，他被女王授予爵士头衔，2004年入选国际足联名人堂。英格兰足总对他的官方评价是："没有人比他更受欢迎，他是距完美最近的人。"也许他唯一的瑕疵，就是在半决赛对阵葡萄牙队的比赛中，用手将多列士的头球挡出，被判点球。

班克斯是英格兰足球史上最伟大的守门员，为英格兰夺得世界杯冠军立下了汗马功劳。在这届世界杯的小组赛和 1/4 决赛中，他力保球门不失，只是在半决赛中才被葡萄牙球星尤西比奥攻入一粒点球。决赛中班克斯表现稳健，左扑右挡，最终挡住了德国人的疯狂进攻。

1966 年 7 月 30 日，本届世界杯的决赛在著名的温布利体育场举行，对阵双方是欧洲的一对冤家英格兰队和德国队。

意气风发的英格兰人在球迷山呼海啸的狂热中走进决赛场地时，他们绝对想不到，这将是他们唯一一次进入洲级以上大赛的决赛。在未来的半个世纪中，他们再也没能进入过决赛的赛场，不论是世界杯还是欧洲杯。

这场决赛，可以说是 21 岁的贝肯鲍尔和 29 岁的博比·查尔顿之间的较量。两人尽管都没有进球，却左右着比赛的结果。贝肯鲍尔后来回忆说："英格兰队之所以击败我们夺得 1966 年世界冠军，是因为当时的博比·查尔顿比我强。"

比赛一开始，德国人就先声夺人。上一场攻破苏联队大门的哈列尔利用英格兰队后卫威尔索解围的失误，得球后一脚低射，敲开了英格兰队的大门。但很快，西汉姆联队的两位队友博比·摩尔和赫斯特绝妙配合，赫斯特用头球扳回一分。

在比赛快要结束时，双方又你来我往，各攻入一球，比赛进入加时赛。值得一提的是，德国队埃梅里希的任意球扳平比分是在常规赛的最后一分钟。德国人绝地反击的能力和百折不挠的韧劲，在未来的世界大赛中也频频上演，经常让英格兰人吃尽苦头。

世界杯历史上的第一次加时赛开始了。第 101 分钟，英格兰队右路传中，赫斯特停球后转身劲射，球击中横梁下沿后反弹到地上，又回到了场内。所有人都在疑惑，这球到底进了还是没进？

过了半个世纪，这个"温布利悬案"依然没有定论，而温布利球场都已经没了。这种势大力沉的射门，因球速和反弹的速度都非常快，而主裁判又距离球门较远，仅凭肉眼很难判断球的整体是否越过门线，主裁判丹尼斯·金斯特当时显得很为难，一时不知所措。双方球员都围在他身边，各执一词。他只能求助巡边员，而苏联巡边员巴哈拉莫夫给出了肯定的表示。

球进了，比分变成 3:2。

这次德国人的士气的确受到了很大打击，再也没能展开那令人恐怖的反击。第 120 分钟，赫斯特再入一球。英格兰如愿夺冠。

这场比赛也造就了一名超级替补。赫斯特成为世界杯历史上唯一一位在决赛中上演"帽子戏法"的球员，而在小组赛中，他还一直在坐冷板凳。

不出所料，这场比赛的结果引起了广泛的争议和研究。多年后，当时的苏联巡边员巴哈拉莫夫回忆说："其实那个球我也没有看清，之所以举旗示意进球有效，是因为苏联队在半决赛中被德国队淘汰了。既然苏联队无法夺得世界冠军，德国人也不能夺冠！"

后来英国人的研究也表明，这个球的确没有进。在得知这一结果后，德国人大度地说："我们早就知道那个球没有进。"这时的德国队已经捧起过三次世界杯冠军奖杯、三次欧洲杯冠军奖杯，自然不会再计较了。就这样，英格兰人不甚光彩地捧回了他们的唯一一座世界杯冠军奖杯。留下的是无穷无尽的口水和争论，至今不绝于耳。

拉姆齐教练在本届比赛中使用的 4－4－2 阵型，随着英格兰队的夺冠而风靡全球。由于它讲究攻守平衡，至今仍然是足坛使用最多的一种阵型。很多球队在这个阵型的基础上，根据本队的具体情况和球员特点而做出了很多创新，也使足球的踢法更加多样，更加精彩。

而英格兰人却顽固不化，至今还沿用这一略显陈旧的阵型闯荡世界，哪怕碰得头破血流也痴心不改。

在国际足球界，英格兰人是最保守的，这或许和英国人的性格有关。据说，英国人的民族性格形成于维多利亚女王时期，而这个时期恰恰是大英帝国最为辉煌的阶段，一切顺风顺水，无须任何变革。一切只要照旧，大英帝国就将永远是"日不落的帝国"。从我们最早了解英格兰人踢球开始，他们几乎一直是这样的：大刀阔斧、长传冲吊、凶狠铲断、玩命奔跑。这是他们的优点，而缺点是他们脚下技术粗糙，缺乏短传配合。

这种足球理念和风格，在当代一定是非常落伍的。今天，几乎所有球队都在走拉美和欧洲两种风格相结合的路，欧洲球队在巩固自己体力好、力量足、拼抢凶的特长的基础上，不断加强技术训练和小范围的传切配合，将球从空中落到地面，尽量控制在脚下。最近20年中成功的欧洲球队如法国队、意大利队、西班牙队和德国队无不是这条道路的获益者。事实证明，这是一条成功之路，而英格兰人却在这20年中日渐沉沦，泥古不化。

在这之后，除20世纪90年代略有反弹外，英格兰足球大部分时间都在自娱自乐，包括他们打造的那个最吸金的超级联赛。

在2014年巴西世界杯小组出局后，最顽固保守的英格兰队也承受不住各方面的压力，开始了艰难的变革过程。在过去的十多年里，由兰帕德和杰拉德领衔，特里、费迪南德、阿什利·科尔和鲁尼组成的英格兰队被称为"黄金一代"。随着他们的老去和淡出，英格兰队变化的时机成熟了。一批年轻的球员开始在三狮军团担纲主力。如前锋张伯伦、维尔贝克，中场核心谢尔威尔，后防线上的卢克·肖、克莱恩等。这些球员和他们的前辈相比，更加注重技术和配合，讲究传接和地面进攻，强调攻防的速度和前场的紧逼，一种类似德国和西班牙风格的整体足球开始在英格兰队产生。

　　对千年不变的英格兰队来说,这是可喜的变化。以英格兰超级联赛的水平和球员的个人能力,如果能融入欧洲大陆最新的足球理念,未来的英格兰队将前途无量。这个未来或许不远,可能就在 2018 年的俄罗斯。

"童话"与"神话"

　　由法国人德劳内先生倡议的欧洲杯尽管比世界杯晚了 30 年，但大有后来居上之势。即使缺少巴西和阿根廷两支队强，欧洲杯仍可在其他各方面比肩世界杯，不论是影响力、收视率还是商业价值。欧洲无弱旅，欧洲杯的比赛甚至比世界杯更紧张、激烈，更火爆也更吸引眼球。

　　与世界杯一样，欧洲杯的参赛队也强弱分明。最初东欧占上风，渐渐地主导权回到德、意、法、西等老牌强队手里，欧洲足坛的格局依旧。但在这个过程中，欧洲一些二三流球队常有横空出世的优秀球员、足智多谋的教练、克敌制胜的神奇战术以及阻挡不住的绝佳运气，屡屡冲击着老牌强队。尽管这不能从根本上改变根深蒂固的强弱格局，但传统强队被挑落马下所引起的震动，总能让欧洲足坛充满极大的不确定性和无穷的魅力，最终也能创造属于它们自己的辉煌。

　　1992 年的"丹麦童话"和 2004 年的"希腊神话"，就是欧洲杯历史上最令人惊异的两朵奇葩。

　　1992 年夏天，丹麦队主教练尼尔森准备把家里的厨房重新装修一下，除此之外，尼尔森也确实无事可做。第九届欧洲杯马上就要在一道海峡之隔的瑞典举行，但丹麦队没有拿到去往瑞典的船票，只能眼睁睁旁观对岸热闹的节日，那喧嚣声仿佛能越过海峡，让尼尔森心里酸溜溜的。

　　丹麦队与南斯拉夫队同分在预选赛的第四小组。应该说丹麦队表

现并不差，与南斯拉夫队的比赛双方各胜一场，只是在客场对北爱尔兰队的比赛中被逼平，以一分之差屈居小组第二。后来人们神话了南斯拉夫足球的高度，实际上丹麦和南斯拉夫两队的水平差距并没有那么大。在成王败寇的思想下，淘汰就意味着失败。于是丹麦全队作鸟兽散，该干吗干吗去。实在没有地方可去的球员，就留下当了陪练。门将舒梅切尔就留在了布隆德比队训练，准备给独联体球员当陪练，因而保持了良好的状态。

不过，有些情况却不是足球能左右的。比如南斯拉夫的分裂和愈演愈烈的民族冲突。为配合国际社会对南联盟的制裁，国际足联和欧足联也准备对其足球队进行禁赛。各种说法沸沸扬扬传了好久，才最终确定了禁赛决定。而空出的一个1992年欧洲杯席位则由丹麦队替补。那时已经是5月下旬，离6月10日的开赛仅有十几天时间。尼尔森只能中止厨房装修计划，重新扛起帅旗。十几天内，丹麦队仓促上阵。大家都认为他们只是来凑数的，而丹麦人自己却不这么看。

20世纪80年代中后期，随着埃尔克耶尔、劳德鲁普兄弟和舒梅切尔等一批世界级球星的崛起，丹麦足球进入了全盛时期。1986年墨西哥世界杯上，身披红色战袍的丹麦队掀起了一股"红色风暴"，他们在小组赛中1:0击败苏格兰队，2:0力克德国队，6:1横扫南美劲旅乌拉圭队，仿佛千年前的诺曼海盗。不过，似乎因为在小组赛中消耗了全部的能量，1/8决赛中，他们被超常发挥的西班牙队以5:1淘汰，也成就了西班牙"秃鹫"布特拉格诺。北欧人总是这样起起落落，大开大阖。

尽管准备仓促，但丹麦人更加乐观，也更充满想象力。他们来自安徒生童话的故乡，舒梅切尔就是其中的代表。队友摩根·克罗回忆说："他（舒梅切尔）是全队唯一那个自始至终都相信我们能夺冠的人，是更衣室里第一个嚷嚷着要把冠军奖杯带回丹麦的人。"作为全队的最后一道防线，守门员起着定海神针的作用，他的乐观情绪也鼓舞了全体队员，舒梅切尔当之无愧地成为这届丹麦队的守护神。

唯一的不和谐因素来自米歇尔·劳德鲁普，也就是劳德鲁普兄弟中的哥哥。因为与尼尔森的矛盾，他退出了国家队，不过他的弟弟布赖恩·劳德鲁普还在队中。更年轻更有冲击力的小劳德鲁普已经成为丹麦队的核心，他将负担起整个球队的进攻重任，直到将德劳内杯捧回哥本哈根。

丹麦队低调上阵。小组赛前两场他们 0:0 逼平英格兰队，0:1 不敌东道主瑞典队。一切都和外界猜测的一样，小组赛后他们就可以回家了。

转折来自第三场，对手是普拉蒂尼执教的法国队。丹麦队经过 90 分钟苦战，2:1 击败了法国队，以小组第二的身份和东道主瑞典队携手出线，留下英、法两位难兄难弟，在北欧的海风中凌乱。从这场比赛开始，丹麦队就像安徒生童话中的精灵一样，开始演绎神奇。他们的表现超出所有人的预期，最终将这次瑞典之行谱写成了新的丹麦童话，让所有的人在惊呼之余也赞叹不已。

半决赛的对手是上届冠军荷兰队。这时的荷兰队除拥有"三剑客"外，新秀博格坎普也开始登上舞台，可谓兵强马壮。双方在 120 分钟内踢成 2:2，残酷的点球决胜中，又一位巨星成了牺牲品。零度角都能进球的范巴斯滕，却被舒梅切尔扑出了点球。丹麦队 5:4 将上届冠军挡在了决赛之外，第一次进入欧洲杯的决赛。这已足够让所有人大跌眼镜，丹麦人超额完成了任务，而他们要做的，就是将童话故事推向高潮。

决赛对手是新科世界冠军德国队，这是两德合并后德国队的第一次出征，因此他们志在必得。比赛中德国人一如既往地狂轰滥炸，采用逼迫式打法让对手的后防线毫无喘息余地。然而，当天的舒梅切尔可以用神奇来形容。我们根本无法想象他是如何做到的，甚至赛后他本人也回忆不起当时的情景。他说："你们肯定都以为我当时近乎疯

欧陆群雄

狂，但其实我的大脑一片空白，我被一种空虚感所笼罩，那是一种彻头彻尾的空虚的感觉，我只能一遍又一遍地问自己，这究竟是怎么回事？这一切到底是怎么发生的？"他的精彩表现可能完全出于本能，也可能是上帝在指挥他的动作。

这一天肯定不是克林斯曼的幸运日，他被舒梅切尔挡住了两个必进之球，"金色轰炸机"弹尽粮绝，只能仰天长叹。正是舒梅切尔的表现，给疲于奔命的丹麦人以鼓舞，让他们有勇气坚持下去。在第20分钟打入第一球的延森回忆说，当时自己的精神和斗志几近崩溃，但目睹到舒梅切尔面对克林斯曼时那个神奇侧扑后，感觉自己从那种糟糕的精神状态中被猛然拽了回来。随着第79分钟维尔福特反击再下一城，德国人开始泄气了。丹麦人终于锁定胜局，第一次捧回德劳内杯。丹麦童话成了现实，也成就了神奇的丹麦人和神奇的欧洲杯。

好事成双，神奇的事情也是结伴而来。12年后，欧洲杯赛场上再次经历了欧洲文学中的经典桥段，这次是更加古老的希腊神话。

尽管丹麦队不被人看好，但人们至少对劳德鲁普兄弟耳熟能详，赛后舒梅切尔也成了国际巨星。但2004年的希腊队，不论在赛前还是夺杯后，都让人叫不出一个希腊球员的名字，或许和他们的名字太不好记有关，除非你是一个狂热的希腊粉丝。也没听说哪位球员赛后成为天皇巨星，甚至连著名球星都算不上。离开希腊队后，他们依然是默默无闻的普通球员，在欧洲二三流球会中踢球，渐渐消失在足球历史的长河中。而希腊队的这次夺冠，也是所有冠军故事中最少被人提起的，就像他们古老的神话。

神话的内容不太好记，但创造神话的人，却被人们牢牢地记住了。他就是希腊队的教练，德国人奥托·雷哈格尔。与道姆、克林斯曼、勒夫等少壮改革派教练相比，雷哈格尔是个老派教练，拥护德式的传统打法。在长期的德甲执教生涯中，他取得了辉煌的成绩，也经历了

欧陆群雄

惨痛的失败。1980赛季，他率队在杜塞尔多夫夺得德国杯冠军，之后在不来梅队开创了长达14年的"不来梅王朝"，不仅夺得1987、1993赛季的德甲冠军，1991、1994赛季的德国杯冠军，在欧洲赛场也有斩获，1992年捧得了欧洲优胜者杯。德国球迷叫他"奥托大帝"，他也是德国足球历史上最伟大的君主之一。但他在拜仁慕尼黑队的经历却很失败。和俱乐部高层的矛盾不断升级，再加上成绩的不如意，最终导致他被俱乐部解聘。高傲的"奥托大帝"将此视为奇耻大辱，成了拜仁慕尼黑的"终身死敌"。

雷哈格尔是个善于创造神话的人，他在"希腊神话"之前，还在德甲创造过一个"凯泽斯劳滕神话"——升班马勇夺当年顶级联赛冠军，震惊世界足坛。故事开始于1997年，雷哈格尔把常年厮混乙级联赛的凯泽斯劳滕队带入了甲级。第二年德甲联赛的第一场比赛，"升班马"凯泽斯劳滕队的对手是上届冠军拜仁慕尼黑队。仇人相见，分外眼红。雷哈格尔谁都能输，就是不能输给死敌。最后的结果是凯泽斯劳滕队1:0力克拜仁慕尼黑队，算是出了口恶气。然后，这匹大黑马就在联赛中一路狂奔。在人们越来越惊异的目光中，他们提前一轮夺得德甲冠军，创造了升班马直接夺冠的"凯泽斯劳滕神话"。

在德甲的经历证明雷哈格尔善于调教弱旅，创造奇迹，但不善于周旋在豪门球队的复杂关系中。希腊人的这次选帅算是赌对了。雷哈格尔习惯铁腕式的管理，甚至在欧洲民主精神的发源地希腊，他也照用不误，还得意扬扬地说："在这个民主制度的发源地，我是个民主的专制者。"正是因为他的铁腕，分散在欧洲各俱乐部踢球、天生带有散漫个性的希腊人，才被生生捏成了一个整体。这个能战斗、浸透德式铁血精神的球队作风硬朗，打法凶悍。在2004年的夏天，在大西洋海风轻拂的葡萄牙海滨，欧洲列强终于见识到了。难怪有人称他们为"德国二队"。

2004年正是德国足球最低潮的时期，他们正处于改革进程的最艰难阶段。旧的风格已经放弃，新的风格尚未形成。克林斯曼和勒夫还没有登上历史舞台，德国队在这届欧洲杯小组赛中2平1负，耻辱出局，甚至与拉脱维亚队的比赛也只能平局收场。而希腊队却在老教头雷哈格尔的率领下，秉承正统的德式理念，收获了一座冠军奖杯，真是造化弄人。

雷哈格尔的理念很清晰，也很"德国"。在加强防守的基础上，采用压迫式的进攻。说起来容易，但做起来却差异很大。雷哈格尔对弟子们的要求就是，每一个环节都要做到最好。只要每个环节都尽到最大的努力，那么这支球队一定是无敌的。相比之下，所谓的阵型和打法反而不那么重要了，雷哈格尔非常清楚这一点。

希腊队的胜利是传统德式理念的最后一次胜利，也是雷哈格尔个人的胜利，是他将希腊人一步步带向德劳内杯。就连希腊总统也在贺电中说："感谢雷哈格尔先生，希腊足球在瞬间腾飞。"

每逢大赛，都有或大或小的"黑马"。一般来说，越早暴露出"黑马"本色，反而越不会走得太远。那些在小组赛中表现出色的"黑马"球队，在淘汰赛中很难继续神奇。相反，那些在小组赛中表现平平，勉强出线，并不为人注意的球队，往往在关键的淘汰赛中能一鸣惊人，越走越远。1992年的丹麦队和2004年的希腊队都属于后者。丹麦队小组勉强出线，但半决赛和决赛却连克荷兰队和德国队，在强队还没反应过来时，童话已经诞生。2004年的希腊队，小组赛1胜1平1负勉强出线，1/4决赛对阵上届冠军、拥有"上帝"齐达内的法国队。几乎没有人看好他们，而这恰恰是创造奇迹的时刻。

这是希腊队夺冠的关键一战。就像德国人最善于对付法国人一样，被德意志精神武装的希腊人，采用了德国人凶狠的拼抢和压迫式的打法，完全将艺术化的法国人制住。法国队处于一盘散沙的状态，几乎没有反击的手段。第 65 分钟，希腊前锋查理斯特亚斯的头球把法国队送回家，也吹响了夺冠的号角。至此，"黑马"本色才暴露出来，"神话"开始上演。

古希腊人信神，每遇重大的事情，都要到德尔菲的神庙求神启，依照神的指示做事。如果这次欧洲杯出征之前希腊人也得到了神启，那一定是最美妙的预言。雷哈格尔有句名言："我们不是来度假的，我们没有什么好输的。"这也成为希腊队更振奋人心的神启。据说，只要雷哈格尔在开赛前重复这句话，希腊队就能获得胜利。加压和减压都包含在这句话里，雷哈格尔不仅是战术大师，也是个心理学大师，他的分寸拿捏恰到好处。

"黑马"的特点就是越战越勇。半决赛希腊队遭遇捷克队，决赛对阵东道主葡萄牙队。尽管场面不占优势，但他们依靠强大的心理素质和犀利的反击，始终掌握着主动权。特别是在决赛里，由菲戈、科斯塔、保莱塔等"黄金一代"和新星 C 罗组成的葡萄牙队攻势如潮，但在顽强的希腊人面前却成了花拳绣腿。希腊人通过反击，使葡萄牙队后防线破绽百出。第 57 分钟，查理斯特亚斯再次头槌建功，最终希腊人顽强地将 1:0 的比分保持到终场。葡萄牙球星尤西比奥感叹道："葡萄牙失去了一个唾手可及的冠军。"

但希腊的神话也没能演绎太久。随着雷哈格尔的离去，希腊队新貌又换旧颜，和其国家一样，沉沉浮浮，挣挣扎扎，渐渐被人遗忘。

足球传奇
SOCCER LEGEND

球王传奇

LEGENDARY TALES OF FOOTBALL

世纪球王贝利：足坛第一人

我为足球而生，就像贝多芬为音乐而生一样。

—— 贝利

没有人能够对足球这项运动起到如此深远的作用。

—— 布拉特（前国际足联主席）

贝利就是最好的球员，他比别人甚至聪明十多倍，我这么说或许有点主观，但他的确是一个伟大的领航者。

—— "足球皇帝"贝肯鲍尔

第五个入球后，我都忍不住想拍手，甚至想跟他一起庆祝……当然，我忍住了。

—— 瑞典后卫帕林

自从退出绿茵场，贝利的工作之一就和著名的章鱼"保罗"相同，做了足球场上的预言家。显然他这方面的技术不如球技，也不如章鱼，甚至看好谁谁就走厄运，于是人们管贝利叫"乌鸦嘴"。在术业专攻的时代，再伟大的人物离开自己擅长的领域，也只能成为笑柄。当然人们对球王的嘲笑，多数出于善意。

"贝利"是个绰号，球王的原名叫艾迪逊·阿兰蒂斯·德·纳西曼托。有人不理解巴西球员为什么爱用绰号——看到贝利这一大长串的本名，应该就能明白了。否则足球解说员就没法干活了："弗拉迪尔·佩雷拉（迪迪的本名）将球传给了曼诺尔·弗朗西斯（加林查的本名），这时，左路的艾迪逊·阿兰蒂斯·德·纳西曼托快速启动……"名字还没念完，球就已经进了！

"贝利"这个绰号名扬世界，没人愿意再去记他的本名。这个绰号的来历，贝利在自传和很多场合都说过。或许是他的表达能力太差，也或许是年龄大了记忆力衰退，每次他都越说越乱，让人根本搞不清这绰号到底是怎么来的。

一种说法是，上学时的一个伙伴第一个用"贝利"称呼他。在葡萄牙语中，这个词的发音像是婴儿的喃喃呓语，一度还惹得小球王不太高兴。还有一种说法，贝利小时候在街头踢野球时，踢的是旧布、烂袜子包成的"足球"，而年轻的球王居然用它踢碎了街边店铺的橱窗，可见其脚头之硬。于是那些店老板都叫他"贝利"，意思是"非常讨厌的家伙"。贝利也说过，这个名字是一次诅咒的结果。拉丁语系的人名里，除自己的名字外还要加父名、母名、教名之类，显得很冗长。于是巴西人会选一个比较好发音的词语来相互称呼，并对此习以为常。不像我们中国人，讲究行不更名坐不改姓。

贝利的足球生涯极富传奇色彩，他几乎获得了可能得到的全部荣誉。他四次参加世界杯，三次获得冠军，为巴西永久保留了雷米特金杯。巴西能被称作"足球王国"，绝对和贝利的贡献分不开。

在获得的无数荣誉中，最高的荣誉是 2004 年获得国际足联颁发的世纪最佳球员和足球名人大奖，以及 2013 年获得的首次颁发的国际足联荣誉金球奖。贝利被称为"球王"的确实至名归。

贝利身高 1.74 米，体重 68 公斤，在当今技术型球员众多的巴西队，这种身材也算瘦弱的。但从保存下来的录像资料看，当年巴西队的球员全是这种身材。贝利的灵活性和速度优势，以及突出的过人技术弥补了身材上的缺陷，使他成为有史以来最伟大的足球运动员。

几乎所有巴西球星的早年经历都差不多，出身贫寒，年幼时只能在街头和沙滩上踢野球，凭借出色的天赋和不懈的努力，最终闯出属于自己的一片天地。贝利也一样。

1940年10月23日，贝利出生在巴西圣保罗州的特雷斯科拉索内斯镇一个贫寒的家庭。父亲唐丁奥是当地一家小球会的球员。据说他球技精湛，在球星云集的巴西也属于佼佼者，只是时运不济，收入拮据，因而生活潦倒。唐丁奥和国内的很多球员都非常熟识，比如著名球星瓦德马·德·布里托就是他的好朋友，这一点也对贝利的发展起到了很大作用。从小就对足球耳濡目染的贝利，只能和一群同样出身贫民窟的孩子一起，赤脚在街头踢球。在年少的贝利心中，唯一的希望就是被球探看中，加盟职业俱乐部，成为职业球员。这是巴西版的"鲤鱼跳龙门"。

与所有名满天下的大人物一样，贝利早年的经历也被人为地蒙上了一层神秘的色彩。坊间流传很多他年轻时的励志故事，和"华盛顿的樱桃树"一样，这些故事或真或假，却激励了一代又一代贫穷的孩子憧憬他们的球星之路。

其中一个故事是这样说的。有一天，小贝利在一个干涸的水塘里猛踢一只猪膀胱，恰巧被一位足球教练看见。他发觉这孩子很有天赋，就送了一只足球给小贝利，而贝利称他为恩人。不久，小贝利就能准确地把球踢进随意摆在远处的一只水桶里。圣诞节到了，贝利的妈妈说："我们没有钱买圣诞礼物送给我们的恩人，就为我们的恩人祈祷吧。"贝利和妈妈祷告完毕，向妈妈要了一把铲子跑了出去。他来到一处别墅前的花圃里，开始挖坑。就在他快要挖好的时候，教练从别墅里走了出来，问他在干什么。贝利抬起满是汗珠的脸蛋说："教练，圣诞节到了，我虽然没有什么礼物给您，但是我愿意为您的圣诞树挖一个树坑。"教练把他从树坑里拉上来说："我今天得到了世界上最好的礼物！明天你到我的训练场去吧。"这个故事表明，球王的情商一点也不比他的球技差。

还有一个"贝利与香烟"的故事。在贝利很小的时候，有一回他偷偷抽烟被父亲发现，贝利很害怕受到惩罚。父子之间发生了这么一场对话：

"我看到你抽烟，我有没有看错？"

"没，没有。"

"你抽烟有多久了？"

"我，只吸过几次，几天前……"

"告诉我，味道好不好？你知道，我没抽过，我不知道到底是什么味道。"

"我不知道，也许没有多大味道。"

贝利在自传里回忆说，我答得那么笨，本以为他会一记耳光打过来，但他没有揍我，而是把我拉了过去，好像要进行一次朋友间的谈话似的。他伸出一只手抱住我的肩膀，向我解释："你踢球有天分，以后也许会成为一个高手。要是你抽烟喝酒，就踢不好球了。到时候就会没有足够的体力在 90 分钟内一直踢出理想的水平。这事你自己决定吧。"然后，他伸手从口袋中取出了钱夹子。这夹子又旧，又薄得可怜。他打开夹子，我看到里面有几张皱皱巴巴的票子。他接着说下去："但是，如果你还想抽烟，最好是抽你自己的烟。老是讨人家的烟很丢人。你自己买烟需要多少钱？"

贝利说，我简直羞得无地自容，一下子联想起许多事情。我似乎见到父亲每星期一瘸一拐地走上足球场，膝盖肿得像西瓜那么大；我似乎看见他为了养活一家人，毫无怨言地清理便盆、打扫地板。我两眼盯着地板，真希望地上开个洞把我吞下去，埋葬我的羞惭。

父亲一声不响地看了我很久，才说："好吧，没事了。为了我们家庭的名誉，你自己的名誉，以后别再讨烟抽了。要买，向我拿钱，我给你。"

结局自然是非常美好的，从那一天开始，贝利再也没有碰过香烟，也从来不想去碰它。据说，贝利后来滴酒不沾，也是父亲感化的结果。所有父子亲情教育故事中所能包含的正能量元素，这个故事全部具备。真假确实已经无所谓了。

其实，像贝利这样的孩子，在巴西有成千上万。要想出人头地，需要有三个条件。第一是从小就要表现出超人的足球天赋，第二是需要在小时候就付出极其艰苦的努力来磨炼自己的技术，第三也是最重要的一点，需要一个伯乐慧眼识珠。幸运的是，这三个条件贝利都具备。

巴西足球在 1950 年遭到了一次异常沉重的打击。在马拉卡纳第四届世界杯的决赛中，他们被乌拉圭队以 2:1 逆转。这次输球打破了巴西国内本就脆弱的平衡，加上经济的失衡，被掩盖的种种问题一下子都暴露出来，尤其是种族冲突，黑人似乎成了失败的替罪羊。这种混乱一直延续了五六年，这期间，巴西队在 1954 年世界杯恐怖的"伯尔尼之战"中，败给了如日中天的匈牙利队，输球又输人。

这种状况一直到 1956 年库比契克总统上台，巴西经济搭上了全球经济复兴的顺风车后，才有所转变。社会矛盾也得到了极大缓解。巴西足球在 20 世纪 50 年代末的强势崛起，也和当时繁荣的经济、宽容的社会氛围有非常大的关系。而贝利作为黑人，赶上了好时候。

13岁时，贝利加入了当地职业队包鲁竞技俱乐部的青年队。在这里贝利遇见了他的第一个也是最重要的一个伯乐 —— 巴西前国脚瓦德马·德·布里托，一位参加过1934年世界杯，与大名鼎鼎的莱昂尼达斯是队友的巴西著名球星。正是主教练布里托的言传身教和严格要求，给小贝利打下了扎实的基础，让他练就了出众的球技。再加上贝利无与伦比的天赋，最终一飞冲天。

在得知布里托要当包鲁青年队的主教练时，贝利的父亲唐丁奥马上知道儿子的机会来了。他对贝利说："这可是你千载难逢的机会，你得要睁大你的眼睛，伸长你的耳朵，他讲的每一句话你都得好好听，布里托的经验是十分宝贵的。别以为他只能当教练，他也曾是个很好的球员，还是个很好的老师，你要好好利用这个机会提高、完善自己。"

布里托教练极其严格，堪称"魔鬼教练"，把这些孩子当成了职业球员。任何球队的教练，教给队员的其实都一样，一是严格纪律，二是苦练技术，布里托也不例外。他制定了非常严格的纪律，如不准抽烟喝酒、不准自由散漫、不准打架斗殴等，都是针对巴西球员的弱点提出的。巴西地处热带，地广人稀，资源丰富，人们习惯了散漫的生活方式，不像欧洲人会遵守时间和纪律。这种习惯很容易导致球员上场后各自为战，没有团队作战的意识。这也是历届巴西队的老毛病了。

布里托身体力行，言出必果，让从小就是"打架王"的贝利深感震惊，也就收敛了自己的不良行为。布里托同时还不允许球员们看当地的报纸。因为报纸上对他们的溢美之词，会让他们得意扬扬，忘乎所以。

而作为前国家队的队员，布里托的球技也非常精湛。他教大家如何用胸部、肩膀、大腿和双脚控制足球，如何在盘球时将身体控制在球和拦截者之间，使之不容易失去控制，还有盘球和踢球时如何将胳膊放在准确的位置，来保持身体平衡。同时他还会示范过人的假动作。

布里托是弧线球的高手，这一招不论在传球还是任意球直接射门

球王传奇

时都非常管用，是一些球员的绝技。布里托将它传授给了孩子们，贝利练得非常认真，这一招让他在后来的大赛中屡屡创造奇迹。布里托的一套独特的练习弹跳和头球技术的方法，让贝利获益匪浅。尽管他个子矮小，但后来在成年队时经常头球破门，其出众的弹跳力就是从小苦练出来的。布里托还教给孩子们一些基本的战术，让贝利从小就养成了良好的大局观。贝利在包鲁青年队得到布里托的特别关照，他以为是父亲的缘故，但后来布里托说，这完全因为"这小子是可塑之才"。

由于布里托的执教，1954~1956年，包鲁俱乐部青年队连获三届包鲁市青年冠军，贝利也成了远近闻名的小球星。对他来说，包鲁太小了。桑托斯队是巴西圣保罗州的一支普通球队，在球队百年历史上，除了偶露峥嵘，大部分时间非常平庸，根本无法和我们熟悉的弗拉门戈队、弗卢米嫩队相比，更遑论欧洲那些如日中天的豪门俱乐部球队。但1956~1974年除外，因为这期间，这座小庙来了一尊大佛。这尊佛是如此之大，让小庙熠熠生辉。近20年的时间里，桑托斯就像现在的马德里或曼彻斯特，是全世界球迷心目中的圣地。而这都是因为有了贝利。

除早年在包鲁青年队效力三年，以及退役后复出在纽约宇宙队客串两年外，贝利足球生涯的全部时间，都在桑托斯队效力。可以说，贝利就是桑托斯队，桑托斯队就是贝利，二者已经化为一体了。

作为家中的长子，贝利义无反顾地挑起了养家的重担。在离开包鲁青年队后，他进入当地一家制鞋厂工作，靠微薄的薪水补贴家用。但他的球技没有荒废，依然活跃于当地的业余足球界。1955年初，当教练的前国脚田姆先生邀请他去里约州的邦固队踢球，但被他妈妈以年龄太小为由拒绝了。但家里的老朋友布里托先生的邀请，却是拒绝不了的。1956年夏，布里托将不到16岁的贝利带到了桑托斯队，并对俱乐部说："相信我，这个孩子将会成为世界上最伟大的球员。"

就凭这一句话，布里托就可以成为 20 世纪最伟大的预言家之一。

贝利没有辜负布里托。入队不久，他就打消了所有人的怀疑。在 9 月桑托斯队 7:1 战胜科林蒂安队的一场友谊赛中，贝利首次为桑托斯队破门。当时他只有 15 岁零 11 个月大。从此，贝利由一个青葱少年变成了一代球王。

据说现在的桑托斯俱乐部里，贝利的影子还是无处不在。图片、塑像、展览等几乎都围绕贝利和他的 20 年展开。贝利似乎是他们的唯一。最让人匪夷所思的是，他们居然能中止一场战争，尽管只中止了几天。

这件奇闻发生于 1969 年的西非。当时比属刚果（旧称扎伊尔，首都金沙萨）和法属刚果（首都布拉柴维尔）正在交火，战况激烈。桑托斯队应邀前往法属刚果，与其他国家进行一场友谊赛。而航班只能降落在金沙萨，球队要坐汽车转往布拉柴维尔。球王的大驾光临，吸引了刚果河两岸的非洲兄弟们。什么战争、什么信仰，统统被抛诸脑后，人人都想一睹球王的风采。金沙萨马上向对手发出了休战协定，然后护送整支球队安全抵达两地的边界，交给了布拉柴维尔的护卫队。桑托斯队于 1969 年 1 月 19 日比赛完毕后，再由军队护送返回金沙萨。顺利回到金沙萨的桑托斯队球员在接受总统接见时，被告知必须与当地的球队比赛，才能获准离境。

无奈，他们只能比赛。1 月 21 日，桑托斯队和临时组成的扎伊尔国家青年足球队比赛，并以 2:0 获胜。这个比分不能满足总统的民族主义自豪感和看球欲望，于是只能重赛。1 月 23 日，桑托斯对阵金沙萨豹队，非常明智地以 2:3 落败。能在战火纷飞的岁月里，连看两场球王的比赛，总统足够自豪。皆大欢喜，桑托斯队得以安全离开，他们走后，战火才重启。交战双方遵守了停火协议，都没有在对方松懈之时突然袭击，可见非洲人多么实诚。当然，贝利在这两场比赛中的表现，没有任何一家媒体做报道。

贝利在桑托斯队的足球生涯极富传奇色彩，可以说贝利成就了桑托斯队。从1956年到1974年，贝利在桑托斯队效力了19个赛季，共11次夺取圣保罗州联赛冠军、6次巴西杯冠军、2次南美解放者杯冠军、2次洲际杯冠军。其间，贝利11次当选圣保罗州联赛最佳射手，尤其是1957~1965年，他不可思议地连续9年穿上最佳射手金靴，这一纪录至今无人能够超越。

无论贝利在俱乐部的表现如何出色，真正让他名震寰宇、最终奠定一代球王地位的却是世界杯。从1958年到1970年，贝利共参加了4届世界杯，获得了3次冠军。至今为止，3次夺得世界杯冠军的球员，仅贝利一人，堪称世界杯之王。在4届世界杯上，贝利共打进12球，在历史总射手金榜上仅次于德国人克洛泽的16球、同胞罗纳尔多的15球、德国人盖德·穆勒的14球以及法国人方丹的13球，在总射手榜上高居第五位。

1970年世界杯后，贝利宣布退出巴西队。在代表国家队出战的92场比赛中，他留下了77个精彩进球。1974年贝利宣布退役，桑托斯队永久封存了他的10号球衣。1975年，美国纽约宇宙队重金邀请贝利重新出山，球王在那里又踢了两年。1977年10月1日，贝利在纪念赛中代表桑托斯队和宇宙队各踢了半场球，这是他足球生涯中的最后一场比赛。2004年，贝利被国际足联评为百年最伟大的两名球员之一，另一人是"足球皇帝"贝肯鲍尔。完美无缺、十全十美、世界球王、人类极限、巴西国宝……溢美之词铺天盖地地加到了贝利头上，他真正成了足球有史以来的第一人。

贝利的世界杯之旅始于1958年瑞典世界杯，这也是有史以来第一届有电视直播的世界杯，虽然仅面向欧洲地区。这是"贝利朝代"的开端，也是电视足球时代的开端，这个天作的巧合让全欧洲球迷在第一时间见证了球王的驾临。可以用"坐火箭蹿升"或"三级跳"来形容贝利的横空出世。两年之前，他还是包鲁地方一个小制鞋厂的工人，一年之前刚刚在圣保罗州联赛中崭露头角，旋即被选入国家队集训名单，紧接着就入选出征世界杯的正式名单，奔赴瑞典。三年里的"三级跳"！很多巴西人还搞不清这黑小子是谁时，贝利已经受到全世界的瞩目了。

用现在的话形容球王的出场，就是一个字——萌。人们在电视上看到一个瘦弱的黑少年，背对着镜头表演背身投飞镖，在四周美女的簇拥下，显得颇为羞涩。但在球场上，贝利可一点不萌。1958年的巴西队，带着为前两届世界杯失利复仇的心态奔赴瑞典，士气高昂，众志成城。主教练维森特·弗奥拉旗下三军用命，战将云集。迪迪、瓦瓦、加林查、扎加洛严阵以待，而年轻的贝利只能坐在替补席上。但很快，未来的球王就得到了表演机会。

贝利在世界杯的第一次亮相是在小组赛对阵苏联队时，他帮助球队以2:0击败了拥有世界第一门神雅辛的对手。尽管贝利没有进球，但他眼花缭乱的进攻让所有人刮目相看。足球界在推测，一颗巨星将要升起。1/4决赛中，巴西队对阵威尔士队，比赛呈胶着状态。下半场贝利替补出场。机会来了，迪迪带球攻到威尔士队的罚球区附近，然后将球传给了跑动中的贝利。贝利离球门两三米远，他正要射门时，看到一只脚伸过来拦截。直接射门肯定被挡，贝利很聪明地将球轻轻一挑，挑过了防守球员。等球下落时，用一个凌空抽射打门。威尔士守门员凯西飞身扑救，但球却阴差阳错地碰到了对方后卫的腿，绕过守门员，慢慢地滚进了球门。这个球是贝利世界杯的第一个进球，也是他一生无数进球中最重要的一个，因为它保证了巴西队进入半决赛，而贝利也一举成名，一颗巴西"黑珍珠"在斯堪的纳维亚半岛闪闪发光，最终他将光耀全世界。

球王传奇

半决赛，巴西队遇到欧洲老牌劲旅法国队。这场比赛几乎成了贝利一个人的表演，他的光芒完全盖过了由科帕、皮安托尼和该届最佳射手方丹组成的法国前场"铁三角"，也盖过了他的同胞瓦瓦和加林查。从比赛的 52 分钟到 75 分钟，贝利上演了他个人在世界杯赛场上的唯一一次帽子戏法，引爆全场。最精彩的是第三个进球。贝利带球前进，法国后卫上前拦截，贝利用脚轻轻一挑，球就越过了对方的头顶，趁他急停想转身之际，贝利利用自己的速度，一下子甩开了对方，直接面对球门，在皮球还没有落地的一刹那抬脚抽射，球应声入网。整个动作都在高速运动中完成，贝利把自己的速度、技术、爆发力和灵活性有机结合在了一起，一气呵成，让人惊叹。

决赛在巴西队和东道主瑞典队之间进行，这是世界杯历史上最为精彩的决赛之一。当时，双方都离自己的第一个世界冠军一步之遥，没理由不做最后一搏。6 月 29 日，决赛如期举行。瑞典斯德哥尔摩的索尔纳体育场人山人海，座无虚席。瑞典国王古斯塔夫也亲临现场，为主队加油，这更加引爆了球场的气氛。在主场球迷山呼海啸般的助威声中，瑞典队先声夺人，开场仅 4 分钟，前锋利德霍尔姆就连过巴西队三名后卫首开纪录，打入极其精彩的一球。包间里的国王临时充当了啦啦队长，带领看台上全部瑞典球迷高喊"瑞典，胜利！瑞典，胜利！"

但仅仅过了五分钟，巴西队就由瓦瓦将比分扳平。之后经过加林查的配合，瓦瓦梅开二度，上半场巴西队 2:1 领先。下半场成了贝利的个人秀，他的速度、盘球技巧、灵活性、门前捕捉战机的能力都使对方疲于奔命，也让看台上的瑞典球迷目瞪口呆。贝利打入了本场比赛锁定胜局的一球，也是世界杯历史上最为精彩的入球之一。这个进球让他兴奋不已，以至于很多年以后仍念念不忘，说那是自己最漂亮的进球。那是比赛进行到第 55 分钟，贝利背对着球门接球，当时他处于对方三个球员的包围之中，只见他先用大腿停球，再用脚背将球往后挑过自己的头顶，紧接着一个急转身，面对球门，用左脚猛射。瑞典队守门员根本没做出任何反应，球就钻进了网窝。这个进球甚至让对方球员也激动万分，瑞典队的后卫帕林赛后坦言："我都忍不住想拍手，甚至想跟他一起庆祝……当然，我忍住了。"

这就是足球比赛最大的魅力。它超越了国籍、民族、语言和敌对双方的界限，用全世界人民都能理解的方式彼此沟通，塑造出一个全人类都认同的价值体系。从这一点上说，在上帝"死了"以后，人类非常幸运能拥有足球。对瑞典队来说，能在决赛中和史上最强的队伍交手，本身就荣耀无比，更何况他们还一度领先对手。有位瑞典记者赛后开玩笑说："感谢利德霍尔姆，正是他的进球让我们当了五分钟的世界冠军。"北欧民族的风趣幽默和大度，可见一斑。这是瑞典足球离世界冠军最近的一次，可惜他们生不逢时，碰上了如日中天的巴西队和冉冉升起的贝利。球王驾临，诸神退位。

巴西队如愿夺得了世界杯冠军。这一天，贝利才17岁239天，创造了世界杯决赛参赛以及进球最年轻的纪录。赛后，贝利哭得像个泪人，眼泪洒满了队友迪迪的球衣。而老练的守门员基尔玛则拍拍他的肩膀说："哭吧，哭哭对你有好处。"

世界杯后不久，贝利就被称为"球王"了。和他身上其他总也说不清楚的事情一样，这一称谓的发明权究竟属于谁，也是个争论不休的问题。瑞典人说，是瑞典的一家报纸率先以"球王"称之，然后风靡全世界。而巴西人的说法则不同：在1958年桑托斯队与美洲队的一场比赛中，贝利神勇无敌，一人攻进4球，而且个个精彩绝伦。当时在场的作家内尔松·罗德里格斯如痴如醉，他灵光闪现地在文章中用"球王"来称呼贝利。总之，这个称呼不胫而走，被全巴西乃至全世界的球迷接受了。从此，这个代表足球界最高荣誉的词语，就专属贝利一人。就凭这一点，后人就很难再超越。

1962 年的智利世界杯对贝利来说是忧喜参半。忧的是他才踢了第一场就受伤，之后再也没有登场，没能亲手为巴西队卫冕出力；喜的是巴西队在"小鸟"加林查的率领下，完全没有因贝利受伤而受影响，依然气势如虹，最终卫冕冠军。贝利也如愿得到了自己的第二个世界杯冠军。

1966 年的英国世界杯上，巴西队雄心勃勃，准备三连冠。但在小组赛中，遇到了该届最大黑马、由"黑豹"尤西比奥率领的葡萄牙队。巴西队意外翻船，贝利被葡萄牙后卫莫里斯踢伤，加林查状态不佳，只能坐在替补席上。巴西队 1:3 告负，黯然出局。世界杯历史上唯一一次出现三连冠的机会，就这样失去了。以后的世界杯冠军，连卫冕都没能做到，遑论三连冠了。由此可见世界足坛竞争之激烈。

很多球迷都认为，1970 年墨西哥世界杯上的巴西队是有史以来最强大的巴西队，也是世界杯历史上最伟大的球队。他们拥有超越其他球队的实力，几乎在每一个位置上都拥有世界顶尖的杰出球员，在里维利诺、阿尔贝托、托斯陶、雅伊尔津霍（香港译作"查仙奴"）等一系列现代球迷不太熟悉，而当年如雷贯耳的名字中，最让人仰望的无疑就是球王贝利了。在经历过 1962 年和 1966 年两次因伤退赛后，贝利对世界杯已经心灰意冷，加上年龄渐高，他决意把自己所剩无几的足球生涯奉献给自己的母队——桑托斯队。在世界杯前，全巴西都在呼吁和恳求贝利重新出山，回归国家队，为巴西队三夺世界杯。

1970 年巴西队的主教练是贝利的老朋友扎加洛。作为连夺 1958 年和 1962 年两届世界杯冠军的功臣，扎加洛非常渴望以主教练的身份带领巴西队再获世界杯冠军，成为既是球员又是教练夺杯的第一人。扎加洛的最主要工作，就是利用队友和朋友的身份劝说贝利重出江湖。劝说的方式，无非是晓之以理，动之以情：

祖国和人民需要你！

巴西足球需要你！

全世界的球迷需要你！

巴西需要第三座金杯！

把雷米特金杯永久地保留在巴西，是巴西的最高荣誉！

再得一次冠军，你就是名副其实的"球王"了！

总统说了，现在国家面临很多困难，社会动荡，那些家伙只要一看球就什么都忘了，"维稳"全靠你了！

总统说了，拿个冠军，能稳住个半年！

总统还说，拿了冠军，给你个体育部长干（贝利果真在 1995 年成为巴西体育部长）！

行，出山！

据说，墨西哥由此掀起了疯狂的"巴西热"，到处都是"去看巴西队踢球""去看贝利踢球"的声音，仿佛巴西队冠军已经到手。众望所归，巴西队拥有了睥睨群雄的实力，值得人们的欢呼和喝彩。

经过风平浪静的小组赛、复赛和半决赛之后，巴西队顺利进入决赛。对手是同样两获世界冠军的意大利队。这场比赛谁获胜，谁就将是有史以来第一支三夺世界杯冠军的队伍，而且可以永久保存雷米特金杯。这一前所未有的至高荣誉，将双方球员都刺激得像好斗的公鸡一般，就等一声哨响，立刻缠斗在一起。

6 月 21 日决赛如期举行，约 10 万名球迷涌进了阿兹特克体育场，希望一睹巴西队和球王的风采。从整场比赛来看，巴西队的实力确实要高意大利队一筹，不论是队员的个人技术还是球队的整体配合都是如此。意大利队似乎在与德国队的比赛里耗尽了实力，整场比赛显得疲惫、拖沓，只有招架之功，没有还手之力。除上半场快结束时利用巴西人漫不经心的失误打入一球外，完全没有任何机会。

贝利在创造大历史的时候，居然还创造了一个小历史。他打进了巴西队的第 100 个世界杯进球，而且居然是头球。可见当时的巴西队踢得多么轻松，最终 4:1 的比分让巴西队轻松夺取了冠军。

这是一场精彩的比赛，但很难说是一场伟大的比赛，因为双方实力相差太大。或许这是世界杯历史上实力最为悬殊的冠军争夺战，这是巴西队的荣耀，也是意大利队的耻辱。这场比赛后，扎加洛成为第一个以队员和教练身份都夺取过世界杯冠军的人，贝利成为第一个三夺世界杯冠军的球员，"查仙奴"成为世界杯历史上唯一一个每场比赛都有进球的球员。

他们在 6 场比赛中打入了 19 个球，没人能阻挡这样一支巴西队。这届世界杯上，贝利精湛的球技和良好的球风不仅征服了全世界球迷的心，也征服了对手，让人心悦诚服。

在同英格兰队的小组赛中，英格兰队球员为了对球王表示尊敬，无一人对贝利犯规（想想后来马拉多纳和罗纳尔多在球场上的遭遇），球王在赛后也把掌声献给了英格兰队，一时传为佳话。决赛中，盯防贝利的意大利球员博格尼切说："赛前我对自己说，贝利也是和我一样的人，但是我错了。"决赛后，英国《星期日时报》的头条标题是："贝利如何拼写？ G–O–D（上帝）！"尽管 1958 年以后，人们就开始称贝利为"球王"，但直到 1970 年世界杯结束后，这一称呼才真正实至名归。这些都将作为传奇载入世界杯史册，让后人高山仰止。贝利成为一代又一代球员心中艳羡和奋斗的标杆，也成为一代又一代球迷反复咀嚼的神话。

平心而论，巴西队能在短短的 12 年中获得三次世界杯冠军，创立空前的或许也是绝后的巴西王朝，除拥有超强的实力外，与当时国际足球的大环境也分不开。20 世纪 90 年代后，被各方权力和巨额金融资本浸染的世界足坛，出现了垄断、倾斜、球场暴力、球星无序流动、场外因素干扰以及拉美国家联赛平庸化等各种现象。而与之相比，50～70年代的国际足坛简直就是世外桃源，是一股清流，呈现出类似现代都市白领梦想的田园牧歌般的风貌。

尽管足球从一开始就被各种权力干扰，但除极个别时期，足球也有其自由发展的空间；尽管球员的收入较普通人更高，但在那个年代，远没有达到几十年后的夸张程度；尽管足坛相互交流不断，但以巴西为首的南美足坛依然保持着自己的技术流风范，纯正的桑巴足球血脉不断，没有20世纪90年代后受欧洲力量型足球影响而进退失据的状态。总之，那时天是蓝的，水也是绿的，鸡鸭是没有禽流感的，猪肉是可以放心吃的，那时的球员是认真踢球的。

另外，20世纪50年代后期开始，搭着国际经济繁荣的顺风车，巴西国内政治稳定，经济起飞，社会宽容，种族矛盾弱化。国内联赛水平的提高，也将大量球星留在国内。这些都是巴西队能持续屹立世界足坛之巅的重要因素。

贝利的足球生涯创造了无数奇迹。据官方记载（实际数字肯定比官方记载多），他一共参加了1363场正式比赛，踢进1283个进球（贝利最新出版的一本书，书名就是《1283》，而且限量发行了1283本）。其中，他92次上演帽子戏法，同一场比赛中进4球的有30场，进5球的有6场。1964年对博塔弗戈队（圣保罗州一低级别联赛球队，并非传统豪门博塔佛戈队）的比赛中，他更是单场打进8球！一个赛季里进球过百，对贝利来说是很平常的事。1959年他共打进127球，1961年是110球，巅峰赛季是1958年，初出茅庐的17岁小将在一年中共踢进了139个球！

1986年世界杯上，马拉多纳连过英格兰队5人，将球打进的一幕，已经成为国际足坛的经典之一，借助现代媒体的传播家喻户晓。其实在贝利传奇的足球生涯中，还有连过9人的辉煌时刻。只不过因为当时没有录像资料留下来，才导致知名度不高。后来有人说，连过9人的进球也有录像资料，只不过被当时的电视台擦掉去录其他节目了！好在有确凿无疑的文字资料留下，让我们相信确实发生过这神奇的一幕。

在1961年3月5日"里约 — 圣保罗对抗赛"桑托斯队对阵弗卢米嫩队的比赛中，第30分钟，身披桑托斯队10号战袍的贝利于本方半场得球之后完成了一次最伟大的个人表演——连过对方9名队员后将球打入球门。赛后，当地的《奥伊斯浦特体育报》不仅以"马拉卡纳有史以来最漂亮的一球"为题，用整版报道了这一壮举，还出钱在马拉卡纳体育场进口处立了一座刻有"马拉卡纳有史以来最漂亮的一球"的碑。不仅白纸黑字，而且还用颇有中国传统的"勒石燕然"旌表的做法，为这一伟大时刻留下了记录。不过贝利本人对此倒不是太在意，他在自传里对此轻轻地一笔带过，也许这样的进球对他来说太平常了。

在20世纪六七十年代重攻轻守的南美足坛，这种杂耍般地连过若干人后进球的例子应该很多。只不过，大部分球员默默无闻，甚至文字资料都没有留下，即使有所建树，也只能湮没在历史的长河中，连给后人感叹"生不逢时"的机会也没有。不论哪个领域，历史本身远比我们所知道的要丰富得多，毋宁说，后人所知晓的仅是冰山一角，甚至连一角都不到。

球王的另一个辉煌时刻，是打入第1000个进球。同样是在马拉卡纳体育场，时间是1969年11月19日，对手是达伽马队。

《贝利自传》中是这样说的："不知道我对着球站了多久，安提拉特很紧张地望着我。我极力保持清醒的头脑，忘记这球对我、对我的足球生涯、对我的球队的重要性。我极力放松下来，恢复刚才的冷静。刹那间，我想起了很久以前在一次少年队比赛中我没有踢进罚球，我又克制自己不去想它。我告诉自己站得越久，失败的可能性越大。要是踢不进那也无所谓，还有别的机会嘛！当我脑子还在辩论，身子已经等得不耐烦的时候，我发现球已经踢出去了。我看到球以美妙的弧线，飞过安提拉特张开的手掌，进入球网。"

这是个点球。贝利的第 1000 个入球是个点球，这多少让人略感失望。在人们的设想中，这一伟大时刻应该伴以伟大的进球，比如连过数人后打空门、比如凌空抽射、比如鱼跃冲顶……可惜都不是，只是一个普普通通的点球。这让人感觉是一场"秀"，是官方、媒体、俱乐部、双方球员和裁判共同导演的一场"秀"。这种说法丝毫不带有贬义色彩。当时的体育界鼓励个人英雄主义，在这种创纪录的时刻，所有人都会推波助澜，因为这么做对该项运动的普及和发展绝对有利。这在今天的美国 NBA 赛场上很常见，和我们东方人对现代竞技体育的认识完全不同。

从赛前记者统计球王的进球数开始，舆论就慢慢在造势。刻意把球场安排在马拉卡纳，为防止他提前进球，甚至安排他去当守门员，比赛中对方球员"密切合作"，直到平稳地获得点球，所有的一切，都是为了那让人欣喜若狂的一刻。进球后的马拉卡纳体育场，自然成了欢乐的海洋。也许双方都没兴趣再把比赛进行下去了。

桑托斯俱乐部宣布将 11 月 19 日定为"贝利日"。巴西总统宣布贝利是"国家珍宝"，不允许他出国踢球。第二天，巴西媒体把贝利攻入第 1000 球和美国宇航员康莱特、戈登、比恩第二次登上月球的新闻，同时刊登在巴西报纸的头版。这种荣誉，只有在足球王国才能享受到。

球王足球生涯的最后阶段是在美国度过的。1975 年，美国纽约宇宙队重金邀请贝利出山，参加北美职业联赛。球王在那里又踢了两年，着实告诉美国佬什么叫足球。在贝利之后，去该队养老兼踢球的著名球星有贝肯鲍尔、意大利前锋齐纳格里亚和西班牙巨星劳尔。1977 年 10 月 1 日，贝利在告别赛中代表桑托斯队和宇宙队各踢了半场，这是他足球生涯中的最后一场比赛。球王完美谢幕。

退役后的球王生活丰富多彩，除了拍广告挣钱外，还做了大量的公益活动。如在贫困国家和地区的青少年中推广足球，这是球王和百事公司的长期合作项目。由球王主持、百事赞助的儿童足球短训班，在几十个贫困国家轮流举办，参加者都是那些买不起足球装备但又非常喜爱足球的孩子。百事可乐推出的口号是"每一个踢球的男孩都想成为贝利"和"球王和你同场踢球"。在每一个国家的培训班，球王都认认真真地教孩子们足球的各项基本要领，尽量满足当地球迷的要求。

贝利的另一项工作是演电影，而电影的题材都与足球有关。球王的演技一般，但秉着一贯认真的做事态度，他演的电影还是很受球迷和影迷欢迎的。我们中国球迷最熟悉的一部影片是《胜利大逃亡》，在国内上映时造成了一定的轰动。故事的题材非常吸引人，取材于二战时期基辅迪纳摩队的一段真实历史，讲述的是盟军战俘组成的足球队与德军的一场比赛。战俘们在赛场上反败为胜，击败德军队，最终在球迷们的掩护下成功逃亡。贝利出演一个美军黑人军官，为人正直，球技出众，而他也演得中规中矩。

退役后贝利的另一项有意义的工作，是为球员争取自己的合法权益和社会保障。在巴西，足球运动员表面风光，但事实上完全受俱乐部控制，几乎是俱乐部的奴工，自身权利甚至不如普通工人。出身贫困的贝利深知，球员吃的是青春饭。如果没有社会保障，当他们青春不再时，将因一无所能而一无所有。这方面的典型例子就是贝利的好友、与贝利齐名的"小鸟"加林查。他退役后因酗酒、挥霍等原因，最终穷困潦倒而死，让人不胜感慨。因此，贝利联合一些球星，一起向巴西政府呼吁为保护运动员立法。在贝利等人的影响和推动下，巴西最终通过了相关法律，对俱乐部的权力进行了约束，对运动员的合法权益进行了保护。这是贝利做的一件功德无量的事，但为此，他也得罪了以阿维兰热和他的女婿特拉谢为首的巴西足球界高官。

20 世纪 80 年代，巴西经济陷入低谷，人民生活困顿。贝利因自己世界性的知名度，担当起了国家事实上的外交官角色，奔走于世界组织和金融巨头之间，为巴西人民争取利益。90 年代后，贝利突然官运亨通，当上了巴西的体育部长。他当官的能力显然不如球技娴熟，处处碰壁，所谓的《贝利法案》也没有获得通过，还和阿维兰热翻脸绝交，最终只能怏怏而去。

我们来做一个有趣的类比吧。在公认的三位球王之中，贝利、贝肯鲍尔和马拉多纳的球技是见仁见智的，球迷们很难得出统一的结论，或许贝利略微领先一点。作为球员取得的成绩，贝利的三次世界杯冠军遥遥领先贝肯鲍尔和马拉多纳的各一次。

贝利唯一欠缺的是教练生涯。我们没有看到贝利运筹帷幄，决胜千里的能力。贝肯鲍尔作为主教练是极其成功的，带队夺取了 1990 年世界杯冠军，而马拉多纳作为主教练则完全失败。

贝利曾经做过一任巴西体育部长，但没有什么建树，也许只是个放大版的"形象大使"而已。贝肯鲍尔作为 2006 年德国世界杯组委会的主席，成功地组织举办了一届世界杯，他在体育界不论是作为运动员、教练员还是体育官员，都取得过世界最高的成就。而马拉多纳，即使在崇拜者众多的阿根廷，可能也没有多少人认为他能从政。

足球恺撒贝肯鲍尔：
德意志铁血精神的载体

1970 年 6 月 17 日，墨西哥，第九届世界杯半决赛，德国队对阵意大利队。

德国队是上届世界杯的亚军，意大利队是 1968 年欧洲杯的冠军，这是一场欧洲最高水平的对决，火星撞地球，胜者将挑战巴西队的霸权。比赛第 67 分钟，场上出现了令人震惊的一幕，也可以说是百年足球史上空前绝后的一幕：贝肯鲍尔突破后被意大利队后卫放倒，双方就该不该判点球争执不下时，倒地的贝肯鲍尔脸色苍白，冷汗直下，左手扶着右肩，极度痛苦。

贝肯鲍尔的右肩脱臼了！而这时德国队已经用掉两个换人名额。怎么办？如果他因伤离场，德国队则会陷入以少打多的空前危机。这时，只见贝肯鲍尔站了起来，在队医的帮助下，用绷带将右臂吊在胸前，慢慢地走回赛场。他将带着一条脱臼的胳膊进行比赛！连对手都被这种行为震撼，这是铁血德国足球史上最为铁血的一幕，贝肯鲍尔成为德国铁血精神的永久化身。

足球界往往把贝利和贝肯鲍尔并称。如 1999 年国际体育记者协会把他们一起评为"20 世纪最佳运动员"，而在 2004 年，两人又双双加冕了国际足联百年最佳。在大部分球迷心中，脚法华丽的"黑珍珠"

贝利或许会比贝肯鲍尔地位略高，眼花缭乱的进球是球迷的最爱。但事实上，贝肯鲍尔在足球界取得的成就更高，也得到了更多的认可。1984 年，国际足联授予贝肯鲍尔荣誉金质勋章，这是历史上首位获此殊荣的人物，贝利的获奖甚至都在贝肯鲍尔之后。

2013 年，贝肯鲍尔和贝利同时获得国际足联主席特别奖。而在名单中，贝肯鲍尔的排名在前，这一点意味深长。一般而言，贝利总是排名在前，因为他出道更早，资格更老。

2006 年，贝肯鲍尔作为唯一一位足球界人士进入"缔造者与商业巨头"的 20 人名单，从而入选美国《时代周刊》当年的 100 名年度风云人物。为此，基辛格博士还专门为他写了一篇小传记《足坛王者》。在这篇文章中，基辛格写道：无论在球员还是教练员时代，贝肯鲍尔都是绿茵场最杰出的代表，他作为德国拜仁慕尼黑俱乐部的球员，创纪录地连续夺得三届欧洲冠军杯，他作为德国队的球员和教练，为德国拿到了两座世界杯冠军。他一生都与冠军相伴，缔造了德国这个国家在世界足坛的崇高地位，正如他在球员时代的绰号"足球皇帝"那样，贝肯鲍尔是一位真正的王者。有意思的是，贝利被称为"球王（King）"，而贝肯鲍尔则被称为"足球皇帝（Der Kaiser）"。

Kaiser 一词在汉语里被音译为恺撒。在欧洲历史和文化传统中，罗马帝国皇帝的称号是奥古斯都（Augustus），而恺撒是副帝的称号。中世纪后欧洲实行政教合一的制度，世俗领域理论上只存在一个帝国，也只有一个皇帝，称号就是恺撒。由于历史原因，1871 年德意志帝国统一后，德国皇帝顺理成章地继承了恺撒的称号。

而其他所有欧洲国家的统治者都只能称国王（King），包括伟大的"太阳王"路易十四和维多利亚女王（但女王的皇冠是印度的，而不是欧洲的），至于俄罗斯和保加利亚等国，他们的王也称恺撒（汉语译为"沙皇"），这其实是僭越，即礼崩乐坏的结果。

所以，"Kaiser"一词在西方文化传统中要比"King"的级别高，同一时期只能有一人，而 King 实际上可以有无数位。这或许就是贝利出道早却只被称为 King，而贝肯鲍尔出道晚却被称为 Kaiser 的文化原因。

当然，贝利和巴西球迷肯定不愿认同这一点，但欧洲的士绅们是承认的。2013 年 1 月 8 日，贝肯鲍尔荣膺 2012 年度国际足联盛典主席特别奖。国际足联授予他这个特殊的年度大奖，以表彰其对世界足球运动发展做出的杰出贡献。在苏黎世的颁奖典礼上，时任国际足联主席布拉特亲自为贝肯鲍尔颁奖并致辞："我要把这项大奖献给我的陛下——足球世界的皇帝'恺撒'贝肯鲍尔！他全身心投入足球，高超的球技和丰富的知识，结合优雅的谈吐和迷人的举止，成为举世推崇的足球皇帝。"

2013 年 2 月 28 日，贝肯鲍尔荣获欧洲足联主席奖。在慕尼黑，他的后辈、欧足联主席普拉蒂尼为他颁奖。贝肯鲍尔还获赠多特蒙德队、拜仁慕尼黑队和德国队的战袍。普拉蒂尼在致辞中说："您为足球事业开创了新的时代，您才是真正的历史第一人。"这位主席还很幽默地说："恕在下身份卑微，这是第一次由一位主席为皇帝加冕，我不知道，这合不合规矩？"不管是不是开玩笑，欧洲人对皇帝的尊敬是根深蒂固的。

2013 年英国《世界足球》杂志评选历史最佳阵容，贝肯鲍尔以 68 票力压群雄，当选所有时代球员第一人。普拉蒂尼对贝肯鲍尔的评价是：球员时代的"传奇巨星"，教练时代的"战术大师"，从政后的"足坛政治家"以及"点燃我对足球热情的导师"。贝肯鲍尔是个与众不同的足球运动员，作为球员和退役球员都创造了历史。

这也很清晰地把贝肯鲍尔的足球生涯分成三个时代：球员时代、教练时代和官员时代。每一个时代，他都创造了奇迹。

弗朗茨·贝肯鲍尔生于 1945 年 9 月 11 日。在此之前的 4 个月，纳粹德国投降，欧战结束。在此之前的 1 个月，日本投降，第二次世界大战正式落幕。一个新的世界开始，一个新的德国诞生了。尽管国土面积只是原来的一半多一点，但人们的精神面貌完全不一样了。新德国除旧布新，荡涤尘埃，在民主制度的保障下，德意志民族的创造力得到了空前的释放，源源不断地为世界贡献着他们的思想和精英。贝肯鲍尔就是新德国为世界奉献的最杰出的人才之一。或者说，他就是新德国的象征。

与贝利的经历相仿，贝肯鲍尔也受家庭熏陶，从小就迷上了足球。在父亲的带领下，靠着超人的天赋，他从小就练就了出众的技术，让人眼花缭乱，就像在沙滩上踢球的巴西孩子。少年时代在小巷子里踢野球的岁月中，他又练成了熟练的带球过人和小范围传接球技术。这一切不仅让他在技术、意识、协调力、组织能力、大局观方面是空前的，甚乎也是绝后的。不论后来他独创的外脚背踢法还是"自由人"战术，可以说基础都是在早年这种无忧无虑、无拘无束的状态中打下的。

这一点也让他与大部分德国球员不同。一般来说，受传统文化的影响，德国球员顽强、凶猛、严谨、守纪律，但踢法僵硬、机械，善于铲球但频频犯规，很少有华丽的脚法，连带球过人都让人胆战心惊。总之，能赢球但场面不好看。后来的法国球星齐达内和贝肯鲍尔非常像，也是脚法华丽，技术突出，大局观强，具有领袖气质。其著名的"马赛回旋"也是在踢野球时练出来的。贝肯鲍尔更像欧洲拉丁派而不是传统的英德北欧踢法。

贝肯鲍尔青年时代的另一种选择是做保险经纪人，因为在业余踢球的同时，他一直坚持做兼职保险推销员，并且完成了营销学的学业。16 岁那年他加入慕尼黑青年队，这是一次具有重要意义的决定。他的一生从此与拜仁慕尼黑队和德国足球结下了不解之缘。

18 岁时，他不顾家庭的阻力，最终选择足球作为终身职业。足球界应该感到庆幸，因为他们迎来了恺撒。德国保险界应该感到悲哀，因为以贝肯鲍尔表现出的能力，他本来应该是安联总裁或慕尼黑再保险董事长的不二人选。

同年，贝肯鲍尔入选德国国家青年队，正式开始了辉煌的球员生涯，这段经历的顶峰就是1974年获得的世界杯冠军和成为足球界的恺撒。

球员生涯

贝肯鲍尔的球员生涯主要是国家队和俱乐部队两部分。他一共参加了1966年、1970年和1974年三届世界杯，全部打入四强。1966年获亚军，1970年获得第三，1974年本土世界杯是冠军。取得如此辉煌壮举的，历史上仅有三人，并且都是德国人。一位是贝肯鲍尔的队友奥尔夫冈·奥维拉特，另一位是世界杯进球最多的前锋克洛泽。同时，贝肯鲍尔也成了唯一一个连续三次入选世界杯最佳阵容的球员。他还参加了1972年和1976年的两届欧洲杯，并分别获得冠军和亚军。1972年的欧洲杯冠军德国队，被誉为有史以来欧洲杯历史上的最强队。

仅从成绩看，贝肯鲍尔也是欧洲第一人。1964年贝肯鲍尔19岁，在荷兰举行的欧洲青年足球锦标赛上，贝肯鲍尔第一次向全世界展示了他过人的足球才华，一颗新星在欧洲足球界冉冉升起。1965年9月，刚满20岁的贝肯鲍尔入选国家队，随队出征瑞典斯德哥尔摩，争夺1966年英国世界杯决赛圈的参赛资格。这时的他技术全面，能胜任除守门员外的所有位置，而且在每个位置上都表现出色。这为以后他创造"自由人"这一位置打下了坚实的基础。这次预选赛中，贝肯鲍尔司职前卫，踢得兢兢业业，有板有眼。在迎战奥地利队、塞浦路斯队和瑞典队时他锋芒毕露，尤其在对瑞典队的比赛中发挥出色，一举成名，为德国队在世界杯预选赛取得优异成绩立下了汗马功劳。

1966 年是贝肯鲍尔真正成名的一年。这一年，21 岁的他为国家队踢进第一个球，首次当选德国足球先生。这一年，第八届世界杯在英国举行，足球回到了它的故乡。英格兰人肯定希望借此一尝冠军滋味，但他们的对手有连续两届世界杯冠军巴西队和"黑豹"尤西比奥领衔的葡萄牙队，以及经历了一段低谷后开始复苏的德国队。

这是贝肯鲍尔第一次参加世界杯决赛圈比赛，他司职中场，表现了与他的年龄完全不相符合的成熟与大度，不论是进攻还是防守，整个德国队在他的指挥下，表现得有条不紊，进退有序。小组赛阶段他几乎场场得分，在对瑞士队的比赛中独中两元，以 5:0 击败对手；在对乌拉圭队的比赛中他首开纪录，鼓舞了全队士气，最后以 4:0 战胜对手。可以说，他的得分能力已经超过了前锋。

半决赛对阵苏联队，这是一场势均力敌的比赛。作为 1960 年第一届欧洲杯的冠军、1964 年第二届欧洲杯的亚军，苏联队在当时的欧洲足坛是绝对的强队，他们志在必得。比赛充满了火药味。上半场快结束时，苏联队的契斯连科因为被断球恼羞成怒，踢了德国队的申里盖尔一脚，双方争执起来。裁判立马出示红牌将契斯连科罚出场。下半场苏联队以少打多，被迫收缩防线，德国人开始占据场上优势。这时，贝肯鲍尔展现出了他百步穿杨的绝技。第 67 分钟，他用一脚石破天惊的远射攻破了"八爪鱼"列夫·雅辛把守的大门，将比赛的胜局锁定。同时，他也成为国际赛场上唯一一个能用远射攻破雅辛大门的球员。仅凭这一球，就足以让他笑傲足坛。

列夫·雅辛是苏联也可以说是全世界最优秀的守门员。在他的时代，有雅辛镇守"龙门"，就意味着有钢铁长城一般。不知是不是因为这一脚远射，两位相差 16 岁、来自两种完全不同的社会制度的球星竟成了好朋友。从贝肯鲍尔的自传中可以看到，两人后来有极深厚的友情，并且一直保持到雅辛去世。

德国队最终以 2:1 击败苏联队，时隔 12 年再次昂首挺进决赛。迎接他们的是东道主英格兰队。这场决赛开启了英德足球半个世纪的血泪史，当然主要是英格兰人的血和泪，直到莱因克尔无奈的悲叹。决赛中，贝肯鲍尔负责盯防对方的核心博比·查尔顿，尽管他出色地完成了任务，没让博比进球，但就像他自己后来承认的一样，博比比他还强一些，所以英格兰队能赢。这就是皇帝的气度。

这场比赛以"温布利悬案"而著称。之所以叫悬案，是因为没人知道在加时赛第 11 分钟时，赫斯特那个击中横梁下沿反弹到地面，又弹回场内的球到底进没进，没有一个人真正看清楚。但当时的裁判和边裁都认定进球了，英格兰人如愿以偿，捧得世界杯。

未来的恺撒在这届世界杯中，作为中场球员叹为观止地打入 4 粒进球，并有 2 次助攻，创造了 9 次直接进球机会，并且成功抢断 17 次，拦截 33 次。各项技术数据都显示他攻防俱佳，是当之无愧的最佳球员。一颗未来的巨星在温布利诞生。

君子报仇，四年不晚。在 1970 年的墨西哥世界杯上，德国人就报了温布利的一箭之仇。在 1/4 决赛中，德国队和英格兰队再一次狭路相逢。尽管英格兰队先以 2:0 领先，自以为胜券在握，但德国人很快就开始了令人窒息的反击。先是贝肯鲍尔破门得分，然后是席勒将比分扳平。加时赛中英格兰队不论体力还是精神，都在德国人的狂攻之下渐渐不支。"轰炸机"穆勒在加时赛第 18 分钟凌空抽射破门，将英格兰队挡在了四强之外。德国人钢铁般的意志和顽强的精神震惊了全世界。

在和意大利的半决赛中，出现了本文开头的那一幕，贝肯鲍尔肩关节脱臼，但他用绷带固定后咬牙坚持到比赛结束。德国队惜败，但贝肯鲍尔赢了，他赢得了全世界球迷的拥戴。皇帝也离他的加冕仅差一步。

1972 年比利时欧洲杯上的德国队，被欧足联官方认为是欧洲杯历史上最强的球队，没有之一。而领军人物依然是贝肯鲍尔。从 1/4 决赛开始，他们分别以 3:1、2:1、3:0 这种压倒性的优势，击败英格兰队、比利时队和苏联队这三支强队，为德国首次捧回欧洲杯冠军。这届大赛上大放异彩的是贝肯鲍尔的队友盖德·穆勒，他以 11 个进球荣获最佳射手称号。内策尔也显示了无与伦比的才华，但他和舒斯特尔、埃苏博格等几个德国中场天才一样，命运多舛。

足球皇帝的加冕典礼，在 1974 年的本土世界杯上。1974 年 6 月，第十届世界杯在德国举行，这是贝肯鲍尔第三次参加世界杯大赛。前两次世界杯，尽管他个人表现出色，但德国队都功亏一篑。现在 29 岁的他已经从老队长席勒手中接过了队长袖标，技战术、组织能力和领导力方面都处于巅峰，正是夺冠的最佳时机。结果是众所周知的，德国队以 3:2 逆转荷兰队，贝肯鲍尔完胜克鲁伊夫。

对于德国队来说，尽管他们再次夺得世界杯，但依然有些说不清、道不明的阴霾笼罩。这些阴霾是德国足球的痼疾，时不时会发作一下，带来或大或小的影响。只是这个冠军的光环太过耀眼，让人们暂时忽略，或选择性地遗忘了那些不如意的事情。

这届世界杯的第一场，德国队就碰上了他们的同胞东德队，结果他们以 0:1 告负。对于这个结果有两种说法，其中一种是觉得德国队“放水”。为了在第二阶段小组赛中避开如日中天的荷兰队，而选择以小组第二名的成绩出线。结果也差不多，他们在第二阶段的下半区轻松连胜瑞典队、南斯拉夫队和波兰队，昂首进入决赛。在这之后的 1982 年世界杯，德国队和奥地利队联手淘汰阿尔及利亚队，踢了一场极其丑陋的“默契球”，遭到全世界球迷的一致谴责，德国足球因此蒙羞。看来德国人是有这种传统的。

另一种说法是，这完全是冷门，德国队的输球是意外之事。这一结果导致德国队处于崩溃的边缘，全队一时大乱，连功勋教练绍恩也不知如何收拾这个局面。这种说法有点不可思议。众所周知，德国人以顽强冷静和坚韧著称，多少次悬崖勒马，又绝地反击，反败为胜，怎么这回仅输了一场就方寸大乱？还是有人在借题发挥？当时赫尔穆特·绍恩已执教国家队 10 年，其间率队获得一次世界杯亚军、一次第三名，还获得过一次欧洲杯的冠军。什么样的风浪他没有见过，居然输了一场球就自乱阵脚？

绍恩是经历过纳粹时期的老球员。从骨子里说，他反对专制独裁，善于倾听各方意见，给人以"好好先生"的感觉，完全没有后来贝肯鲍尔当主教练时对舒马赫"痛下杀手"的铁血手段，外界推测，绍恩控制不住手下的骄兵悍将。

确实如此。当时的国家队，一方是以足球皇帝（毋庸讳言，他的另一个雅号是"足坛阴谋家"）为首的"拜仁帮"，包括穆勒、布莱特纳、迈耶尔、施瓦岑贝克（别称"皇帝侍卫"）和赫内斯等多达 7 名国脚；另一方是以怪才内策尔为核心的"门兴帮"，包括福格茨（三届世界杯最佳后卫）和海因斯（欧洲三大杯射手）。双方都有致对方于死地的念头，恨不得拼个你死我活。

经过一番至今不为人完全知晓的较量后，贝肯鲍尔从绍恩手里接过了指挥权，成为球队的真正核心和精神支柱。他开始排兵布阵和确定战术，运筹帷幄，决胜千里。贝肯鲍尔也成了有史以来现役球员兼任事实上的主教练的唯一一人，恺撒在这一刻真正诞生。

有高兴的，自然有不高兴的。内策尔被排挤出了主力阵容，坐在冷板凳上，直到球队获得世界冠军。福格茨顶着巨大的压力上场，在决赛中犯下低级错误，险些抱憾终生。教练组也被激怒，但在"拜仁帮"的巨大压力下，他们无可奈何。事实上，这次兵变的结果是德国人有惊无险地最终捧得了大力神杯。一俊遮百丑，为皇帝讳，这一页就算翻过去了。但德国足球的"更衣室阴谋"却无法翻页，还在不断上演。

　　比赛结束后，贝肯鲍尔从国际足联主席斯坦利·劳斯手中接过大力神杯。他无比激动地说："1954 年我还只是一个小孩，守在收音机旁听世界足球锦标赛的实况转播。如今我亲身参加了这样的比赛并成为世界杯冠军，我的梦想实现了！"球王贝利结束雷米特杯时代后，贝肯鲍尔成为第一个举起大力神杯的历史性伟人，自此开启了世界杯的大力神杯时代。

　　1976 年，贝肯鲍尔再次率领德国队出征南斯拉夫欧洲杯，可惜在决赛中点球输给了捷克斯洛伐克队。这似乎是德国队在国际大赛中唯一一次点球败北。如果这次比赛也能捧杯，加上 1980 年那一次，德国队和贝肯鲍尔将创造史无前例的三连冠，那又将是怎样的辉煌？

　　1977 年，因税务纠纷，贝肯鲍尔负气远赴美利坚，在那个足球的荒漠之地和球王贝利另起一片天地。他的国脚生涯就此进入了尾声。

　　但足球皇帝的俱乐部生涯同样辉煌灿烂。如果说他对德国国家队的影响有球员和主教练两个阶段的话，那么他对拜仁慕尼黑队的影响则是终身的。可以这样说，他一手缔造了当代如日中天的欧洲顶级豪门拜仁慕尼黑队。没有贝肯鲍尔，就没有现在的拜仁慕尼黑队。

　　1963 年 8 月 23 日，德国足球甲级联赛开始。这时慕尼黑的老大是已经有 103 年历史的慕尼黑 1860 队，而拜仁慕尼黑队还在乙级联赛。1964 年，19 岁的贝肯鲍尔加盟拜仁慕尼黑队，并帮助球队升入甲级。1965 年，拜仁慕尼黑队获甲级联赛第三名，并且获得德国杯赛的冠军。在第二年的欧洲优胜者杯决赛中，拜仁慕尼黑队以 1:0 力克苏格兰老牌劲旅格拉斯哥流浪者队，夺得冠军。第一次亮相欧洲舞台，就赢得满堂喝彩，拜仁慕尼黑队名正言顺地成为德国职业俱乐部的龙头老大。从此与汉堡队、多特蒙德队、门兴格拉德巴赫队、凯泽斯劳滕队、法兰克福队等一帮小兄弟，纵横欧洲足坛数十年，战绩彪炳。德国的俱乐部球队能以一种极强势的姿态介入欧洲赛场，德甲能成为欧洲五大联赛之一，拜仁慕尼黑队功不可没。

1968年，南斯拉夫人布兰科·泽比奇接过拜仁慕尼黑队帅印。新主帅对球队要求非常严格，这也带来了良好的成绩。他在仅使用13名球员的情况下，带领球队取得德国职业足球历史上第一个德甲联赛和德国杯的双冠王。1970~1971赛季，乌多·拉特克执掌球队，并确立了贝肯鲍尔球队领袖和技战术核心的地位。在他执教的第一个赛季，拜仁慕尼黑队就捧起当年的德国杯冠军奖杯。在接下来的1971~1972赛季，拉特克为球队带来了历史上第三个德甲冠军奖盘。对阵沙尔克04队的关键战役，是球队在慕尼黑奥林匹克体育场进行的第一场正规比赛，也是德甲第一次使用直播技术转播的比赛。在这场比赛中，拜仁慕尼黑队5:1大胜对手，创下了德甲历史得分最多、进球最多等多项纪录。

在接下来的两年中，拜仁慕尼黑队实现了德甲联赛三连冠的伟业。更令人吃惊的是，他们居然还实现了欧冠的三连冠！

1974年欧洲冠军杯决赛的重赛中，拜仁慕尼黑队4:0横扫马德里竞技队，首次夺得欧冠冠军。1975年欧洲冠军杯决赛中，他们击败利兹联队，捍卫了自己欧洲足坛王者的地位。1976年的欧洲冠军杯决赛，他们打败法国球队圣埃蒂安队，完成欧冠三连冠壮举。同年，拜仁慕尼黑队还捧回了洲际杯的冠军。

这一成绩不是空前的。因为在此之前的1956~1960年，西班牙皇家马德里队获得过欧冠的五连冠。1971~1973年，荷兰阿贾克斯队也获得过三连冠。但到目前为止，这一成绩是绝后的，之后的欧冠赛场上，再也没有出现过三连冠的球队。

从贝肯鲍尔加盟的那天起，拜仁慕尼黑俱乐部在不到10年的时间里，从一个德国乙级小俱乐部一跃成为欧洲足坛第一豪门。可以说，

球王传奇

贝肯鲍尔一手缔造出了这支俱乐部的第一王朝时代，拜仁慕尼黑队的三连冠，加上德国国家队 1972 年的欧洲杯冠军和 1974 年的世界杯冠军，德国足球在 20 世纪 70 年代初开创了一个王朝，整个欧洲足坛和世界足坛都望风披靡。所谓恺撒君临，诸神退位。

1978 年，贝肯鲍尔应好友贝利之邀远赴美国发展。而拜仁慕尼黑队在之后几年里，再也没有获得任何比赛的锦标，拜仁慕尼黑队的第一王朝时期结束。在这一时期，和贝肯鲍尔一起撑起拜仁大厦的还有塞普·迈耶尔和穆勒。这条迈耶尔—贝肯鲍尔—穆勒的中轴线，不仅撑起了拜仁慕尼黑队，也撑起了德国国家队，成为这一时期德国王朝的脊梁，而贝肯鲍尔更是核心中的核心。用足球皇帝本人的话说，他们三个是"慕尼黑铁杆三兄弟"，仿佛三国时期桃园结义的刘、关、张三兄弟。三人同心，其利断金，他们纵横驰骋，所向披靡。在俱乐部和国家队的比赛里不仅横扫欧洲，也横扫了世界。

贝肯鲍尔在他的自传《我的对手和我的朋友们》里毫不吝啬溢美之词："可以毫不夸张地说，慕尼黑俱乐部的黄金季节、西德足球的顶峰时代，所有的胜利都是我们共同努力的结果。就以 1974 年为例，西德联赛冠军、欧洲俱乐部杯赛冠军、欧洲锦标赛冠军直到世界冠军，都是一个同样的阵容：门将塞普、自由中卫贝肯鲍尔、前锋穆勒。如此三位一体的搭配，赢得这样显赫的战果，举世无双。塞普和穆勒堪称'世纪级'选手，我们三人的存在是胜利的保证。而我们三人所处的时代，也是德国足球史上最美好和最辉煌的时代。"

穆勒认为，那个时代与当下时代的最大差别在于："当年我们是多么疯狂，在球队里永远是横空出世，敢作敢为。我想，今日的足球运动员对这番话难以理解。人们只要看一眼今日的球队，心里不说自明。所有的球员坐在板凳上老老实实，球场上则规规矩矩。他们中没有出类拔萃者，也无不堪一击的弱者，众人都处在同一水平线上。"而迈耶尔的观点则简单得多："我们那时是共同成长起来的，而今天的球员都是用钱买来的。"

尽管话语中不乏偏见和对当代金元足球的不理解，但确实道出了那个热火朝天的时代的真实景象。他们三人保持了终生的友谊，基本上隔几周会面一次。选一个星期六下午，在巴伐利亚式风景如画的斯巴腾小屋饭馆里，喝着白啤酒，吃着白香肠。"塞普的盘子里是四根，我要了三根。穆勒总是小剂量的，只要两根。"贝肯鲍尔饶有兴趣地说。他们谈些什么或者什么也不谈，贝肯鲍尔认为，这才叫真正的友谊，而在其他职业球员之间谈友谊，都是扯淡。

作为球员的贝肯鲍尔到底有多少让人惊叹的绝活？从纯粹的个人技术上看，他开创了外脚背技术，这一成就已经被权威的国际足联技术委员会以及法国《队报》、德国《踢球者》、英国《世界足球》、意大利《罗马体育报》等媒体公认。他是第一个将此项技术熟练地运用到传球、过人、射门、任意球等各种技术动作中的球星。早在1966年的英国世界杯上，年仅21岁的新人贝肯鲍尔就运用了这项新奇技术，让整个世界眼前一亮。1970年世界杯时，贝肯鲍尔已将这项技术施展得随心所欲、炉火纯青。

外脚背技术是非常炫目华丽又兼顾实用的技术动作，给世界足球技术的发展带来了划时代的意义，引得人们纷纷仿效。现在，外脚背传球已经成为足球的入门技术。

贝肯鲍尔所创的外脚背技术分为四种。

第一是外脚背传球，也就是外脚背高弧度传球。这种技术对小腿力量以及外脚背能力要求极高，同时要求球员有极开阔的眼界，能同时注意周边的情况，并用眼神招呼同伴，还要会"指东打西"等迷惑对手的招数。从录像资料看，贝肯鲍尔常在带球过程中不经意地用外脚背把球踢出去，球速不快，但飞行线路却很诡异，辐射范围广，让人防不胜防。对方球员无法按照常规动作的规律判断他的传球意图和出球方向。这一技术也是足球皇帝贝肯鲍尔的看家本领之一。

第二是外脚背拨球过人。在对方上前逼抢时，用外脚背轻轻拨球绕开防守队员，顺势启动过人。动作连贯，一气呵成，如闲庭信步般优雅。

第三是外脚背拨射。对于右脚球员来说，当位于球门左侧且面对球门时，可以既不用左脚，又不需转身后用右脚射门，只要用右脚外脚背一拨，就可以形成射门。这让对方防不胜防。

最后是外脚背任意球。贝肯鲍尔可以不用长距离助跑，仅原地摆腿用外脚背踢出任意球，而直接形成射门。此技术动作对小腿力量和外脚背功力实在要求太高，当今足坛似乎已经看不到了。这就如巴西队的苏格拉底可以不用助跑，原地直接起脚罚点球一样，现在也看不到了。倒不是说现在球员的力量不如前辈，而是因为功利主义的盛行，谁也不敢再贸然做这种托大的事情了。

即使在 20 世纪 60 年代，贝肯鲍尔还没有那么多光环笼罩的时候，评论家们就已经不知如何去描述这一奇迹般的人物了。大名鼎鼎的英国广播公司评论员肯尼斯·沃斯滕·霍尔梅在他撰写的书中这样形容足球皇帝："简单来说，他就是 70% 的博比·查尔顿加上 80% 的博比·摩尔之和，是 150% 的超人球员！能让球队的攻防看上去比对方多出一个人。"

这是多么崇高的评价。球迷们没有见过多出一人的球队，但肯定见过缺少一人的球队。一支 10 人的球队迎战 11 人的球队，场面相当被动。而贝肯鲍尔这个"多出的一人"，竟能随时出现在场上的任何位置，给对方的每一个人都造成巨大的压力。他怎么能有这么好的意识和充沛的体力？

荷兰人独创的全攻全守打法，要求全队一起动起来，整场比赛

球王传奇

都处于快速的攻防转换之中，是一种全队的整体战术。而贝肯鲍尔则是一个人的"全攻全守"。在职业生涯中，贝肯鲍尔几乎打过除门将外的所有位置，包括攻击前卫、边前卫、组织中场、防守型中场、边后卫、拖后中卫，堪称十项全能。不可思议的是，从职业生涯开始直到结束，他打前场、中场、后场的任何位置，都能做到最好，达到世界顶级水准，在每一个位置上他都入选过欧洲金球奖的前三名，拥有绝对的实力！

欧洲金球奖由《法国足球》主办，在 2010 年与国际足联主办的"世界足球先生"评选合并之前，它是国际上最权威的足球运动员个人奖项，获奖者个个身怀绝技，名声显赫。贝肯鲍尔在 1972年和 1976 年两次获得金球奖，1974 年和 1975 年两次屈居银球奖，1966 年获得铜球奖。而在 1966~1976 年的 10 年间，贝肯鲍尔连续 10 次进入金球奖的前 5 名，创造历史最高纪录，他本人也是金球奖评选有史以来总积分最高的球员。能够将个人技战术水平的巅峰状态保持得如此长久和稳定，简直匪夷所思。纵观世界足球历史也是独树一帜。

最为难得的是，贝肯鲍尔是首位以中后场球员身份两次当选的金球先生。要知道，中后场球员获奖可比前场球员难很多，所有人瞩目的都是攻城拔寨的英雄，而后防球员干脏活、累活则被认为是应当应分的。法国权威的体育刊物《队报》主编德鲁桑先生曾说过："后场球员要获得哪怕一次金球奖都非常困难，相当于前场球员获得三次金球奖。"而贝肯鲍尔居然以中后场球员的身份获得过两次。

对于这些荣誉，贝肯鲍尔非常谦虚："金球奖只不过是我职业生涯的一小部分而已，作为运动员，最重要的任务和使命就是为祖国赢得世界冠军。与这件事相比，其他任何事都不那么重要，只是些虚名而已。"

正因为他在每一个位置上都能达到世界顶尖的技术水准，后来的比赛中，他才能在任何位置都游刃有余，应付自如。这也为"自由人"这一独特战术的出现做好了准备。贝肯鲍尔为自己量身设计了一种独特的战术——自由人战术，又称进攻型清道夫战术。

"清道夫"的说法来自意大利人的链式防守。其根本目的是加强防守，做最后一层保护，坚守后场。任尔东南西北风，我自岿然不动。但贝肯鲍尔反其道而行，他要彻底解放"清道夫"这个位置，让它进可攻、退可守，自由地出现在球场的任意角落，彻底打乱对方的战术和节奏。在防守时，他回撤到后卫中间甚至身后，不只靠凶狠地铲球，而且多了对形势的观察和对线路的判断，他各处补漏堵截，滴水不漏。进攻中，他能用精准的传球组织策划，又能从本方最后一条线发起攻击，一路过人，冲入对手腹地，甚至完成门前的痛击。他在场上简直无所不能，被称为"后防线上的 10 号"。

身为中后场球员，贝肯鲍尔在职业生涯中打进超过 100 球，并送出 150 次以上的助攻，连续 14 个赛季都取得进球，连续 16 个赛季都有助攻，并且在世界杯进球榜、助攻榜上均榜上有名，这与他独特的进攻战术有关。难怪 2007 年，国际足球历史与统计协会向他颁发了世界足球最伟大天才奖。

德国人刻板、守纪律，所以德国人的战术是最为严谨的。恰恰是在这种极其严谨的战术体系中，"自由人"横空出世。要知道，这种战术不仅能扰乱对手，某种程度上也会影响自己。少一个防守队员时，如果对方快速反击，本方后卫应如何协防？多一个前锋后，前场球员之间应如何跑位才不至于撞车？可以说"自由人"战术如果用得不好，反而会伤害自身。但正因为有了贝肯鲍尔，德国人才敢大胆地打破常规，使出绝招。从这个意义上说，德国人刻板但不死板，严谨而不失灵活，守旧的同时又乐于创新。因此，"自由人"的诞生是非常特殊的。它并不完全是足球战术本身演变的产物，而是因为能力超群的杰出球星的出现，才得以打破足球的常规。这是偶然而不是必然。

任何球队都羡慕德国的这种战术，因为它让德国队在 20 世纪 70 年代初所向披靡，战无不胜。但有哪个队能拥有恺撒呢？一个也没有，所以他们只能空叹不已。

20 世纪 70 年代中后期到 80 年代初期，欧洲和南美洲部分国家使用 1－3－3－3 阵型，如 1978 年梅诺蒂执教的阿根廷队，而那个"1"就是自由人。贝肯鲍尔的后辈萨默尔、意大利的巴雷西、阿根廷的帕萨雷拉就是类似这样的"自由人"角色。但严格来说，这些人只能算是"清道夫"。不能因为其中某个人在某一场或几场比赛中助攻进了几个漂亮的球，就说他是"自由人"。他们的角色和作用与贝肯鲍尔完全不可同日而语。他们都有明确的防守任务，大部分战术都要求他们做守门员身前的最后一道防线，助攻只是偶尔为之，绝不像贝肯鲍尔那样可以随心所欲，以统筹球队攻防运转为己任。

"自由人"战术和全攻全守战术、防守反击战术的区别就在这里。后两者是全队战术，要集体施行，球队做得好坏暂且不提，至少每个队都能比画几下。一旦流行，就风靡全球，经久不衰。但"自由人"战术则是一个人的战术。自贝肯鲍尔以后，鲜有成功者。他的朋友也是老对手博比·查尔顿说："'自由人'那个位置，是上帝专门为贝肯鲍尔打造的，他退役后，没人能和他相比。"

德国队也一样。贝肯鲍尔在 1977 年宣布退出国家队后，德国的主帅对于一个问题感到越来越无助——谁来做我们的"自由人"？谁能接足球皇帝的班？

教练生涯

历史上许多球队都是围绕一名巨星建立的,而贝肯鲍尔的特别之处则在于,德国队在他退役多年之后,仍然要围绕他的思想来组建球队。因为没有了贝肯鲍尔,德国队只能回到老路上,用两个球员,一攻一守地分担"自由人"的角色。这也是无可奈何的事。据说 1990 年前后,德国队队长马特乌斯身上闪现出了贝肯鲍尔的影子,但现代足球战术的严谨性和模式化磨灭了他"自由"的灵光。这就是现代足球与 20 世纪 70 年代足球的最重要区别。现代足球越发地功利化和市场化,赢球的压力把球员全变成了螺丝钉,每个球员都很重要,却不是都很显眼,球队缺了谁都可以。同时也导致教练很难做,他们在比赛中力求安稳,缺乏变化和行险的魄力。2014 年夺得世界杯的德国队就是最典型的代表。

当然,还有一个很重要的因素。马特乌斯在国家队不具备贝肯鲍尔一言九鼎的威信。实际上所有想做贝肯鲍尔式"自由人"的球星,都不具备这一点。这看似与足球本身无关,实则非常重要。因为场上的 11 个人都是有血、有肉、有思想的个体。

在战术上,我们的足球皇帝不仅善于"立",而且更善于"破"。荷兰人的全攻全守战术在 1974 年横空出世,看上去变化无端,让很多球队难以应对,但贝肯鲍尔还是研究透了这一打法。他的看法是"世界上任何事都不是绝对的,任何战术打法都会有其弱点"。他发现,荷兰队的漏洞在于进攻转向防守的一瞬间,那时他们的后场两翼是空虚地带。但荷兰人就地逼抢和回防很快,这个瞬间稍纵即逝。如何抓住这一刹那的漏洞,是攻破全攻全守、击败荷兰队的关键。

德国队似乎天生就是全攻全守战术的克星。他们拥有两大法宝——最优秀的自由人贝肯鲍尔,以及严谨的战术纪律和闪电般的反击推进速

球王传奇

度。他们比对手更快，更能抓住机会。果然，在 1974 年世界杯的决赛中，德国队利用快速反击一击致命，逆转战胜荷兰队。1990 年世界杯决赛，德国队对阵阿根廷队。决赛之前贝肯鲍尔向全队发表了演说："各位，一年之前柏林墙倒塌，如今国家即将统一。这将是史上最后一支西德队。36 年前，这支球队首次参加世界杯，在瑞士拿到了世界杯冠军，鼓舞了整个民族，振奋了刚刚走出战火的人们。今天，是这支伟大之师的最后一场比赛，它的命运在诸位手中！去吧，去创造历史！"如果把贝肯鲍尔的名字隐去，你肯定会觉得这是德国总理科尔在战前的动员。

既然被称为"皇帝"，那他肯定是个政治家。从执教一开始，贝肯鲍尔就慢慢展示出他的管理才能和优秀政治家的素质。按照德国足球的惯例，国家队主帅退休后这一职位由副手接替，以此来保证球队技战术和人员的稳定。所以 1978 年绍恩退休后，他的副手德瓦尔顺利接班。但就是在德瓦尔手里，德国队从巅峰跌落到了谷底。尽管战绩本身并不差，德国队获得了 1980 年欧洲杯的冠军、1984 年欧洲杯的第三名以及 1982 年世界杯的亚军，但球队的精气神已丧失殆尽。他们为了赢球不顾一切，甚至公然上演了"希洪丑闻"和舒马赫的黑脚，并且面对全世界的批评无动于衷。他们失去了比胜利更重要的东西，那就是荣誉，国家的荣誉。

在 1984 年欧洲杯半决赛德国队 0:1 败给西班牙队后，法国的《解放报》如是写道："德国足球，这支曾经的狰狞怪兽，如今活该呛死在自己的尿里。"言辞或许有些粗糙，但反映了当时全欧洲的普遍情绪。德国人正在下降的螺旋通道中急速坠落，他们的士气一落千丈，他们的表现乏味无比。这是德国足球最黑暗的时刻。德国足协痛下杀手，德瓦尔成了至今为止唯一一位被解职的德国国家队主帅。

这个时候，能挺身而出挽救德国足球的，一定是德国足球的典范和标志性人物，是能得到全体德国人一致认可的民族英雄。沧海横流，舍足球皇帝其谁？然而贝肯鲍尔对自己是否能成为一个好教练心里没底，1982年世界杯之后他就说过："有几件事我很清楚，其中之一便是本人永远也成不了一个好教练。"但关键时刻，国家的召唤是不容推辞的，这也是那一代德国人普遍具有的国家情怀。

贝肯鲍尔的出山还有一个颇具八卦色彩的故事。就在德国足协主席诺伊贝格苦思冥想如何说动贝肯鲍尔出山时，号称全德国"八卦之王"的《图片报》在这一天爆出的头条是"弗朗茨：'我已经准备好了。'"这个弗朗茨指的就是贝肯鲍尔，在新闻中他似乎突然对拿起教鞭有了兴趣。但这是假新闻，贝肯鲍尔自己根本不知情。这条消息是贝肯鲍尔的经纪人罗伯特·施万的主意。他故意与《图片报》的编辑瞎聊，借机爆料给公众，希望借助舆论的压力来迫使贝肯鲍尔出山。

在这之后，诺伊贝格和贝肯鲍尔真的借观礼1984年欧洲杯决赛的机会碰了头。双方在会面中达成了协议：贝肯鲍尔暂时执教国家队，直到二号候选人斯图加特主帅本特奥斯从俱乐部脱身上任为止。而后来的故事却是，本特奥斯没能接任，反而远走他乡，贝肯鲍尔最终"转正"。"当时我儿子问，老爸，你就非去不可吗？"贝肯鲍尔后来回忆道，"不，没谁逼我。如果真有什么推动因素的话，那也是出于道义上的责任。我所拥有的一切都源于足球的馈赠，但如果这项运动变质，失去了诚信，我也没必要与其为伴。"重塑信誉，这就是"皇帝"本人为德国足球事业毅然出山的根本原因，也是他为国家队变革做出的最大贡献。

但还有一点技术上的小困难。按照德国足协的规定，教练员需要执业资格证书。临时去考肯定是来不及的，这时的德国人可一点也不死板，很快贝肯鲍尔就以"领队"而不是"主教练"的头衔接管了球队。全世界都知道，这两者是一回事。

尽管有贝肯鲍尔坐镇，但当时的德国队正处于新老交替时期，贝肯鲍尔帐下人才捉襟见肘。他曾说："我把德甲的所见所闻都捋了一遍，然后我意识到，手里真没什么好牌，除了我们众所周知的德意志传统美德——战斗精神与坚实的防守。当年在中场里挑不出什么人才，而锋线上也只有沃勒尔和鲁梅尼格撑着，真的挺窘迫的。"

1986 年的墨西哥世界杯转眼就到。既然对成绩不抱希望，就着眼于重建队伍好了，能为德国足球重树信心也好。"皇帝"带上参差不齐、新老搭配的一支队伍，踏上了科尔特斯的征服之路。没想到，最后成绩居然好得出奇。德国人总是这样，在大家对它不抱希望时，能跌跌撞撞而不倒。或许的确只能归因于所谓的德意志精神了。这种情况在大赛中出现过不止一次，如 1996 年的欧洲杯和 2002 年的世界杯。德国人的比赛结果真的很难预测。

在 1986 年世界杯上，公认的贝肯鲍尔之后德国最好的球星鲁梅尼格一次次带伤挽救了球队。如果不是伤病，他的成就或许能比肩贝肯鲍尔。守门员"疯子"舒马赫也一次次让球队看到希望。在 1/4 决赛中，德国队对阵东道主墨西哥队，120 分钟后双方互交白卷。在点球大战中，舒马赫神奇地扑出了两个点球，德国队昂首进入四强。已经记不清德国人有多少次在大赛中靠点球击败对手了。

半决赛是老冤家法国队。这回，德国人要堂堂正正地赢法国人。这支法国队的核心是名震天下的中场"铁三角"普拉蒂尼、吉雷瑟、蒂加纳。这三人组成的中场力量强，中路渗透快，让人防不胜防。其核心中的核心就是法国的一代天骄普拉蒂尼。贝肯鲍尔采取的对策就是钳制"铁三角"，收缩半场，重点防守中路，对法国中场队员进行抢逼，让他们很难舒服地拿球和传球，从而冻结普拉蒂尼，同时利用自己的速度优势打反击。

第 8 分钟，法国队的巴蒂斯通对鲁梅尼格犯规，马特乌斯和布雷默配合打进了任意球，德国队 1:0 领先。比赛的最后一分钟，沃勒尔锦上添花，2:0，德国队完胜法国队。这架老旧的德国奔驰车竟跌跌撞撞地进了决赛，直到碰到马拉多纳才戛然而止。其实他们在决赛中也

不是没有机会。在早早就 0:2 落后的情况下，德国人再次爆发了惊人的能量。先是鲁梅尼格扳回一城，然后沃勒尔在距比赛结束仅有 8 分钟时再击得手，德国队生生把两球落后的困局扳成了平手。宿命论地说，这是属于马拉多纳的世界杯，德国人没办法喧宾夺主。关键时候，"老马"理所当然地再次站出来主宰了比赛。他的一记妙传找到了布鲁查加，后者面对舒马赫轻松推球进网，锁定胜局。

连贝肯鲍尔自己都没有想到，德国队能走得这么远。后来有记者问起他对这支队伍的印象时，他回答说："嘿，我们竟然就靠着这帮球员闯进了世界杯决赛，说出来谁敢信啊？"

《八月炮火》的作者、美国女历史学家塔奇曼说，传统的普鲁士军官分两种：一种是"项粗如牛"，一种是"腰细若蜂"。贝肯鲍尔尽管是巴伐利亚人，但明显属于"腰细若蜂"型。中年时期贝肯鲍尔的面容，与年轻时的娃娃脸及老年时的慈眉善目不同，年富力强的他身材精瘦，腰杆笔直，脸型同样清瘦，两颊无肉，戴一副金丝边眼镜，目光炯炯，不苟言笑。出现在镜头里的他永远是面无表情，不怒而威。中国古语说"慈不掌兵"，对付德瓦尔手下那帮骄兵悍将，足球皇帝一定要拿出他的威严来。

尽管亚军已经超出了所有人的想象，但不是所有人都满意。贝肯鲍尔接管国家队后，在队伍管理和人员安排上采取了一系列严厉的措施，与一些球员的矛盾开始激化。意见最大的是替补守门员乌利·施泰因，因和舒马赫竞争主力门将失败，他大骂贝肯鲍尔是小丑。足球皇帝龙颜大怒，直接把他从墨西哥送回了家。

其次是迪特尔·赫内斯。当贝肯鲍尔将他称为"白痴"时，这位拜仁慕尼黑队前锋回击道："我知道自己有多好，也知道你是怎样一副德行，你还不配叫我'白痴'。"显然，当时的足球皇帝不仅没能完全服众，也没能完全控制自己的情绪，甚至在面对媒体时也经常按不住火，甚至会殃及身边的新闻官。

与贝肯鲍尔矛盾最深的，是头号门将舒马赫——当时德国队乃至全世界最优秀的守门员之一。出征墨西哥之前，舒马赫在德国很有影响的《明镜》周刊上发表文章，称"要想获得墨西哥世界杯冠军，除非让弗朗茨滚蛋。如果他带队，我们准被淘汰，没有他，我们倒会通过预选赛。那时我们就会坚定地对他说：如果你觉得你的球队不争气，就回家去吧，我们自己干……"不用说，此文一经刊登，立即被各种媒体转载，对贝肯鲍尔造成了极大的负面影响。

　　1986年墨西哥世界杯的失利让舒马赫有些不满。他认为失利的主要原因是队内球员不务正业和教练水平低下。为此他出版了一本专著《开场哨响》，书中披露了德国队员在墨西哥世界杯赛期间吸毒、服用兴奋剂、召妓等丑恶行径。此书一出，德国国内立即像炸了锅一样，舆论对国家队的谴责之声不绝于耳，国家队声誉一落千丈，贝肯鲍尔费九牛二虎之力建立起来的威信面临崩溃。盛怒之下，贝肯鲍尔炒了舒马赫的鱿鱼，将他从国家队除名，并通过自己在德国足坛的影响，让德国国内没有一家俱乐部敢收留他。可怜的舒马赫最终只能流落异乡。

　　一系列的杀伐手段都只为建立一支服从、高效、守纪律的队伍。在这支队伍里，只能有一个老大，那就是贝肯鲍尔。对贝肯鲍尔的指令，队员们不能抗拒，只能服从，而且是无条件地服从。这样做的好处是巨大的，只有贝肯鲍尔才能将他们带上事业的巅峰。4年之后的意大利，一支完全不同的德国队和一个完全不同的贝肯鲍尔出现在全世界面前。

　　在收获到等待14年的世界杯冠军之前，德国人还经历了一次失败。这次失败与其说是宿命，不如说是还债。1988年本土欧洲杯的半决赛上，德国队1:2负于荷兰队。32年来，德国人在绿茵场上从没输给过荷兰人，哪怕荷兰队有克鲁伊夫时也没输过。而这次，他们一并还了。古利特、范巴斯滕和里杰卡尔德——荷兰"三剑客"为前辈报了仇，同时也开启了荷兰足球的第二个黄金时代。之后的10年里，欧洲赛场

上同"三剑客"争斗不已的，是德国的"三驾马车"马特乌斯、克林斯曼和布雷默。

1990 年的意大利世界杯开幕式上，一曲《意大利之夏》和无数的美女模特震撼了全世界。这是我们看到过的所有体育比赛中最漂亮的开幕式，没有之一。德国人显然做了精心的准备，将帅齐心，兵强马壮。猎猎旌旗下集中了全德国最优秀的球星——马特乌斯、克林斯曼、沃勒尔、卡尔-海因茨·里德尔、乌韦·贝因、小个子托马斯·哈斯勒、利特巴尔斯基、安德雷·穆勒、布雷默以及后防线上的两根铁柱科勒尔和奥根塔勒，守门员是德国门将群星谱中的另一位天才伊尔格纳。这阵容几近奢华，绝对是当时的最强阵容。

经过贝肯鲍尔 4 年的调教，这支队伍技术娴熟、战术合理、配合默契，同时内部团结、纪律严明、令行禁止，一切都处于绝佳状态。在通往决赛的路上，德国人有惊无险地一路斩将夺旗。1/4 决赛的对手是荷兰队，两年前刚把德国队挑落马下的荷兰队如日中天。德国人遭遇老冤家，力求取胜。一场"口水大战"造成的"兑子"使荷兰队的后防中坚里杰卡尔德被红牌罚下，而德国队则损失不大，这次笑到最后的是德国人。

下一个祭品是可怜的英格兰人。1990 年的英格兰队可能是他们1966 年夺冠后的半个世纪里最强的一支国家队了。主教练是大名鼎鼎的博比·罗布森，帐下有上届世界杯最佳射手莱因克尔、天才中场加斯科因、门神希尔顿，还有普拉特、比尔兹利、瓦德尔、皮尔斯等英伦名将。客观地说，他们完全具备了夺冠实力。可惜半决赛中他们又遭遇了最大苦主德国队。120 分钟内，双方 1:1 不分胜负，最后在点球大战中，心理素质更加强大的德国人笑到了最后。比赛结束后，加斯科因流下了伤心的眼泪，这也成为该届世界杯最让人感动的镜头之一。此后的英格兰队每况愈下，一届不如一届。

这一届的决赛在 7 月 8 日进行。对阵双方同上届一样，是德国队和阿根廷队，但双方的气势已完全不同。德国队兵强马壮，阿根廷队则损兵折将，箭头"风之子"卡尼吉亚被禁赛，只剩下早已发福的马拉多纳。他拖着肥胖的身躯，带领一众残兵败将与德国人周旋，试图将比赛拖入点球大战。

　　这是一个美妙的仲夏之夜，千年罗马城迎来了欧洲与南美洲足球水平的最强对决。西服革履的贝肯鲍尔站在场边，面无表情，有种无法接近的威严，简直是帝王之仪。脸上的那副眼镜使他又有几分德国智者的风范，好像康德、黑格尔再生。不管球场上拼得如何激烈，他一直保持着这一状态，任凭风吹浪打，胜似闲庭信步，冷静到与当时的场面有点不相称。

　　阿根廷人频频犯规，最终被判了一个点球。后来，德国人还给这场无聊的比赛增加了一个小插曲：本来马特乌斯是内定的点球手，但由于在比赛中的一次换鞋，这位德国队长感觉新鞋有点不适，于是放弃了罚点球。看上去比实际年龄老很多的后卫布雷默站了出来。助跑，发力，射门。皮球几乎贴着门柱钻进了网窝。

　　只有在终场哨响的那一刻，贝肯鲍尔才举起双臂，庆贺了胜利。但很快，他又恢复了冷静。当全队簇拥着金杯绕场狂欢庆祝时，贝肯鲍尔则双手插在口袋里，默默地凝视脚下的草皮。闪光灯将他胸前的奖牌照得璀璨生辉，这一刻，他似乎已完全置身事外，眼前的欢呼与骚动都与他无关。无法理解此刻的他为何如此平静。难道他真能做到超然物外？不管怎样，他已经将德国队再次带上了世界之巅，他本人作为教练也站在了世界之巅。

　　也许是独孤求败吧。

官员生涯

中国人说"学而优则仕"，贝肯鲍尔是"教而优则仕"。世界杯后，贝肯鲍尔急流勇退。按照惯例，接手的应该是他的助手兼前队友福格茨。尽管阿维兰热曾有意推荐贝肯鲍尔竞选国际足联主席，但他推辞不就。强烈的家乡意识和"拜仁情结"把他带回慕尼黑。1994年11月12日，贝肯鲍尔就任拜仁慕尼黑俱乐部主席，直到2004年退休。事实证明，他不仅是一个伟大的球员、伟大的教练，同时也是个伟大的CEO，拜仁慕尼黑队开始了辉煌的第二王朝。

在贝肯鲍尔执掌俱乐部期间，拜仁慕尼黑队获得了6个德甲联赛冠军、5个德国足协杯冠军、1个欧洲冠军杯冠军、1个欧洲联盟杯冠军和1个丰田杯的冠军。现在的拜仁慕尼黑俱乐部是欧洲最富有的俱乐部之一。在贝肯鲍尔领导下的10年，是20世纪70年代后俱乐部最成功的一段时期。贝肯鲍尔有两大愿望：将俱乐部组建成股份制公司和拥有一个拜仁慕尼黑俱乐部专属的体育场，而这些都已成为现实。

慕尼黑安联球场是拜仁慕尼黑队的主场，它以精巧的结构、壮丽的外观成为慕尼黑乃至全德国的荣耀，更被选为2006年德国世界杯开幕式的赛场。

贝肯鲍尔可以很自豪地说："我已经给俱乐部打下了一个百年发展的基石。"这10年里，贝肯鲍尔成就的不仅是拜仁慕尼黑队。在他的威望之下，德甲联赛焕发出前所未有的号召力，扭转了之前不断流失优秀球员的局面，更吸引了大批成名的德国球星回到国内联赛效力，德甲联赛重现活力。

贝肯鲍尔做的第一件事情，就是利用自己的号召力，重新建立一支强大的拜仁慕尼黑队。他知道，作为德甲的旗帜，只有拜仁慕尼黑队强大了，德甲才会兴盛。

球王传奇

作为德国足球的传奇人物、前国家队主帅，贝肯鲍尔在德国球员心中的影响力无与伦比。1992年，贝肯鲍尔亲赴意大利，成功地劝说马特乌斯返回德国。此后的几年里，帕潘、科斯塔迪诺夫、施特伦茨、斯福扎、巴斯勒、克林斯曼迅速聚拢到慕尼黑。有足球皇帝的威望在，拜仁慕尼黑俱乐部在德国联赛的收购屡试不爽。很快，一支强大的拜仁慕尼黑队重新崛起。

同时，他还亲自请来了雷哈格尔、希斯菲尔德、特拉帕托尼等世界名帅。在他们的调教下，拜仁慕尼黑队愈发成熟。可以说，拜仁慕尼黑队在世纪之交最辉煌时期的班底，完全是贝肯鲍尔一手搭建的。事实上，从贝肯鲍尔执意召回马特乌斯开始，德甲就开始了球星回归的高潮。众多国脚从欧洲各国联赛的回归带动了德甲整体水平的提高。整个20世纪90年代，德甲蓬勃发展，成为欧洲五大联赛之一。可以说，这是以世界第一球星马特乌斯的回归为起点的。

在庆祝贝肯鲍尔担任俱乐部主席10周年的记者招待会上，足球皇帝激动地说："现在，拜仁慕尼黑队在收入和竞技成绩上都是欧洲最精英的，过去这一段时间，我们始终保持世界超一流的水准。"

贝肯鲍尔是拜仁慕尼黑真正的"皇帝"。即使现在退居二线，他的一言一行仍然对俱乐部有强大的影响力。其实何止拜仁慕尼黑队，在整个德国足坛，甚至欧洲足坛和世界足坛，他都是一言九鼎。这不，贝肯鲍尔出任世界杯申办委员会主席后，德国在不被看好的情况下，生生从南非手里夺下了2006年世界杯的主办权。谁能说这不是贝肯鲍尔的个人胜利？

德国前总理施罗德的话，是对贝肯鲍尔一生最好的评价——贝肯鲍尔是德国人自信、敏锐和谦虚的最佳体现。

马拉多纳的九个画面：
"天使"与"魔鬼"

画面一：
1970年7月　布宜诺斯艾利斯　大西洋体育场

9岁的迭戈·马拉多纳正在球场中央做着颠球表演。只见他用胸部把球控制住，球顺着前胸下落时，他用大腿把球停了一下，球就沿着他的大腿、小腿滑到了脚面上，稍停了一会儿后，他用那只与年龄有些不相称的大脚轻轻往上一扬，球就飞到了空中，又稳稳地落在他的头上。他开始用头轻轻颠球，一下、两下、三下……之后他不停变换着身体颠球的部位，肩膀、后颈、胸口、大腿、脚背、脚外侧和后脚跟……球绕着他矮小健壮的身体上下前后翻飞，仿佛有一股极强的引力从他身上发出，将这只大大的球吸附在他身边。有那么几次，眼看球就要落地了，但都被他神奇地救了回来。观众一阵阵地惊呼，又一阵阵地为他喝彩。

此时的小迭戈完全进入一种忘我的境地，对几万人山呼海啸般的掌声和呐喊声充耳不闻。他的眼前只有那只跳跃的黑白相间的皮球，耳边只有球和身体接触的"嘭嘭"之声。在这一刻，天地之间的一切都消失了，只剩下他和那只球，那只承载着他全部梦想和希冀的跳动的球。仿佛那只球弹得越高，他就离梦想越近。

短暂的表演很快就结束了，球员们陆续回到场上。这时球迷们大声喊了起来："让他留下！让他留下！"不仅主队阿根廷青年人队的球迷在喊，客队博卡青年队的球迷也跟着一起喊。马拉多纳后来回忆说，这使他开始对博卡青年队有了好感。

小迭戈此时是阿根廷青年人俱乐部的少年梯队——小洋葱头队的球员。俱乐部为了吸引球迷，也为了让球迷在中场休息时不至于太无聊，就在甲级联赛中场休息时，安排球性极佳、技术出众的小迭戈进行颠球表演。而迭戈很快就喧宾夺主，将串场演出变成了正式的表演，正在进行的联赛倒似乎成了他的垫场！他颠球表演的精彩程度远远超出了联赛，越来越多的球迷买票进场，只为看这个神童赏心悦目的个人表演。阿根廷球迷是真正懂球的。

1971年9月28日，11岁的小迭戈第一次出国参加乌拉圭的冠军杯赛，因表现出色，他的名字出现在《号角报》的专栏里，报道中称他为"表现出众的杰出的小男孩"。只是粗心的记者将他的名字Maradona写成了Karadona（卡拉多纳）。

很快，小迭戈被带到了电视台，在《休闲星期六》节目中表演颠球。这是一档全国性的节目，颇受球迷欢迎。马拉多纳的名字马上在足球王国阿根廷变得家喻户晓。越来越多的阿根廷球迷欢呼雀跃，他们知道，阿根廷出了一个足球天才，或许他就是未来的球王，他们仿佛能看到等待了半个世纪的世界杯在向他们招手。

我们很难去描述少年马拉多纳为什么球技如此高超，但这肯定不是他苦练的结果，相反，他的训练水平不高，在成年队时也很少与球队一起训练。他身体条件并不出众，除非个子矮、重心低也能算优势。他拥有神出鬼没的盘带、灵光一现的传球、出神入化的黄金左脚、异于常人的体能，甚至关键时刻的"上帝之手"，这一切都只能用天赋来解释。

马拉多纳的球感之好，可以从普拉蒂尼后来的话中了解一二："齐达内用足球做出来的动作，马拉多纳用一个橘子就能做出来！"

马拉多纳生而为足球。这种天赋在他三岁第一次接触足球时就表现出来了。在布宜诺斯艾利斯郊外菲奥里多小镇尘土飞扬的街道上，小迭戈带着一帮小孩横冲直撞，而脚下踢的不知道是什么，或许是罐头盒、酒瓶子、小铁桶乃至小石头、小砖块、破布团……只要他在场，他就是绝对的天然领袖，其他小朋友只能唯其马首是瞻。这就是球王的"范儿"。在他的带领下，小洋葱头队获得了 1969~1973 年四届全国少年锦标赛的冠军，创造了 140 场不败的纪录。而且有相当多的比赛比分是 20:0——这是教练弗朗西斯科对马拉多纳的要求，而马拉多纳经常一场比赛连进 10 球。甚至他自己也搞不清楚，在这些比赛中到底进过多少球。

有意思的是，足球界常出现的做法是把球员年龄改小，好让其参加下一级别的比赛，以提高球队的水平。唯有马拉多纳与此正相反，在阿根廷青年人俱乐部的各级比赛中，他屡屡把自己的年龄改大，好去参加上一级别的比赛。

画面二：
1978 年 5 月 19 日　距阿根廷世界杯开幕 12 天

到摊牌的时候了！

戒备森严的阿根廷国家足球队训练场上，25 个球员、助理教练、队医、按摩师等工作人员围坐在场地中央。大部分人都面无表情，只有马拉多纳等四五个人显得有点紧张，目不转睛地盯着站着的那个人和他手中的那张纸。

阿根廷国家队主教练梅诺蒂略显尴尬，稍带犹豫地缓缓念出了三个名字：布拉沃、博塔尼斯和马拉多纳。他们将不入选参加世界杯的22人大名单，这也意味着马拉多纳将不能参加这次的本土世界杯。马拉多纳在自传里说："听到那个消息后，我一分钟也不愿意多留，因为我感到自己已经不是那个团队中的一员了……那么最好还是离开。"

最可怕的还是回到家里看到的一切。"家里好像在办丧事。我妈妈在哭，我爸爸也在哭，我几个弟弟和姐姐都在哭。他们对我说，我是所有人中踢得最好的，他们让我不要着急，说我以后将会踢上五届世界杯……"马拉多纳立即加入了这个号啕大合唱，哭得天昏地暗，哭得海枯石烂、地老天荒。

马拉多纳是个很会哭的人。在他的球员生涯中，他留下过好几次经典的痛哭场面，这些眼泪与他高超的球技、为所欲为的个性一起，成为足球史上永恒的画面。而这是所有经典痛哭中的第一次，也是他哭得最久、最伤心的一次。

1978年的本土世界杯，阿根廷做了充分的准备，从军政府到民间都众志成城，誓夺桂冠，尽管他们夺冠的目的各不相同。

备战世界杯最重要的人物，当然是国家队主教练梅诺蒂。他是阿根廷足球史上最具才华的教练之一，也是20世纪70年代末到80年代初拉美足坛艺术足球和进攻足球的代表人物，与同时期巴西的桑塔纳并称"艺术足球最后的大师"。在他们脚下，艺术足球成为"绝唱"。而在他们之后，南美足球风格开始向欧洲靠拢。

梅诺蒂身高1.9米，外表严肃孤傲，一头长发显示出独特的艺术家气质。他认为现实主义与实用主义的足球队和俱乐部是好的，但国家队需要更多的东西。除体力外，还需要天才、灵感和智慧。把阿根廷足球变成欧洲足球是不可能的，但必须使球员在比赛过程中意志高度集中，并保持良好的身体素质，在各条线上保持攻防的平衡。

梅诺蒂视野开阔，对欧洲足球的各种打法了如指掌，并对其优劣有独特的见解。他要求队员有娴熟的球感，在全力进攻的同时，要求球队必须有坚固的防守；又针对国家队中后卫身材不高，难以应付两翼高空传中球的缺陷以及中场球员节奏慢，影响进攻速度的缺陷，提出了有效的应对方法。在球队的组建上，梅诺蒂以肯佩斯为核心组成了阿根廷队的攻防体系。

当时的肯佩斯年龄也不大，才 23 岁。但他成名很早，经验丰富，1973 年就参加了第 10 届世界杯的预选赛。1974~1976 年，他连续三年获得阿根廷"最佳射手"的称号。肯佩斯是马拉多纳之前阿根廷最伟大的球星，可惜因伤病原因过早地离开了绿茵场。

1976 年，肯佩斯转会西班牙巴伦西亚队，帮助巴伦西亚队从联赛垫底上升到前八名，他本人也获得 1977~1978 赛季西甲联赛"最佳射手"称号。他对欧洲足球有自己的深刻见解："对于一个习惯南美踢法的球员来说，需要学习欧洲足球的独特风格，这样才能全面。为了适应欧洲踢法，我坚持了身体训练，力量、速度得到了很大的提高，尤其是从西班牙人粗野的防守中学到了不少东西。"

在现代足球中，前锋在与对方球员并肩追向足球时，通常会遭到防守球员的干扰，受到阻击甚至被撞开。肯佩斯身高体壮，又在西班牙联赛中练得皮糙肉厚，高速奔跑中他照样能和对手拼抢甚至正面冲撞，进而杀出一条血路，赢得传球或射门的机会。在后来的巴蒂斯图塔身上，我们依稀能看到一点肯佩斯的影子。而这也是梅诺蒂最看中肯佩斯的地方，肯佩斯也没有辜负梅诺蒂。阿根廷队以肯佩斯为核心的攻防体系成为有效对抗欧洲列强的法宝。事后也证明梅诺蒂的做法极其准确。阿根廷队在本届世界杯上所向披靡，最终夺取了冠军，肯佩斯本人也获得了金球奖和金靴奖，笑傲群雄。梅诺蒂的正确战术既成就了阿根廷队，也成就了肯佩斯。

但是，这个体系中没有马拉多纳的位置。

可以说梅诺蒂是马拉多纳最重要的伯乐。早在马拉多纳还是国家青年队队员时，梅诺蒂就开始关注他了。梅诺蒂不仅在技术上给予指点，还在生活、社交等各方面进行指导，避免马拉多纳受到媒体的无聊伤害，俨然慈父一般。马拉多纳对梅诺蒂也极其尊重，每次与梅诺蒂的谈话都让他感到内心沉甸甸的，因为他把梅诺蒂视为上帝。

这时的马拉多纳已经是非常成熟的球员了。尽管只有 17 岁，但他踢了三年职业联赛，在国内家喻户晓，被各种媒体冠以"天才""神童"等称谓。一时间，"第二个贝利"呼之欲出。阿根廷民众已经把他当成了夺杯的保证，马拉多纳自己也跃跃欲试，大有和贝利一较高下之望：贝利 17 岁得到了世界杯冠军，我为什么不行？

从在小洋葱头队崭露头角，到 15 岁加入阿根廷青年人俱乐部成年队参加甲级联赛，马拉多纳早已习惯成为球队的核心，习惯在场上为所欲为，自由、奔放、天马行空、肆意挥洒，他永远是红花，而不可能是绿叶。只有无拘无束的马拉多纳才能给球队带来一个又一个的胜利。现在，要让他适应一个以肯佩斯为核心的攻防体系，他该如何做到？马拉多纳的位置该如何安排？他的角色是什么？多出的马拉多纳会不会画蛇添足？无论怎么安排，马拉多纳都是这一体系中"多余的人"。

马拉多纳和肯佩斯两人在性格、气质、踢球风格等各方面都不是同一类人。梅诺蒂很清楚这一点，但又不能直白地说出来，否则对年轻的马拉多纳打击太大，会让他一蹶不振。梅诺蒂只能用非常牵强的"年纪太轻，经验不足"为借口来搪塞。好在他以主教练的身份可以说一不二，一言九鼎。但两人情同父子的关系却开始有了裂痕。虽然后来双方都尽力修复，但终难成完璧。

画面三：
1979 年 6 月 9 日　日本东京国立竞技场

一个樱花盛开的季节，一个樱花盛开的国度。第二届世界青年足球锦标赛的决赛开始了，阿根廷队迎战苏联队。

苏联队是上届锦标赛的冠军，实力雄厚。加之东欧人以大打小的惯用手法，一上来就给了阿根廷人一个下马威。他们趁对手立足未稳，1:0 领先。随后双方各有攻势，阿根廷队以 2:1 反超了比分。

比赛还剩 10 分钟时，苏联队打算做最后一搏。但这时，一个穿着蓝白相间球衣的阿根廷小个子从中场得球后迅速向前推进，他左摇右摆，指东打西，接连晃过了数名苏联队中后场球员，最后竟生生从两名后卫中间穿过，将球射进了球门的右上角。3:1，阿根廷队完胜！在樱花似雪花般飘落的球场上，马拉多纳和阿根廷队夺取了世界青年锦标赛的冠军。

在这届比赛中，阿根廷队 6 战 6 胜，笑傲群雄。马拉多纳向全世界展示了他超人的球技和极佳的身体素质。超凡的想象力和控球能力使他能做到真正的人球合一。他时而送出鬼斧神工的妙传，时而单枪匹马地冲锋，全世界球迷如醉如痴。一个世界级的巨星在东京国立竞技场诞生了。"马拉多纳旋风"刮过富士山，吹向全世界。媒体毫不吝啬地把最美好的词汇加到他身上——小贝利、新球王、世纪球王……有报道说"马拉多纳在启动速度、摆脱对手的巧妙性、左脚的灵巧性与娴熟性、30~40 米远距离传球的准确性等方面都超过了贝利"。

老球王也不失时机地夸奖了新球王："马拉多纳是南美洲最有前途的球星，在欧洲还没有哪个球员可以与之相比。"贝利甚至说，马拉多纳打进苏联队的最后一球，是他见过的最漂亮的射门。

梅诺蒂说："我们正在竭尽全力使马拉多纳成为全队的核心。如果他继续进步，将成为阿根廷足球史上最伟大的球星……马拉多纳将成为 1982 年的贝利。"阿根廷人民给了他们更加隆重的欢迎，总统的接见是欢迎仪式的最高潮。马拉多纳捧着奖杯兴致勃勃地去了总统府，丝毫也没有紧张和不适，尽管在背后他经常骂他们是"丘八"。

很快，马拉多纳就发现自己的知名度已经超过了 1978 年的英雄肯佩斯。报纸上对他的报道连篇累牍，电视上反复播出他进球的精彩镜头，他的宣传画册和海报满大街都是，商店里挂满了和他有关的旅游纪念品……

尽管只是一座世青赛的冠军奖杯，但它给了阿根廷人民希望。在军政府统治下苟延残喘的阿根廷人民忍受着高通货膨胀和高压政治的"双高"压迫，足球场是他们暂时摆脱贫穷、迫害与程式化劳动的避难所，马拉多纳和世界杯成了他们活下去的全部希望。

画面四：
1982 年 7 月 2 日　西班牙　1982 年世界杯复赛

离比赛结束还有 10 多分钟，场上比分是 3:1，巴西队领先。而且巴西队占据主动，一直压制阿根廷队。马拉多纳有点绝望，被淘汰的前景已清晰展现在眼前，他不敢去想失败的后果，回国后会不会被狂热的阿根廷球迷撕成碎片？

巴西队员越来越无所顾忌，防守的动作也越来越大。马拉多纳已经记不得自己被放倒了多少次，他只能一次次绝望地爬起来，继续去做无谓的挣扎。他心中的怒火在丹田形成，慢慢越过小腹，穿过胸膛，到达了大脑，马上要直冲天灵盖。他试图压制这股无明火焰，理智告诉他，比赛还没有结束，他还有时间去创造奇迹。这时，巴西队新上场的后卫巴蒂斯塔一个并不大的动作，成为压垮阿根廷队的"最后一根稻草"。

马拉多纳在回忆录里承认了自己的错误："我知道这是我的错，但很少有人知道，我踢巴蒂斯塔下身的那一脚本来是要踢法尔考的。因为我不能忍受法尔考和其同伴在中场反复倒脚。他们把球传来传去，戏弄着我，当我转过身看到一个人时便抬脚踢了过去，我使了很大的劲……原来是巴蒂斯塔，可怜的人。"

和大部分明星的自传一样，马拉多纳的自传也充满颠三倒四的胡言乱语，根本读不懂他想说什么。当然，也有可能是因为时间太久，他自己也记不清了。据目击者说，全场球迷都看到马拉多纳放弃了球，直奔巴蒂斯塔而去，在众目睽睽之下狠狠地朝着巴蒂斯塔的小肚子踢去……不管真相到底是怎样，马拉多纳的第一次世界杯之旅就这样不光彩地结束了。他自己也承认"这届世界杯的表现糟糕透了"。

其实我们换个角度看，这何尝不是马拉多纳的成功和荣耀，试看百年绿茵场，有几人能像马拉多纳一样，在球场上被对手如此关照？有几人能让对手胆战心惊到必"除之"而后快？马拉多纳成名以后，伴随他足球生涯的就是一次次被对手踢倒、铲飞或强行拦腰抱住。一个人拦不住就两个人上，俩人不行就三个人上！不看紧马拉多纳，就甭打算赢球！

1982 年的世界杯上，比利时的后卫斯克里维、比克，意大利铁后卫詹蒂莱，巴西的欧斯卡、巴蒂斯塔，无一不是此种杀伤战术的执行好手，甚至靠这种战术成名。

意大利的詹蒂莱就因防守马拉多纳而一举成名。他把马拉多纳研究得非常透彻，他说："全世界没有一个人能盯死马拉多纳，只要你稍一眨眼，他就像泥鳅似的溜掉了，只要你稍不留心，他就能抬脚打门或传出妙球。"詹蒂莱的身体条件非常好，身高体壮，速度快，转

球王传奇

身灵活。在场上，他常紧紧地贴住马拉多纳，在其得球之前就将球阻截，不让马拉多纳得球。这种紧贴战术很容易造成无谓的犯规，哪怕裁判的执法尺度很宽。但詹蒂莱是个很懂得把握分寸的球员，他只是紧逼，只在不得已的情况下进行破坏性铲抢。因此他犯规不多，也成为防守马拉多纳比较成功的球员。绝大多数的防守球员都很难做到这样的防守，他们要么将马拉多纳"杀伤"，要么将他激怒，逼他做出不理智的举动甚至"自我杀伤"。

应该说，防守球员采取这种战术也是迫不得已。只要对马拉多纳的防守稍有松懈，哪怕是几秒钟，都有可能被他抓住战机，一举定乾坤。而这种情况在世界杯历史上发生过好几次。更何况仅从战术上讲，派上一两个球员紧盯满场飞奔的马拉多纳，很容易把自己的战术体系搞得支离破碎。所谓杀敌一千，自损八百，这本身就是得不偿失的。

足球界对马拉多纳的杀伤战术也让马拉多纳很受伤，比如下一个画面。

画面五：
1983 年 9 月 25 日　西班牙巴塞罗那

这是一场普通的西甲联赛，拥有马拉多纳和德国球星舒斯特尔的夺冠热门巴塞罗那队主场迎战毕尔巴鄂竞技队。后者来自西班牙西北部的巴斯克地区，队中是清一色的巴斯克人，强壮彪悍、粗野而又保守，他们在西甲联赛中以难缠著称。

巴塞罗那队实力占优，且占据主场之利，上半场即以 3:0 领先。下半场一开始，马拉多纳就以一个漂亮的凌空抽射将比分变成了 4:0。整个伯纳乌球场顿时处于沸腾的状态，球迷极其狂热，而对手则有点恼羞成怒。第 60 分钟，马拉多纳得球向前突破。这时，一个客队队员向他径直冲来，直接对着马拉多纳的脚踝就是狠狠的一脚。全场球迷似乎都听到了那"咔"的一声，紧接着便是全场的惊呼声、哀叹声、惋惜声和咒骂声。马拉多纳感到一阵钻心的疼痛，旋即便倒地，什么都不知道了。

检查的结果是，马拉多纳左脚踝骨错位，内侧部分骨折，内侧韧带撕裂。马拉多纳终于没有逃脱西班牙足球的魔掌。

"凶手"叫戈依科切，外号"屠夫"。外号总比名字更接近本人的性情。在马拉多纳之前，他"屠刀"的对象是马拉多纳的队友舒斯特尔。在一次铲球中，他把舒斯特尔的膝盖骨踢到破裂，后者不得不入院三个月。

尽管全世界的媒体和球迷都把戈依科切和西班牙足球骂得体无完肤，但马拉多纳倒非常大度。他很快就原谅了"屠夫"，但没有原谅毕尔巴鄂竞技队的主教练克莱门特，因为克莱门特事后装得跟什么都没发生似的。

同样不可原谅的，是西班牙足球的粗野球风和国际足联对这种行为的不闻不问。马拉多纳说："这无疑助长了那些想靠粗野踢法取胜的人的气焰，西班牙人为了跻身欧洲足球强国，竟然放弃了发展球技的正道，而把希望寄托在靠杀伤战术来取胜这条捷径上。更可气的是那些裁判们，竟然对此熟视无睹，全不顾自己正站在足球运动的反面！"马拉多纳后来坚决离开巴塞罗那队，加盟意甲那不勒斯队，也和这次受伤以及受伤后的遭遇有直接关系。

平心而论，正是马拉多纳等技术型球星在欧洲赛场屡遭创伤，才迫使国际足联开始重视这种球场"屠杀"行为，严格赛场执法，对背后铲球等行为给予红牌惩罚、追加处罚乃至终身禁赛等措施，因而 20 世纪 80 年代，这种球场暴力行为得以渐渐绝迹。

21世纪的西班牙足球号称欧洲拉丁派的代表，细腻、灵巧、流畅、讲究技术和配合。这主要归功于大量的拉美技术型球员赴伊比利亚半岛淘金，将西班牙足球彻底改造。据不完全统计，现在的西、葡赛场上，拉美籍球员占到一半。而在20世纪80年代，西班牙足球还停留在"斗牛士"阶段。在他们眼里，对手和牛差不多，比赛中用蛮力是最主要的，技巧倒在其次，赛场上伤筋动骨的事故层出不穷。

马拉多纳在赴西班牙之前，就得到了各方的警告。人们除了告诫他盛名之下会引起的羡慕、妒忌外，最主要就是提醒他，重视球场的凶猛和残暴，否则他的足球生涯或许会毁于一旦。马拉多纳的阿根廷前辈、20世纪50年代最优秀的球星之一、对西班牙足球了如指掌的斯蒂法诺在谈到马拉多纳在西班牙联赛的前景时，不无忧虑地说："他必须小心，西班牙足球和阿根廷足球是两回事。他必须先学会在西班牙人凶猛的逼抢中保护自己。很显然，他是会被重点看管的，西班牙人踢球很凶……"

年少气盛的新球王显然没把这些警告当回事。其实即使他极其重视这一点，也根本无法闪避那些明枪暗箭。巴塞罗那队是足球界的顶尖豪门，财大气粗，与阿根廷的穷酸俱乐部以及未来意大利的南方土豪不同，在他们那里，球王、准球王级人物比比皆是，要他们用一整支队去迁就某一个人是根本不可能的。再加上不检点的私生活，马拉多纳在巴塞罗那队的表现一直毁誉参半，麻烦不断。

早在这次重伤的大半年前，也就是马拉多纳加盟西甲的第一个赛季，他就遭遇了一次险情，那次的对手是他们的死对头皇家马德里队。熟悉西班牙足球的球迷都知道，皇家马德里队和巴塞罗那队的"国家德比"向来是"火星撞地球"，不仅事关各自的联赛排名，而且也关乎两个城市的荣誉乃至民族大义。这样的比赛不用动员，全城球迷必是全力以赴。

皇家马德里队对马拉多纳不敢掉以轻心，他们派出了后卫戈里斯对他死缠烂打。但戈里斯显然不是马拉多纳的对手，频频被球王甩开，只能在他身后疲于奔命。上半场开始不久，马拉多纳就射入一个精彩的进球，而他一脚脚准确的妙传，也搅得对方后卫线风声鹤唳。下半时，马拉多纳再次如法炮制，带球直奔球门。这时戈里斯再也忍不住了，飞身铲了出去。这次他不是奔着球去的，而是奔着马拉多纳的腿。马拉多纳想跃起躲过，但根本来不及，他的腿上已经结结实实地挨了一脚。尽管这一脚没有造成后来那次那么严重的后果，但西班牙乃至整个足球界都由此知道了，对付马拉多纳应该怎么办。

画面六：
1986 年 6 月 22 日　墨西哥城　世界杯 1/4 决赛

对阵的双方是阿根廷队和英格兰队。比赛进行到第 50 分钟，场上的僵局终于被打破。阿根廷队从左路发起进攻，球传到右侧的禁区边沿后被英格兰后卫截下，他随即传了一个高球给自己的守门员。但这个球落点很不好，离球门不远不近，让守门员希尔顿很为难，最终他还是选择了出击。但这时，马拉多纳快速插上，超过了防守他的后卫，冲上前与希尔顿同时起跳争球。在电光火石之间，马拉多纳挥手将球打入球门内。

这个球没有任何争议，肯定是手球，连阿根廷队和马拉多纳本人后来都是承认的。只不过，马拉多纳说打入那一球的是"上帝之手"，而他忘了，在足球场上除了守门员，连上帝也不能用手触球。英格兰人倒是很大度，除了在第二天的报纸上说"这难道是一场手球比赛吗？"之外，并没有过多纠缠。

球王传奇

时间仅过了 4 分钟，阿根廷足球的"上帝"真正诞生了。我们来看马拉多纳本人的回忆："那时的情况是，我在后半场开始启动，往右边跑。我停下球，将球一扣，从比尔兹利和赖德中间穿过，那时我已经离球门近在咫尺了，尽管还有好几米的距离……我做了一个假动作，晃过了布彻，从那时起队友巴尔达诺帮了我的忙，因为芬维克是最后一个后卫，但是他没有上来堵截我，我在等待他出来，好把球传中，这是常用的办法……如果芬维克出来的话，我就把球传给巴尔达诺，他就单独面对守门员了……然而芬维克并没迎上来，于是我做了一个要往里突破的假动作，实际上则往右边走……芬维克上来给了我一个凶狠的扫堂腿，但我仍继续向前，面对守门员……这时我所处的位置，正是那年我在温布利射失那个球同样的位置，完全一样的位置！我就要以同样的方式射门了……然而大胡子（上帝）助了我一臂之力，他提醒了我……我又虚晃了一下，守门员被我的假动作迷惑了，我便沉到了底线，起脚射门……这时，黄毛大汉布彻又追了上来，踢了我一大脚！但是，这已无关紧要了，一点也没有用了……我已经踢进了我一生中最精彩的进球。"真难为马拉多纳，在电光火石般的瞬间，还能有如此复杂的心理活动，做出反复权衡，还能和大胡子（上帝）交流一番。

　　全世界都承认，这是世界杯历史上最为精彩的一个进球。关于这个进球的文章、书籍和影像资料汗牛充栋，溢美之词更是车载斗量。再罗列更多赞美的话语也无益，对手的话才是最有价值的。

　　赛后，具有不列颠传统绅士风度的英格兰队主教练博比·罗布森说："当马拉多纳射进第二个球时，我被惊呆了，这竟使我忘记了第一个球。他是个天才！他射进的第二个球简直太漂亮了，好像真的是上帝在帮助他。我非常高兴，能亲眼看见这么精彩的表演，可算得上三生有幸。我们一直保持着阵型，球员也都没有失误，阿根廷球员状态也不太好。可我们忽略了马拉多纳，他确实是一个神奇的球员，我们不觉得我们输了比赛，我们只输给了马拉多纳。"

顺带说一下，在马拉多纳时代，很多世界强队都不承认输给阿根廷队，而只承认输给了马拉多纳。比如 1986 年世界杯决赛后，德国队主帅贝肯鲍尔就曾这样说。1990 年巴西队输给阿根廷队后，巴西的报纸给出的标题是"马拉多纳 1:0 巴西"。

而英格兰队的 10 号、本届世界杯最佳射手莱因克尔，则向马拉多纳表达了钦佩之心："我虽然实现了自己的愿望，获得了最佳射手称号，但我从不敢将自己和马拉多纳相比，他是制造进球机会的场上灵魂，而我仅仅是将球打进去的一个队员而已。"值得注意的是，一般论者在说到这个球时，基本不提巴尔达诺的作用，但马拉多纳本人倒是很实在。从他的叙述中可以了解到，正是巴尔达诺的牵制，让英格兰后卫芬维克进退维谷，丧失了最佳的堵截时机。

英格兰队和阿根廷队的这场 1/4 决赛，是那届世界杯最引人注目的比赛。当双方抽签碰到一起时，全世界球迷都极其兴奋，而东道主墨西哥当局则异常紧张，起因就是四年前的那场战争。在 1982 年的英、阿战争中，雄心勃勃的南美强国阿根廷被日薄西山的大不列颠王国击败，丧师失地，委曲求和。阿根廷总统入狱，整个国家颜面扫地，加上残暴的军政府和急速滑落的经济，阿根廷民众几乎陷入绝望。

他们要报仇。整个国家已经被复仇的火焰烘烤了四年，希望都在马拉多纳身上。全世界球迷都知道，这就叫冤家路窄。早在世界杯开赛前，马拉多纳就开始叫板："我希望他们（英格兰队）能进决赛圈，不至于因为本国球迷闹事而被拒之门外……"复仇之心，溢于言表。阿根廷民众对这场比赛以及结果的态度，全反映在马拉多纳赛后的公开言论里，他全无顾忌、痛快淋漓地把这些想法宣泄了出来。

"打败他们不仅仅是打败一支足球队，而且是打败了一个国家。"

"当然，赛前我们说足球和战争没有关系，但我们知道很多阿根廷的小伙子在战场上牺牲，就像小鸟一样被射杀。这就像是复仇，就像是从战争的阴影中重新站立了起来。赛前采访时我们都会说足球和政治无关，但那是谎言，我们满脑子都是复仇。"

"在某种程度上，我们把这些英格兰球员当成了仇恨的对象。阿根廷人民遭受的苦难要有人偿还，我知道这听起来像是疯狂的无稽之谈，但当时我们确实是这样想的。我们有种强烈的信念：要为国旗而战，为死去的小伙子们，也为幸存者们而战。这就是我为什么认为自己的进球有那么大意义的原因。"

"有时我甚至认为自己更欣赏第一个进球。那种感觉就像是对英国人进行了扒窃。"

国际奥林匹克运动的宗旨之一是远离政治。看到这些疯狂的语言，你还相信体育能远离政治吗？对于那些欧美发达国家来说，高喊"体育远离政治"是因为他们确实能做到，而对于那些除了体育几近一无所有的国家来说，体育本身就是政治。剔除了体育，他们的政治里还能有什么力量呢？我们可以理解，为什么马拉多纳赛后会脸不红、心不跳地承认"上帝之手"，为什么阿根廷队一输球，就叫喊"阿根廷队受到不公正待遇，裁判扼杀马拉多纳"。

对阿根廷民众来说，足球比赛就是要获胜，要通过获胜来得到快感，特别是在仇人身上！这种快感可以让他们忘却一切，说足球是阿根廷人的精神鸦片也未尝不可。只有马拉多纳可以带给他们快感，难怪那些马拉多纳的拥趸者在谈到偶像时会说："从我出生到现在，是马拉多纳给了我唯一的快乐！"这仿佛是阿根廷版的阿 Q 精神。

2009 年，马拉多纳担任阿根廷队主教练，阿根廷人希望借助他的神奇再次上演 1986 年的辉煌。但是当教练去管理一个球队，和单纯当队员可不是一回事，这回马拉多纳让他们失望了。

球王传奇

画面七：
1986 年 6 月 29 日　墨西哥城　阿兹特克体育场

　　休息室里，马拉多纳不停地抽泣。

　　马拉多纳自己说过，每逢足球生涯的重大时刻，他都会流泪。现在是他足球生涯也是人生的最高点，岂能没有泪水？那一夜流的是高兴的泪水、激动的泪水，是根本止不住的泪水。队友们在不停地劝他，但根本无济于事。马拉多纳越哭越厉害，仿佛要把这一辈子受的委屈全倾泻出来。

　　就在几分钟前，他还是异常亢奋的。尽管马拉多纳非常不喜欢国际足联主席阿维兰热，但他还是兴高采烈地接过大力神杯，并将它高高举起。这意味着时隔八年之后，世界杯又回到了阿根廷人手里。在二战以后，八年两夺世界杯冠军的除了南美邻居巴西人外，只有阿根廷人了。现在，阿根廷也可以被称为足球王国了。而马拉多纳那年才25 岁，他的球王生涯刚刚开始，他至少还能再踢两届世界杯。以目前的竞技状态来看，来个"三连冠"也是有可能的。阿根廷足球王朝呼之欲出。

　　马拉多纳越想越兴奋，他将手中的奖杯高高举起，接受全场球迷的欢呼。放眼望去，看台上一片蓝白色的海洋，蓝白相间的阿根廷国旗迎风飞舞。所有的球迷都在有节奏地高喊着"阿根廷！阿根廷！"欢呼声淹没了一切。马拉多纳和队友们也在一起喊着，甚至到了更衣室，他们脱了上衣，光着膀子还在蹦蹦跳跳，喊得声嘶力竭。马拉多纳干脆跳到桌子上，手舞足蹈，忘乎所以。震耳欲聋的欢呼声让人感觉空气都在震颤，天花板几乎要被震碎。

　　时光往前追溯，在一个小时前结束的世界杯决赛中，阿根廷队以3:2 击败了欧洲劲旅德国队，令人信服地夺取了世界杯冠军。在这届

球王传奇

世界杯上，阿根廷队在马拉多纳的带领下，一场比一场踢得好。1/8决赛他们对阵老冤家、南美邻居乌拉圭队，阿根廷人在全场占据主动的情况下以1:0获胜。乌拉圭著名球星恩佐·弗朗西斯科利心悦诚服，他说："我无法评论马拉多纳的球技，因为他是一位那么全面，那么完美，那么了不起的运动员……我只能说他是一位天才运动员，他的天才在于变化莫测，我们常常不知道他究竟要往哪走，是往左还是往右。"

在1/4决赛淘汰英格兰队后，他们又在半决赛中以2:0击败上届的苦主、欧洲红魔比利时队。这场比赛是这届比赛中阿根廷队踢得最好的一场，他们占据了绝对的优势，攻势如水银泻地，防守稳固，坚不可摧。马拉多纳在下半场连进俩球，奠定胜局。这两个球都最大限度地展示了他的技术特点。第一个球是他从中路插上，在同对方两名后卫和守门员的争夺中，马拉多纳抢出一脚将球捅入球门。第二个球是他连续晃过四名围追堵截的比利时球员，单枪匹马将球送入网窝。这场比赛，马拉多纳的个人能力彻底展现在全世界球迷面前。赛后，比利时队教练说："我认为我们不是输给一个队，而是输给一个人，是马拉多纳一个人战胜了我们……可以说没有人能盯得住他。"

确实，自从20世纪70年代荷兰人掀起全攻全守的打法后，球场空间就变小了，留给球星个人施展的余地不大。大部分球星都融入队中，泯然众人。真正能靠一己之力扭转乾坤、左右比赛的，确实只有马拉多纳一人。

决赛在阿根廷队和德国队之间进行。显然德国人比前面任何一个对手都难缠，不是因为德国队实力强大，恰恰相反，1986年的德国队正处于低谷，等待足球皇帝的重新捏合。难缠是因为他们顽强的意志，这种意志力是德国人的传家宝。

球王传奇

这场比赛轮到马特乌斯"看管"马拉多纳，他的紧逼有效地限制了马拉多纳的发挥。但正因为德国人将主要精力放在了马拉多纳身上，反而让阿根廷其他球员有了很好的发挥，巴尔达诺、布鲁查加和布朗等都有优异的发挥。阿根廷队以 2:0 领先时，所有人都认为大局已定，但德国人开始了绝地反击。鲁梅尼格带伤上阵，在他的感召下，德国人顽强地将比分扳平。

据说，当时远在布宜诺斯艾利斯的马拉多纳家里，出现了死一般的寂静。所有人似乎都已石化，他的母亲达尔玛老太太甚至连祷告的声音也发不出来了。

关键时刻，"新球王"方显英雄本色。第 85 分钟，马拉多纳在中场截得一球，快速向前带了几步后，将球传给了布鲁查加，后者接球后快速闪过转身较慢的德国后卫布里格尔，趁对方守门员舒马赫重心移动之际，将球射入球门。3:2，阿根廷人锁定胜局，德国人再也无力回天。足球界公认，这是一届属于马拉多纳的世界杯。这句话也是对马拉多纳最大的褒奖。

画面八：
1987 年 5 月 17 日　那不勒斯　圣保罗体育场

能容纳 8 万人的圣保罗体育场挤进了 10 万人，最高票价达到 200 美元，这是意甲有史以来的最高票价。整个球场就像开了锅似的，那不勒斯球迷期盼了 61 年的一刻就在眼前发生，他们要尽情地释放，尽情地欢唱。这搞得当地警方异常紧张，派出大量警察到球场维持秩序。

球场之外，那不勒斯已经成为"马拉多纳市"。马拉多纳的头像被印到了所有能想得到的地方，最为夸张的是，连枕头上也印了马拉多纳的头像，并印有"与马拉多纳同枕共眠"的文字。大街小巷中，所有的空地都贴满了马拉多纳的招贴画，这座意大利南方小城已经把马拉多纳看成了他们的国王。自从"国王"1984年来到这里后，他们就一天比一天开心。城市经济形势出人意料地得到好转，他们心爱的球队也在意甲的排行榜上直线上升，现在终于接近顶峰。他们载歌载舞，欢庆着这座小城的重要历史时刻。

球场内，那不勒斯队和佛罗伦萨队正在激烈地交锋。按照积分，只要那不勒斯队不输，他们就将稳获1986~1987年度的意甲冠军。比赛的结果有惊无险，双方以1:1战平，那不勒斯队提前一轮获得意甲冠军。整个那不勒斯一下子成了欢乐的海洋。火车汽笛、汽车喇叭、人的嗓子加上鞭炮一起发声，所有的声音都汇聚到城市的上空，通宵达旦，经久不息。

对此，马拉多纳说："这场那不勒斯的胜利是经过61年的奋战才得来的，这意味着足球中有一个上帝。他在多次把桂冠奖给意大利的北方球队后，也想到了南方。那不勒斯队这个冠军的分量要超出尤文图斯队十个冠军的分量，他体现了上帝的意愿。"马拉多纳说的不错，这确实是上帝的意愿，只不过对于那不勒斯来说，那个上帝就是迭戈。

世界上绝大多数人知道意大利有个那不勒斯，正是因为马拉多纳。就冲这一点，当年买进马拉多纳花的750万美元也是大大超值了。像球靴一样的意大利版图中南北差异极大。北方的米兰、都灵、热那亚、威尼斯和佛罗伦萨等城市，从文艺复兴时就是欧洲的重镇，统一后又是意大利最重要的一批城市，经济发达，生活水平很高。而南部地区则如同化外之地，一直和贫穷、落后、暴力、黑手党联系在一起。

就足球本身而言，北方几乎集中了所有的强队。米兰双雄、都灵

双雄，最多再加一个中部地区的罗马队。而南部则是足球的"老少边穷地区"。那不勒斯队成立于 1904 年，历史也不算短。在 80 年的岁月里，除了偶露峥嵘外，大部分时间都在甲、乙级联赛间载沉载浮，直到 1984 年马拉多纳的到来。

750 万美元的转会费对于当时的那不勒斯队来说，绝对是个天文数字。但出人意料的是，俱乐部居然向银行借债来支付。无独有偶，当年博卡青年队购买马拉多纳也是融资的！这看似冲动的交易，实则是精明计算的结果。以马拉多纳的人气，门票销售一空是没有问题的，光这项收入每年就有 450 万美元。马拉多纳的合同期是 6 年，其他的附加收入更是无法计算。1990 年，那不勒斯俱乐部的银行存款达到了惊人的 18900 万美元，而在马拉多纳到来之前的 20 年，他们的总收入加在一起才 2000 万美元！相比之下，巴塞罗那俱乐部的老板努涅斯则有点小家子气，根本就没有看到马拉多纳的价值。他连区区 57 万元的手术费都不愿支付，难怪新球王会寒心。

马拉多纳的职业生涯经历了好几支球队。从早期的阿根廷青年人队、博卡青年队，西班牙的巴塞罗那队、意大利的那不勒斯队，到后期的塞维利亚队、纽维尔老人队等。其中最重要的，是他将足球生涯的黄金时间全部交付的意大利那不勒斯队，马拉多纳在这里获得了俱乐部生涯的最高荣誉。那不勒斯也给了马拉多纳全部他想要的东西，他像真正的国王一样得到礼遇，而他只需要奉献一样东西——意甲的冠军奖杯。

关于马拉多纳和这座城市的默契程度，他的传记作者这么说："在自由散漫和捉摸不定这两点上，马拉多纳和那不勒斯的结合堪称完美和天衣无缝……他们早就对马拉多纳了如指掌：一个散漫、自相矛盾而又随心所欲的天才……马拉多纳和这座接受他的城市，都活生生地代表着一种与众不同和永远不变的无政府状态。他们同样代表了对生活的一种理解：悠闲自在的生活……通常这种状态在现代社会里是要遭受失败和谴责的，但天才可以点石成金！天才是拯救这种险情的唯一办法。那不勒斯人等待天才的降临已足足有半个世纪了，现在马拉多纳来了，他立刻给这里带来了神性！他多么像那不勒斯贫民区出生的穷孩子啊！他更像一位新近登基的国王！"

　　一个草根的球王和一个草根的城市，就这么奇妙地走到了一起。恰恰是这种气质上的契合，给了马拉多纳一个真正属于他的城市，一个可以让他无须畏首畏尾，可以尽情挥洒的城市，一个对他无限包容，也可以让他无限奉献的城市。正是在这个城市宽阔的怀抱中，马拉多纳成了足球界的传奇巨星，同样也正是因为它的纵容，马拉多纳一步步滑入地狱。

　　马拉多纳的到来，带来了现代社会少见的奇迹！在让那不勒斯一夜之间名扬天下的同时，南方人多年受北方压抑而产生的抑郁之气也一扫而光。他们终于找到了一个领头人，一个属于他们阶级的领头人，在他的带领下，他们将挑战北方的霸权，从足球到任何产业。可以说他们成功了。但这种可以点石成金的天才是可遇不可求的。天才的出现本身是偶然，而两种灵魂能够契合，更是偶然中的偶然。这种小概率的相遇，确实能改变我们的历史，但大部分时间里，我们都生活在平庸的世界里，眼前一片迷茫，心中古井无波。因而我们也可以解释马拉多纳离去后，那不勒斯队重归平庸的因由。

画面九：
1994 年 6 月 25 日　美国世界杯

　　小组赛第二轮，阿根廷人在马拉多纳的带领下，以 2:0 轻取尼日利亚队。赛后"老马"激动地说："我在场上勤于奔跑，我感谢上帝赐给我这么好的腿。我将这次胜利归功于阿根廷人民，我热爱他们！"

谁也没有想到，这是马拉多纳作为一个足球运动员说的最后一段正能量的话。语毕，他被通知去进行例行的尿检抽查。

马拉多纳在1993年2月重返国家队。他毕竟是球王，雄风犹在，状态恢复得很快，他帮助阿根廷队在世界杯外围赛的附加赛中击败澳大利亚队，搭上了美国世界杯的末班车。决赛阶段，他们小组赛第一场迎战希腊队。在"老马"的带领下，阿根廷队以4:0大胜。第59分钟马拉多纳打入极其精彩的一球。当时，他接到卡尼吉亚的一个短传，摆脱两名希腊后卫后，他在距离球门15米的地方挥起了那只闻名全球的黄金左脚，劲射中的。种种迹象表明，1986年的阿根廷队和马拉多纳回来了，北美大地是他们的福地。

但是，尿检结果震惊全世界！马拉多纳的尿检呈阳性，里面含有麻黄素和其他四种违禁药物。国际足联执委会成员德胡赫医生说："马拉多纳的两份样本经检查都呈阳性，他肯定服用了好几种药，因为这五种被确定的物质不可能在同一种药品中被发现。"

这就说明，没有误服的可能！全球哗然。国际足联秘书长布拉特说："这不仅是一个服用禁药的问题，还是一个涉及人格的问题。"巴西队主教练帕雷拉说："这是足球界的悲剧……马拉多纳是世界上最伟大的运动员之一，他的参赛为这场大赛增色不少。突然间，他却掉了下来。"贝肯鲍尔说："这是一个耻辱。"

阿根廷国内就像被扔下一颗原子弹，冲击波经久不息。几乎所有的报纸都用了"可怕的消息"、"上帝保佑我们"和"痛苦"之类的话语作为标题，电视台反复播出这个被他们称为"噩耗"的消息。几乎所有民众都不相信这一事实，他们和马拉多纳一样，将它归咎于国际足联、黑手党或美国政府，认为是一切见不得阿根廷和马拉多纳好的组织的陷害。

马拉多纳开始喋喋不休地表白，赌咒发誓，不分场合地痛哭流涕，也向阿根廷政府求援。他告诉全世界这是阴谋。但结果是无情的，6月30日，国际足联宣布马拉多纳被全面禁赛。

哲人说：人不可能两次掉进同一条河里。马拉多纳已经记不清自己是第几次掉入同一条河里了。在他还是个小学生的时候，他就和同学一起吸食白粉，并且上瘾，为此常常痛苦不堪。这个该死的可卡因不仅严重影响了他的身体发育，使他的体型变得畸形，而且更严重影响了他的心灵成长，使他终身没能摆脱毒品的干扰，最终成为一个毁誉参半的人物。

出生在盛产毒品的南美洲，成长在纵情声色的拉普拉塔河畔，马拉多纳身上有着南美人所有的恶习：无拘无束、我行我素、性格暴躁、追求感官刺激等。阿根廷长期以来政治腐败、经济停滞，人们普遍感到前途渺茫，因此吸食毒品不论在青少年还是在成年人中，都是很普通的事情。基本可以确定，马拉多纳的吸毒史贯穿了他的足球生涯，只是一直没有暴露出来，直到1991年3月17日那一天。

3月17日，在那不勒斯队和巴里队的比赛结束后，马拉多纳被查出尿液呈阳性。但事关球王的声誉，意大利方面不敢轻易下结论。3月29日，经过专家9个小时的复查，证实马拉多纳服用可卡因等违禁药物。他被停赛15个月，全世界都知道了他吸毒的事实。

除了吸毒，马拉多纳还有着所有一夜暴富的人共有的恶习：招摇炫富、纵容手下、声色犬马、恶意对待媒体、做事完全不计后果等。这些习性，在他所有生活过的地方都暴露无遗，最后连对他最宽容的那不勒斯队都忍无可忍。

这些疯狂的举动中，最疯狂的是枪击记者事件。1993年9月，已经宣布挂靴的马拉多纳突然宣布复出，加盟纽维尔老人队，再次成为阿根廷足坛和新闻界追逐的焦点。这让他不堪烦扰，在长期吸毒的影响下，马拉多纳精神状态极差，甚至不能完全控制自己的行为。1994年1月31日，马拉多纳无法忍受追到他乡间别墅的记者，对着记者扣动了扳机。至此，马拉多纳作为一个球星的故事到此结束。尽管他作为一个蹩脚的政治家还将在政治舞台上帮闲一番。

球王传奇

金字塔
与圣诞树：

20 世纪的足球战术演变

从 2-3-5 到 4-3-2-1：颠倒的足球场

阵型的意义

　　按国际足联的官方规定，国际比赛足球场的长度在 105 米左右，宽度在 70 米左右。这样算下来，一个标准球场的面积大约 7350 平方米，合 1.8 英亩。这么大一个空间，应该如何安排 11 个本方球员，去对抗对方的 11 个球员？又该如何想方设法把球踢进对方球门，又绞尽脑汁地不让对方把球踢进自己的球门？

　　和打仗一样，这需要排兵布阵。教练要一个萝卜一个坑地把球员安排到各自的位置上，球员之间要建立默契的联系，球队整体要按照一定的攻防节奏来比赛，11 个人要像 1 个人一样进退自如。所有的这些，就是足球比赛的阵型。在比赛中，进攻还是防守，进攻中如何防守，防守中如何进攻，这些不同的战术要通过不同的载体来实现，这个载体也就是足球的阵型。

　　如果没有阵型，我们看到的将只是一群壮硕的"半野蛮人"无头苍蝇一般在场上乱跑。如果没有阵型，现代足球还会停留在几个世纪前的野蛮足球状态。如果没有阵型，现代足球绝大部分的理性思考都将是无源之水，无本之木。

从对阵型茫然无绪的 19 世纪，到一个阵型打天下的 20 世纪大部分时间，再到最近二三十年的多种阵型百花齐放，我们可以看出足球阵型的一个逻辑前提：进行对抗的两支队伍，整体技战术水平相差并不大。即使个别球员的技术有差异，影响也是微乎其微，并不能完全控制比赛。如果只是一对一地单挑，抑或 22 个人集体斗殴，那比赛是根本不可能分出胜负的。因此必须利用一种有序的组织，将场上的队员进行合理安排，形成局部的以多打少局面，否则很难获得胜利。

　　当然，如果闭着眼睛都能赢，肯定也不需要阵型。"一边倒"的不是比赛，而是屠杀。

　　所有对抗型的竞技项目都一样。不论是作战还是街头打架，双方实力相当，才需要战略、战术和人员的合理安排，才要讲究进退、协调、出其不意。如果实力过于悬殊，自然知道如何应对。所谓的排兵布阵，就是为了让自己的球队在进攻时以多打少，在防守时以多防少。

　　对于一支球队来说，不论技战术、意志力、默契程度如何出色，都要通过一定的阵型表现出来。如果各自为战，一定是一盘散沙。就像我们经常看到的那些公益性比赛，球星云集的"世界队"踢不过一支普通的俱乐部队所反映的道理。实力和技巧缺一不可，不光是球场上，在任何一个领域想要获得胜利，都是如此。

　　阵型是框架，战术是灵魂。脱离了先进战术的阵型只是一个空架子，要使阵型具有先进性和实效性，就必须在战术上下功夫，通过高水平的训练来实现。最终还是实力说了算。所有的阵型都不可能做到真正的攻守平衡，如果真的面面俱到，足球也就平淡无奇了。双方人数相等，你能做的对方也能做到，那还有什么好比的？打破平衡，出奇制胜，永远是阵型安排在具体运用时的最高境界。

　　我们可以通过比赛开始时球员的站位来读出阵型。但比赛开始后情形瞬息万变，球员失去自己位置的情况时有发生，因而球员间的配合和补位很重要。这需要主观能动性以及队友间足够的默契。有了能动性和默契度，才是真正的完美阵型，这需要长时间的训练和磨合，离不开教练的精雕细琢。往深里说，这和球员的教育程度有关，也和球队的历史传统有关，甚至和他们民族文化的深层次心理积淀有关，是足球的最高境界。

没有一种阵型是万能的，可以包打天下。因此我们常常听到"变阵"的说法。这个概念可以做两重理解。第一，对待不同的球队，采用不同的阵型，这非常考验教练的水平。第二，在同一场比赛中的变阵。首先是"敌变我变"，其次是"敌不变我亦变"。第三是"敌变我亦不变"，也就是"以不变应万变"。其中的情况更是千千万万，既考验教练的水平，更考验队员的临场应变能力。

根据不同的战术要求，阵型可以分为进攻型和防守型。优秀的教练就像一个老中医，凭借丰富的经验和杰出的判断力来做决定。当然，也需要一点点运气。

无序时代的"金字塔"

1863年10月24日英格兰足总成立，标志着足球终于摆脱了蒙昧，堂堂正正地进入现代运动的行列。但当时人们对足球运动的规律性认识还处在非常肤浅的层次，足球运动还在启蒙阶段，一切都在探索之中。

最初，人们认为既然比赛的目的是赢得胜利，那自然要拼命进球。于是进攻成为比赛的唯一内容，几乎所有球员都一窝蜂地挤在对方门前，对己方是否门户大开却毫不关心。而当时的教练也按这个思路布置战术，要求队员照此执行。当时人们看到的足球史上最早的阵型，就是1－9阵型和2－8阵型，或者二者的亚阵型1－1－8阵型和

2 - 2 - 6 阵型。当然，很多人并不愿意称其为阵型。

　　这种一窝蜂的踢法不可能延续太久。只用一两个后卫去对抗对方的八九个前锋，结果可想而知。大家很快明白，不停地进球并不能最终赢得比赛，获胜取决于比对手少失球。足球不仅要攻得进，还要守得住。

　　这个认识是足球史上一个重大的转折，是具有划时代意义的进步。在我们今天看来自然而然的事情，在前人那里却经过了反复实践与权衡，这就是创造和守成的区别。从此，足球开始慢慢走上攻守平衡的道路，直到今天。相信未来也不会偏离这个宗旨。此后足球阵型的各种变化，也都是在攻与守的平衡关系上做文章。人们不断地试图建立平衡，又不断地打破平衡，一种对平衡的突破与反突破的纠缠，延续了百年之久。

足球史上第一个比较成熟的阵型是 2 - 3 - 5 阵型，俗称金字塔阵型或者塔型。它出现在 19 世纪 80 年代。

严格地说，"金字塔"的称呼并不准确。命名阵型的视角应站在本方后场，从后向前地表达。2 - 3 - 5 阵型中的三个数字，就是从后向前代表后卫、中场、前锋三条线，其实是个倒转的金字塔，头重脚轻。

这种阵型完全是足球理念折中的结果。在铺天盖地的进攻思想和有利进攻的比赛规则下，放弃全面进攻是不可能的。但是如果不加强防守，场面又太惨烈。所以只能把攻防的天平稍稍向后移动，把过剩的前场球员移出一两个到中后场来帮助防守。这就达到了攻守平衡。

2 - 3 - 5 阵型作为一种比较成熟的战术阵型，从英格兰传向大西洋两岸，很快风靡足球界，统治足坛半个世纪之久。1930 年首届世界杯的冠亚军——南美双雄乌拉圭队和阿根廷队均采用金字塔阵型。而 1934 年和 1938 年两届世界杯冠军意大利队的主帅波佐采用 2 - 3 - 2 - 3 阵型，也是 2 - 3 - 5 阵型的亚阵型。

走向理性

足球理念和阵型的变革，与足球比赛规则的变革密不可分，特别是当代足球。哪怕微小的变化，都会对球队的打法、排兵布阵与人员调配造成巨大的冲击。

足球史上对阵型变革影响最大的，就是越位规则的制定及不断修

改。这一规则的直接目的是限制无序的进攻，直接结果是使足球阵型得到了革命性的改变，足球场上由此达到了真正的攻守平衡。

1870 年，英格兰足总正式制定了越位规则，即"进攻者与对方球门之间必须有 3 名防守者"，否则就是"越位"。这一规则出台后，2－3－5 阵型及其亚阵型如 3－7 阵型、4－6 阵型得以出现。球队的战术内容大大地丰富，前锋、后卫分工越来越明确，队员之间开始重视传接配合，讲究出球的力量和方向，再也不像以前那样随心所欲地往前冲了。

1925 年，英格兰足总对越位规则做出了重大修改，将进攻者与对方球门之间必须有的防守者数量从 3 人改为 2 人。

1990 年，国际足联制定的《足球比赛规则》第十一章中，对越位的解释是："如果进攻队员平行于对方倒数第二名防守队员，或平行于对方最后两名以上（含两名）防守队员，那么该进攻队员不越位。"这个解释一直沿用到现在，它直接继承了 1925 年的规则。

换成通俗的话说，当进攻球员接球的一刹那，如果他和对方球门之间只有一个守门员，那他就是越位。如果他和球门之间除了守门员还有一个对方的球员，那他就没有越位。如果他和球门之间只有一个守门员，同时他又和一个（或多个）对方球员站在同一条平行于底线的直线上，那他也没有越位。

越位规则的出现是为了对抗早年的无序攻势足球，而它也促生了一种极其重要的足球战术——造越位战术。如果运用合理，守方就可以轻而易举地化解对方进攻。仿佛两大高手对决，用一招化骨绵掌轻易攻破大力金刚掌。造越位战术的出现要晚一些，到 20 世纪 70 年代各球队才开始运用。

我们看足球转播时，经常会出现的镜头就是一个进攻球员边往回走边摇头擦汗，这时评论员总会说："可惜又越位了。"造越位战术就是这样有效，能极大挫伤攻方的士气，杀人不见血。

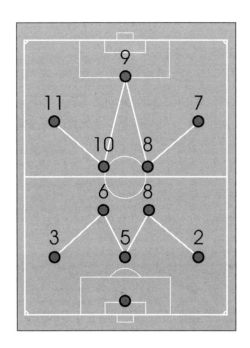

这是一张标准的 W－M 阵型图。让人哭笑不得的是，和金字塔阵型一样，"W－M"的命名也是反的。我们能非常清晰地看到，M 在后场，而 W 在前场，准确的称呼应该是 M－W 阵型。这种阵型的一个不足之处是，缺少明确的中场球员定位，在比赛中后场和前场球员往往直接对话。

　　1925 年越位规则改变后，足球战术和阵型进入了真正有序的发展状态，各种阵型相生相克，层出不穷。你未唱罢我登场，呈现魔高一尺、道高一丈的势态，让球迷们看得眼花缭乱，血脉贲张。

　　第一个登上历史舞台的经典阵型是 W－M 阵型，由时任阿森纳队主教练的查普曼一手创立。W－M 阵型的基本战术思想就是防守，甚至可以说它是足球史上第一个防守阵型，其首要原则就是不丢球。

　　对 2－3－5 阵型里的"3"和"5"进行调整，把"3"的最中间一名队员拉回后防线，把"5"的两个内锋后撤，就形成了 W－M 阵型。这样，除守门员外的 10 名队员就被平均地分布开了，前后场各 5 人。后场的 5 名队员呈 M 形站位——3 个后卫，2 个后腰；前场的 5

名队员呈 W 形站位——3 个前锋突前，2 个内锋拖后。比赛中，后腰要在防守时回撤，内锋在进攻时插上，实现一半人进攻、一半人防守。这一阵型问世后，很快被英国同行接受，并影响了欧洲乃至世界，一度统治了国际足坛。但是，这种朴素的阵型追求绝对的平衡，而不是动态平衡。也正是这绝对的、略显僵化的攻守平衡，成为其出现漏洞的根源。20 年后，匈牙利人抓住了漏洞并一举击破，W - M 阵型自此成为历史。

凡事有盾就有矛。彻底打破 W - M 阵型的是匈牙利人革命性的 3 - 3 - 4 阵型，让它成功闪耀光芒的是 20 世纪 50 年代的匈牙利球星普斯卡什、柯奇士、博希克和希代古蒂。

W - M 阵型的消极方面在实战中很快就暴露出来了。首先，如果双方都使用 W - M 阵型，将形成"W"与"M"相对，守方的"M"对攻方的"W"。于是，22 个队员几乎全部对位，捕捉机会变得非常困难，其结果就是比赛场面异常沉闷。

其次，由于人员的平均分配和机械与僵化，无论在进攻还是在防守时，都显得人员不足。如果只是进攻人员不足，最多导致不进球，但如果是防守人员不足，就非常危险。一旦对方的优势兵力排山倒海地开始进攻，这个阵型就会一败涂地。

其三，由于没有一个明确的中场球员概念，中场区域缺少有效拦截，对手很容易就能攻到己方后场，让后防队员疲于奔命。

聪明的匈牙利人正是看到了这一点，创造性地祭出四前锋打法，再次将足球场上的重心转移回前场。他们把中锋回撤到中场，站在 2 个后腰身前进行策应和衔接，而将 2 个内锋（一位是"金左脚"普斯卡什，另一位是 1954 年世界杯最佳射手柯奇士）突前，使阵型从 W - M 变成 3 - 3 - 4。这一变化给足坛带来了巨大冲击，W - M 阵型的 3 个后卫根本无法抵抗 4 个前锋的冲击，再加上普斯卡什和柯奇士的超

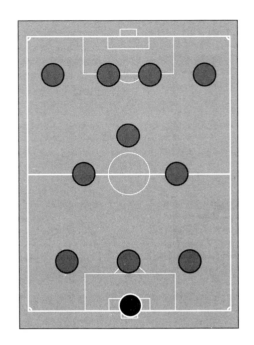

强实力，匈牙利队所向披靡。

在他们开创的３－３－４阵型中，中场和后场球员完全为超级前场服务，匈牙利人似乎不用担心防守，因为他们的四前锋太过厉害，大部分时间里，对手根本没有组织有效反击的能力。

Ｗ－Ｍ阵型的出现，正是为了解决球场上的攻守失衡问题，但它本身也是一种脆弱的平衡。匈牙利人把这一平衡打破，再次把球场"倾斜"，利用锋线对后防线局部人数上的优势（4对3），趁对手还没有明白过来时，一举将其击溃。这是匈牙利人对足球思想和战术的贡献，他们首次确立了局部以多打少的理论基础。在这之后，足球史上所有的阵型变革都是在实践这一理论，不论是为了进攻还是为了防守。

这是 1958 年的巴西队，非常清晰的 4－2－4 阵型。

瓦瓦　贝利

扎加洛　　　　加林查

迪迪　济托

尼尔顿·桑托斯　　德贾尔玛·桑托斯

奥兰多　贝里尼

吉尔马

　　匈牙利人用 3－3－4 阵型，从 1950 年 6 月 4 日至 1956 年 2 月 18 日取得了 43 胜 7 平的不败战绩。特别是从 1950 年 5 月 14 日至 1954 年 7 月 4 日，取得了连赢 33 场国际比赛的骄人成绩，并夺得 1954 年世界杯的亚军。尽管与冠军擦肩而过，但整个 20 世纪 50 年代的前半期都是"匈牙利时代"。他们是当之无愧的无冕之王。

　　匈牙利人对足球的革命性变革，正符合中国的一句名言：水无常形，兵无常势。变革往往从一切看似凝固时开始，并且往往会披上一件看似熟悉的外衣。

　　革命还在继续。足球场上的攻守平衡就像一个钟摆，不断地偏离又不断地被矫正。当匈牙利人强大的四前锋阵型肆虐各队的三人防线时，这种不平衡已经被拉到极致，钟摆该回正了。

这次的革命者是巴西人。在1954年世界杯上负于匈牙利队后，巴西队痛定思痛，锐意改革，终于在1958年推出了自己的独门秘籍4－2－4阵型，矛头直指老冤家的3－3－4阵型。

他们将1名防守型中场后撤到后卫线，3－3－4阵型中的另一名原来作为拖后前锋的中场球员，也更多地承担了防守任务。这样，既有4个前锋，又有4个后卫，矛尖盾利，唯一弱化的是中场，好在"得中场者得天下"的时代还没有到来。1958年的巴西队有超强的攻击力，在前场就能压制住对手。同时，中场的迪迪和济托能力强，技术全面，活动范围大，因而只有2个人的中场也并不显得单薄，后卫贝里尼的频频助攻也加强了对场上形势的控制。在当时，后卫助攻是足坛的新鲜事，人们对位置的概念开始有了新的认识，而现在后卫助攻是很平常的。

巴西队凭着开拓性的四后卫体系，第一次赢得了世界杯冠军。这是世界足坛第一次出现4个后卫的阵型，同样具有革命性的意义，为后来的边后卫助攻和自由人战术创造了条件。在传统的三后卫阵型下，后卫一般龟缩于后场，不会前插。

4－2－4阵型的进一步发展就是4－3－3阵型，这非常合理。四前锋阵型的前提有两个，一是对方三后卫，才能实现以多打少；另一个是自己拥有超强的前锋攻击群。毕竟多设置一个前锋，中后场自然就相对薄弱，容易被人打反击。所以，对策就是从前场就给对手强大的压力，让其进攻无法通过中场。拥有这种前锋攻击群的，只有20世纪50年代的匈牙利队和巴西队，以及跨世纪时期的巴西队。四前锋体系慢慢衰落后，取而代之的就是以20世纪80年代的巴西队为代表的4－3－3阵型。

中年以上的中国球迷非常熟悉这个阵型，在通过电视观看世界杯

的 1978 年或 1982 年，国际足坛最流行的就是 4－3－3 阵型和 4－4－2 阵型。毫无疑问，4－3－3 阵型是足坛最经典的阵型，也是目前还在使用的最古老阵型。它是当今足坛各种阵型的母本，现在使用的几乎所有阵型都是从它演化而来。这一阵型最早在 1962 年世界杯上被巴西队采用，而使用的直接原因是贝利因伤缺阵，巴西队攻击力减弱，需要加强中场防守。他们把四前锋中的一个撤下，加入一个中场，这就形成了 4－3－3 阵型。

这是四后卫打法中攻击力最强的一种阵型，三名中场队员有一人参与防守，两人参与进攻。打法多为边路突破，或沿禁区线内切后寻找射门机会，或下底传中，头球破门。进攻时，三前锋和三前卫总会受到严密盯防，所以 4－3－3 阵型特别强调后卫线的队员突然插上。而后卫助攻时会产生防守上的空当，其他队员必须在对手反击时补位，且前锋要回撤参与防守。这更加确立了攻守平衡这一重要战术思想。20 世纪 80 年代，中国足球处于高中锋时代，因而这种阵型和打法我们也耳熟能详。4－3－3 阵型中的攻防两端都不弱，只是中场略显单薄。在讲究控制中场的当代足坛，这一阵型渐渐落伍了。

4－3－3 阵型对当今足坛影响最大的是确立了"10 号"这一核心。在三个中前卫里，最中间的球员处于四战之地，前后左右都要进行调度，是当之无愧的球队核心，通常身披 10 号球衣。久而久之，10 号就成为球队核心的代名词。最让人难以忘怀的 10 号，是 1982 年世界杯巴西队的核心 10 号"白贝利"济科，在前卫线上和他搭档的是苏格拉底和法尔考。三人组成的前卫线在那届世界杯上鹤立鸡群，光芒四射。

一般来说，想要对付 4－3－3 阵型，可以选用中场人数较多的阵型，如 3－5－2、4－5－1 等阵型，采用防守反击战术来有效延缓其攻击性，将其优势压制住，就能渐渐掌控场上的局势。

4－3－3 阵型再进一步，就是 4－4－2 阵型。这同样是一款

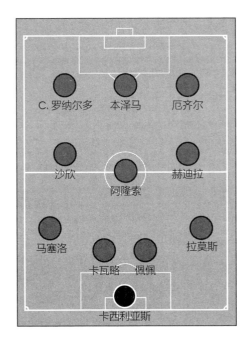

这是当代皇家马德里队
的经典4－3－3阵型。

C.罗纳尔多　本泽马　厄齐尔

沙欣　赫迪拉

阿隆索

马塞洛　拉莫斯

卡瓦略　佩佩

卡西利亚斯

绝对经典的阵型。这回终于轮到前老大英格兰队引领潮流了，尽管他们已"不当大哥好多年"。

　　1966年的英国世界杯上，英国人立志捧杯。可是帐下捉襟见肘，无人可用。因缺乏世界级边锋，英格兰主帅拉姆塞摆不出4－3－3阵型，无奈只能撤掉一个边锋球员，增加一个中场球员，组成了4－4－2阵型。最终，英格兰凭借这个无奈的新阵型和难以置信的好运气，在本土捧起了世界杯。之后4－4－2阵型也风靡英伦，走向世界。

　　这一阵型也是目前被采用最多的比赛阵型，是现代足球最传统的阵型之一。在现代足球比赛中，阵型是教练员在开赛前的安排。比赛过程中，根据场上的情况、对手阵型的变化，教练员会随时调整战术和阵型。而 4－4－2 阵型是所有阵型中球员安排最合理、最容易临场变阵的。没有其他哪种阵型能在生存时间上与 4－4－2 阵型相比。到现在，它仍然表现出强大的生命力，没有丝毫要过气的迹象，即便每种阵型都在不同生存年代、不同教练手中有过不同的诠释。

　　4－4－2 阵型里的中场是最重要的。主流的形态有两种——菱形中场和平行中场。1999 年的曼彻斯特联队是菱形站位的代表，后腰偏于防守，而平行站位的中间两名中场球员能攻善守。巅峰时期的阿森纳队也一度采用 4－4－2 菱形站位，永贝里和皮雷的位置比后腰靠前，比前腰稍靠后，两个边前卫承担了一半边锋的职责。

　　4－4－2 阵型中场平行站位的最典型球队，就是英格兰队，他们几十年如一日没有改变，可见英国人的保守。而 4－4－2 阵型的另一个变形——蝶形中场，则是从平行中场的思路上分化的，采用双后腰和左、右两名边前卫的站位，更偏向于防守。

　　在 4－4－2 阵型里，中场球员的职责繁重。既要协助攻击，又要负责防守。在英伦赛场上常见的情况是，一名中场球员负责支援前线的两名前锋，其余球员负责支援后卫及控制节奏。4－4－2 阵型下的很多进攻由两个边后卫发动，形成所谓的两翼齐飞，中国球迷也很熟悉这一点，"两翼齐飞、中路抢点"是中国队的经典战术。

　　从 4－4－2 阵型开始，中场成了兵家必争之地，得中场者得天下。在 4－4－2 基础上演变出来的各种阵型，都是围绕着中场做文章。英格兰队在 1966 年用 4－4－2 阵型赢下了世界杯冠军，苏格兰的格拉斯哥凯尔特人队在 1967 年用它赢下了欧洲冠军杯冠军。而在此之后的 20 世纪 70 年代，全攻全守的那支伟大的阿贾克斯队，用的也是由它演变来的阵型。

"圣诞树"：五花八门的当代足球阵型

可以说，4－4－2是进攻和防守最平衡的阵型。看似平淡无奇，却拥有无穷的潜力，能让教练员充分发挥想象力，创造五花八门的足球阵型，让足球场上异彩纷呈。

从20世纪80年代开始，国际足坛的球员流动性加快，转会成为世界性的交易。各种风格的球员汇于一队，教练员的选择和搭配也有了更多选择，为创造新阵型提供了可能。21世纪的国际足球舞台上，5－3－2、3－5－2、4－5－1、5－4－1等阵型，和它们的亚阵型4－2－3－1、4－3－1－2、4－2－2－2、4－3－2－1、3－3－1－3阵型以及经典的4－3－3、4－4－2阵型一起，被不同的球队在不同时期采用。这些球队的角逐，令当今的足球赛场如梅花间竹，煞是好看。

5－3－2、4－5－1、3－5－2、5－4－1等阵型的差别，在于球队战术重心的侧重是后场还是中场。如果是后场，则选择5－3－2、4－5－1、5－4－1阵型，如果是中场，那就选择3－5－2阵型。

我们可以简单地分析当代最常见的几个阵型，来看看它们的优劣。

5－3－2阵型

由4－4－2阵型变化而来，在4－4－2的基础上减少一名中场球员，增加一名后卫球员。这个阵型能组成稳固的防线，非常适合防守反击的打法。特点是对两个边后卫要求很高，防守时要镇守边路，而进攻时5－3－2阵型就变为3－5－2阵型，两名边后卫助攻上前，甚至充当边锋的角色。一般来说，5－3－2阵型多被一些弱队采用，来进行防守反击。但也有强队采用此阵型取得了意想不到的效果。德国队在1990年世界杯上就使用了5－3－2阵型，并夺得冠军。

还有一种被称为"5－3－2清道夫"的阵型，与5－3－2阵型大致相同，只是将中间的后卫变为"清道夫"，他可以参与中场或后卫的工作。

3－5－2阵型

同样由4－4－2演变而来，是目前比较流行的阵型之一，在对阵目前流行的其他多种阵型时，都有较好的效果。这个阵型由阿根廷著名教练比拉尔多在1986年第一次使用，他用这个阵型率领阿根廷队取得了1986年世界杯的冠军，而巴西2002年取得世界杯冠军时也使用了这个阵型。

3－5－2阵型的使用者实力普遍较强，信奉"得中场者得天下"。比赛中大量人马集结在中场，利用强大的中场调控能力左右比赛节奏。他们进可攻，退可守，攻防转换快，打法多样，把进攻和防守的主动权都掌握在自己手里。通过前锋和中场队员的逼迫式防守，既可减轻后防的压力，增加对手进攻的难度，又可在中场抢截成功时马上发动反攻，其威慑力和成功率远高于后场发动的进攻。

3－5－2阵型在防守上的关键点，是2名防守型前卫的水平。从战术效果而言，3－5－2阵型要求整体的协调。全体队员要通过整体移动和相互补位，来弥补个人能力上的不足。用3名后卫盯防对手的2名前锋，防守上有人数优势，可以大胆紧逼盯人，自由中卫可保护补位，并能有效地控制门前危险区域。中场队员插上，使进攻点多，攻击面宽，具有突然性和隐蔽性，令对手难以防范。而3－5－2阵型的缺点，是对中场球员的要求比较高。中场球员既要参与进攻又要参与防守，整场比赛体力消耗大，如果体能情况不佳，到比赛的后半段反而会失误增多。

这个阵型以减少一名后卫为代价，在不减少前锋的情况下，加强对中场的控制。3 名中后卫要对抗对方边锋和边前卫的轮番冲击，转身和速度不能太慢。在防守中，两边和后场两肋的空缺容易成为对方进攻和突破的通道，因而后腰队员的回撤和协防要及时。

4－5－1阵型

这是 4－4－2 阵型的另一个变形，4 名球员在后场不变，回撤 1 名前锋到中场。这样中场有 5 人，前锋只留下 1 人。

球员大量密集在中后场，无疑也具有密集型防守反击的特点。当今的国际足坛，密集型防守反击是比较流行的打法，不论强队还是弱队，都深知稳固防守的重要性。4－5－1 阵型在中场安排了 5 名球员，在稳固防守的基础上，仍可采取积极、大胆的进攻，所以也并不能说这是种保守的阵型。这种阵型一般都是权衡过双方实力后的选择，或在比赛中为确保胜势或完成比赛任务而使用。

由于只安排了 1 名前锋，前场防守势单力薄，故防守时只能在前场施以积极封堵，阻击对方在中路发动快攻。这种阵型对单前锋的要求很高，担纲者往往身高体壮。5 名中场球员里，2 名边前卫的主要职责是防守边路，也常与同侧边后卫及其他队友共同围抢、夹击；中路的 3 名中前卫不论采用何种站位，都以克制对方中路进攻为主要目标，要盯死对方组织核心，严防其插上进攻和远射，他们在 2 名中后卫身前形成屏障式防守，竭力阻击对方的传接球。后卫线有 4 名球员，较为稳固。其中 2 名边后卫严防本侧边路，2 名中后卫 1 个负责盯人，1 个拖后保护。球员之间相互补位，整体移动，形成较为严密的防守体系。

4－5－1 阵型偏重防守，防守反击是其最主要的战术。反击的发动者可以是边后卫，其进攻可沿边线通道直插对方后场深处；也可以是中场球员，从后卫处得球或中场截击得球后发动反击，可中路突破，也可与前卫套边配合，具体视球员特点和能力而定。从战术上说，单前锋的主要作用是利用飘忽不定的跑位来扰乱对方，给队友提供突破、传切和远射的机会。

以上的所有阵型中，最为保守的就是5－4－1阵型。与4－4－2阵型相比，它直接撤回1名前锋，加强了1名后卫，将大量兵力聚集于中后场。和前几种阵型相比，稳则稳矣，但攻击力明显不足。单前锋只能起到牵制作用，反而是一种浪费。进攻中2名边后卫要助攻甚至发动进攻，如果回防不及时，同时中场球员补位也不及时，就会出现漏洞，效果反而与这一阵型的初衷相反。在崇尚进攻的当代，很少有球队再使用这一阵型了。

与这几款常用的基本阵型相比，那些让人眼花缭乱的亚阵型，其实都是从上述4个基本阵型中分化出来的。将阵型从3层变化为4层，利用球场的深度和宽度，在某个位置上突出某一个或几个球员，以起到画龙点睛的作用。这些亚阵型的使用，很大程度上与队内球员的特点相关。比如，4－2－3－1阵型一度随皇家马德里队盛行于世。4个后卫中，两边是助攻型的边后卫，后卫线身前是2个工兵保护防线，3个进攻型前卫既可以三箭齐发，也可以自由换位，就像当年的齐达内和劳尔。最前面的是中锋。这一阵型能保证稳固的防守体系，而在进攻时又有高效的人员组合。

1－3－3－3阵型在20世纪70年代的全攻全守时代比较流行。当时的荷兰、西德和波兰等强力型球队都采用这一阵型。其中的"1"就是"清道夫"或者"自由人"。

4－3－2－1阵型就是著名的"圣诞树"阵型。这一极具美感的阵型，在1998年法国世界杯上经法国队采用后夺冠。但用得最好的，还是著名教练安切洛蒂执教下的AC米兰队，"圣诞树"神话也是由他一手缔造的。这一阵型由4个后卫、3个后腰、2个前腰、1个前锋构成。从后场向前场，每条线的人员数量依次递减，确实像极了一棵圣诞树。

这个阵型是从 4 - 5 - 1 阵型变化而来的，因而 4 - 5 - 1 阵型的所有优缺点它都具备。该阵型的特殊性，在于将中场的 5 名球员具体分为前腰和后腰两个层次，使其各自任务清晰，便于分工合作。在控制住中场的情况下，更有一种进攻的冲动。安切洛蒂将他的"圣诞树"布置得极具形式美。

这其中的"1"非常重要。他一定是能力非常强、能搅乱对方后防线并在关键时刻摧城拔寨的强力人物。在欧冠联赛中，"圣诞树"阵型是 AC 米兰队的重要武器，乌克兰"核弹头"舍甫琴科就是主帅安切洛蒂最倚仗的箭头人物。2007 年欧冠决赛时，安切洛蒂使用的便是最标准的"圣诞树"阵型，最终 AC 米兰队击败利物浦队，再次捧杯。

由于国际资本的作用，近年来欧洲形成了一些超级俱乐部。这些俱乐部钱太多，大肆收购各路球星，在各个位置上都囤积了大批顶级球员。人员的绝对过剩导致了人才浪费，我们看到，很多著名球星都只能枯坐冷板凳，空掷人生。但也有积极的一面，队中实力超群的优秀球员多，教练就能搭配出很多副好牌，创造出匪夷所思的阵型来。其中最有名的就是 3 - 4 - 3 阵型和巴塞罗那队的无锋战术。

3 - 4 - 3 阵型是明显的瞻前不顾后、一味进攻的阵型，有些像匈牙利队的 3 - 3 - 4 阵型。除非拥有超强的攻击力，否则谁也不敢轻易尝试。因为这一阵型的弱点也很明显，仅三后卫防守，两个边路门户大开，一旦被对方打起快速反击，自己的队员又补防不及时，那就危乎哀哉。

意大利的罗马队曾拥有前场的"梦幻三叉戟"托蒂、蒙特拉和卡萨诺，因而有恃无恐，打起了 3 - 4 - 3 阵型。但由于中场和后防实力略差，这种冒险打法的结果并不如意。另一家足坛超级大鳄巴塞罗那队，在采用 3 - 4 - 3 阵型时的效果则明显好得多。巴塞罗那队不仅在各条线上都拥有实力超群的球星，而且队员之间配合协作的默契程度也非一般球队可以匹敌。他们极大地发挥了这一阵型的优势，并有效克服其劣势，从而大获成功。

更为夸张的是，巴塞罗那队还经常采用四后卫、六中场的 4 - 6 无前锋阵型。这种打法完全依靠中场球员出色的个人技术和完美的团队配合，看似没有前锋，实则 6 位中场全都是前锋。6 个人轮番冲击，让对方后卫无所适从。前锋无处不在，这或许是一种真正的全攻全守。西方媒体评价说，巴塞罗那队的这个阵型，简直是将球传进对手的大门内。

必须指出，这两种打法至少到现在为止，还处在有限的试验阶段，并不具备广泛意义。未来会如何，我们不得而知。

不是所有的异想天开都能获得成功。在历史的长河里，我们见过了太多的昙花一现。从 2 - 3 - 5 到 4 - 3 - 2 - 1，从"金字塔"到"圣诞树"，一个半世纪的足球发展史，在阵型演变上完成了一个奇妙的轮回，从头重脚轻变成了头轻脚重。这或许是一种时代精神的体现。

百年前极具攻击性的社会思潮也逐渐温和，人们狂野的思绪变得有条不紊，而球场上的民族主义也被全球化取代，对政治热情的一往无前变成了商业利益上的斤斤计较。各支球队都在朝着理性而不失激情、坚实而不会凝滞、冷静而充满魅力的方向发展。足球越来越好看了。

全攻全守与防守反击：
当意识成为主宰

米歇尔斯的全攻全守

到了 20 世纪七八十年代，足球阵型的演变已臻化境。

就这么大的一块地方，11 个人变来变去，也无非是前、中、后场兵力侧重点的调整，或为特别球员设置特别的位置，万变不离其宗。当所有球队都掌握了新阵型的秘密，熟练且游刃有余地使用起来后，竞争又回到了原点。要么比拼绝对实力，要么寻求突破。但在国际赛场上，到目前为止，拥有绝对赢球实力的球队还没有出现过，因此，只能寻找新的突破。

世界足球的这一次突破，既不是技术，也不是阵型，而是意识。两种完全相对的足球意识开始主宰国际足坛几乎所有的球队，不论他们拥有怎样的球员，喜欢什么样的阵型。这两种意识就是全攻全守和防守反击。对每支球队来说，不管愿意还是不愿意，他们都被这两种观念笼罩，必须二者择一灌注球队的灵魂深处，与球队合为一体。否则不论是谁，都很难在国际足坛立足。当今世界足坛扬名立万的国家队或俱乐部队无不如此。我们看到的五花八门的阵型，其背后都有意识理念的支撑，要么全攻全守，要么防守反击。

相比之下，全攻全守的知名度更高一些。这或许与它更注重进攻、场面好看有关，也可能和它的创建者米歇尔斯、克鲁伊夫的知名度有关，当然也可能和它的嫡脉、声名显赫的巴塞罗那队有关。其实，从成绩来看，防守反击的效率更高。意大利队就是依靠防守反击战术，取得了1982年和2006年的世界杯冠军，混凝土战术风靡全球。

　　但球迷们永远热爱崇尚主动进攻的球队。谁先赢得突破，谁就能赢得赛场的制高点。这一次，荷兰人走在了前面。从足球阵型的演变来看，除了攻守平衡的趋势，另一个趋势就是场上队员的流动性增强，使位置感模糊。前锋可以就地反抢防守，后卫可以助攻到前场。这从另一个方面表明，阵型的界限在模糊，球员们更需要依靠意识和默契的配合来完成比赛。而这一趋势发展的极致，就是20世纪70年代荷兰人首创的全攻全守打法。这一打法的创立者是荷兰伟大的教练，同时也是足球史上最伟大的教练之一——里努斯·米歇尔斯。

　　里努斯·米歇尔斯（1928~2005），荷兰著名足球运动员，20世纪七八十年代荷兰著名足球教练，全攻全守足球的缔造者。其足球生涯主要效力于阿贾克斯足球俱乐部。1971年和1972年，米歇尔斯作为教练，带领阿贾克斯队两度摘得欧洲冠军杯，称霸欧洲足坛。1974年，他带领荷兰队闯入世界杯决赛，获得亚军。1973~1974年，他带领巴塞罗那队获得西甲冠军，1988年带领荷兰队获得欧洲足球锦标赛冠军。1992年欧洲足球锦标赛后，他正式退休。

　　全攻全守打法的出现，被称为足球场上的第三次革命，是一次具有决定性意义的伟大战术革命，前两次分别是英格兰人的W－M阵型和匈牙利人的3－3－4阵型。若论三次战术革命对后世足球的影响，毫无疑问，米歇尔斯的全攻全守战术影响最为深远，一直延续到今天。

　　尽管全攻全守打法的出现、成形和完善并不仅仅是米歇尔斯一人的功劳，但正如克鲁伊夫说的一样："是他（米歇尔斯）启发了我们的智慧，这一战术的雏形是他汲取足球战术史衍变过程中的经验总结而成的。"而匈牙利人在 20 世纪 50 年代创造的 3 - 3 - 4 阵型，就是米歇尔斯的灵感源泉之一。运用这种打法最成功的球队，在 20 世纪七八十年代是阿贾克斯队和荷兰国家队。而在当今，则是公认的"荷兰帮"嫡系、西甲豪门巴塞罗那队。

全攻全守战术最早出现在米歇尔斯率领的阿贾克斯队中。该战术打破了传统足球理论对防守和进攻的绝对区分，使进攻和防守融为一个有机的整体，大幅度增强了球队的攻击性和整体性，使足球比赛变得更流畅。而且由于对抗上激烈程度的增强，也使比赛场面火爆，极具观赏性。阿贾克斯队因此获得了 1971 年和 1972 年欧冠杯赛的冠军，一度称雄欧洲。

1974 年，米歇尔斯带领荷兰国家队以全攻全守战术出现在世界杯赛场上。他将 4 名后卫的位置大幅前移，推进至中场圈附近，在那里布下越位陷阱。同时，他在前场采用逼迫打法，使大部分球员都集中在对方半场内活动。前场球员活动空间不足，不得不利用个人能力或球员间的配合，创造出更多的空间。而这一行为，往往会让对手无所适从，等对手察觉到时，大势已去。荷兰队的这种打法让全世界球迷为之倾倒，他们连克阿根廷和巴西等强队。可惜还是功亏一篑，与冠军失之交臂。

可以说，全攻全守战术是荷兰国家队的灵魂，由 1974 年一直传承至今，是荷兰国家队最基本的战术。不可否认，现代足球的功利性很难让一个国家队的风格几十年保持不变，现今的荷兰队也和 20 世纪 90 年代前的橙衣军团无法相比。但他们始终坚持全攻全守的打法，风格的一贯性，国际足坛绝无仅有。可以想象，荷兰人对全攻全守是多么钟情和痴迷。

30 多年来，没有任何一位荷兰教练敢否定荷兰足球的这一风格，也没有任何一届国家队主教练敢于尝试其他打法。历任主帅都清楚一点，如果不用全攻全守，如果不去进攻，那就只能"下课"。

2004 年的欧洲杯上，教练艾德沃卡特因用人保守而被炮轰下台，一家荷兰媒体这样讥讽说："真不敢相信，他曾经作为副手站在米歇尔斯的身旁！"

时至今日，全攻全守战术已延伸到有"荷兰帮"之称的巴塞罗那队，他们扛起了 21 世纪全攻全守的大旗。

在 2008~2009 赛季，巴塞罗那队将全攻全守战术发挥到了极致，他们的进攻如水银泻地、行云流水，令对手防不胜防，最终获得了欧冠联赛的冠军。

全攻全守打法并不具体指哪种阵型，而是一种理念和意识。在欧洲，这一打法被称作"全面型打法"，这个称呼也许更加合适，因为它虽然表面是进攻，内在精髓却是防守。只不过，它的防守是从对方球门开始的，就像永远都在疯狂进攻。

这种打法要求所有球员都能展开全场紧逼，步步逼抢。一旦失球，立刻就地反抢。若反抢不成功，则尽量拖延对方进攻的节奏，为队友赢得时间。一旦反抢成功，则迅速组织进攻，与附近队友形成配合，快速推进。趁对方后防立足未稳，打它个措手不及。

这种战术也被称为"逼迫式战术"，除守门员之外的 10 名队员全部承担进攻和防守的职责。10 名球员在场上的位置是流动的，不讲位置，只讲空间。前锋可以去打后卫，后卫也可以一直在前锋的位置上。而后卫一旦出现在前锋线上，自然就有一个球员去补他的位置。因而球迷们经常看到场上队员如穿花蝴蝶一般，位置互换行云流水，大开大合，煞是好看。

表面上看来完全无序的运动，其实背后有着深刻的理念和战术素养，一切井然有序。位置的互换并不是教练赛前布置的，完全是球员们根据场上瞬息万变的情况做出的主动调整。这也是球员能力的体现，是一支球队多年磨砺后心有灵犀的默契。

全攻全守表面看由 4 - 4 - 2 阵型演变而来，基础阵型其实是传统的 4 - 3 - 3 阵型。将平行站位的 4 个后卫位置推前，就能达到全攻全守的效果。这种打法对球员的要求很高，前腰球员要具备超群的控球和创造空间能力。1974 年的荷兰队就将"飞翔的荷兰人"克鲁伊夫放在了中场线与前锋线之间，他速度奇快，又有很强的个人能力，成为荷兰队前场逼抢后进攻的总策应者，盘活了整支球队。在今天，被称为全攻全守打法的最佳阵型——巴塞罗那 4 - 6 阵型中，与克鲁伊夫相同位置的是梅西。

应该说，今天人们对攻防的理念要求，仍然是当年荷兰人创立的。不再明确地划分进攻任务属于前锋、组织任务属于中场、防守任务属于后卫，而是将攻防的体系统一于整个球场。科学的训练和恢复让球员的体能和技术都有了长足的提高，大部分球队可以胜任全攻全守打法。

国际足球界对米歇尔斯和他的全攻全守打法评价非常高。荷兰足协发言人休曾加说："米歇尔斯是荷兰足球历史上最优秀的教练之一。"荷兰健康、福利和体育大臣罗斯旺·多普说："荷兰足球因为有了米歇尔斯和克鲁伊夫，才变得伟大。"范巴斯滕认为，米歇尔斯的去世是足球界的巨大损失。古利特说："米歇尔斯无论从哪个角度说，都是非常出色的人。他对待工作是那样一丝不苟，对待困难从来都是一往无前。球员愿为他赴汤蹈火，他的热情和幽默能感染身边所有的人。"克鲁伊夫说："当年在训练中，米歇尔斯非常严格，有时近于苛刻。但当比赛临近时，他又能帮你变得放松。更难得的是，他总是允许你在球场上自由发挥。直到现在，荷兰的足球从业人员还在从他开创性的努力中受益。无论是作为球员还是作为教练，米歇尔斯教会我的东西比任何人都多，我将永远怀念他。"

法国《队报》的评论是："他（米歇尔斯）对进攻的痴迷超乎所有人的想象，他的每一个战术变化都必然与进攻直接或间接相关，即使是他提倡的造越位战术，也是为了烘托进攻的强度。"

防守反击

作为一种进攻意识，全攻全守充其量只占当今足坛的半壁江山。由于对技术、体能和协调方面的超高要求，真正能把全攻全守当作看家本领的队伍其实并不多。与其相对应的，是当今足坛的另一种主流意识——防守反击。

对绝大多数球队来说，自身和对手的实力都不允许他们大打攻势足球。所谓的全攻全守只是一种点缀，防守反击才是他们的生存之道。全攻全守中的"攻"基于近乎疯狂的"守"，而防守反击中的"守"正是为了给对方致命一"击"。"攻"与"守"的辩证关系，在这两种理念中得到了最完美的诠释。

提到防守反击就一定要说说意大利队，他们是防守反击的老大和永恒的防守者。意大利队稳固的防守被国际足坛赞誉为"混凝土防守"，而他们自己则会将其归因于一个极其悲惨的开端——苏佩加空难。1949 年，都灵队在结束比赛回国的途中发生了空难，机上的队员全部罹难。而此时意大利国家队的半壁江山都由都灵队队员构成，意大利队几乎全军覆没。不得已，他们打起了防守反击战术，而在 20 世纪 50 年代中期以后，这种打法在世界范围内逐渐得到了普及。

混凝土防守的关键点是，无论对方怎样布局，本方一定要在局部防守上比对方多一个队员，确保以多防少。虽然这种重要的战术理念是由意大利队创造的，并被视为足球战术史上的一次变革，但意大利人却并没有为其命名。"混凝土防守"的名字是瑞士人在20世纪七八十年代起用的，在1990年的意大利世界杯上，巴雷西、马尔蒂尼、贝尔戈米、费拉拉、维尔乔沃德和费里组成的后防线让混凝土防守战术名扬四海。

意大利队永远是全队一起防守，甚至前锋都要有防守意识，各条线都开展区域防守，双后腰中的一个负责区域防守，阻断对方的传球路线，为后防线提供保护，而另一个人则采用盯人防守，干扰对方球员的拿球控球。三个中后卫里，有两个盯人后卫和一个自由人。盯人后卫之间互补，自由人的个人防守能力强、意识好，是守门员身前的最后一道屏障。这样的后防组合，几乎没有漏洞。而中场与后场之间的空隙很小，以尽可能地压缩对方的空间。如果一人上抢，马上就有队友补位，配合得十分默契，形成了一个完美的防守体系，混凝土防守实至名归。

上帝对意大利人似乎有特殊的眷顾，不仅给了他们"混凝土"，还要给他们"金刚钻"。意大利队似乎永远不缺世界级前锋，罗西、巴乔、斯基拉奇、皮耶罗、因扎吉和巴洛特利，都是速度快、脚法好，个个都能连踢带顶，十八般武艺样样皆能。当然，后防的稳固保证了他们能在前场大展手脚，没有后顾之忧。这样的锋线杀手总能在最关键的时刻给予对手致命一击。这就是意大利人的防守反击。

这种打法真正大行其道，是在1974年世界杯荷兰队祭出全攻全守打法之后。荷兰人的逼迫式打法几乎让球场上出现了"一边倒"状态，弱队往往腹背受敌，无法与强队抗衡。对攻无异于自寻死路，防守反击是唯一的出路。而实战的例子也一再表明，比赛中绝大多数的进攻都无法取得进球，在功利思想严重的当代足坛，球队更注重进攻的有效性，投入产出比显得尤为重要，一击而中的赌博式打法就是非常不错的选择。不仅弱队，很多强队为了赢得比赛也纷纷"示弱"，打起了防守反击，如 1974 年世界杯的冠军得主联邦德国队。

全攻全守和防守反击，都基于一个"守"字，而守总比攻要显得容易。影响胜负的关键不在于进球数，而在于比对手少失球，百年足球史一再证明了这一点。当球队防守能力提高，体能、意识、抢截技术等都高于对手时，就可以大胆地攻出去；当球队防守能力相对较弱时，最科学最符合足球规律的做法就是防守反击。

全攻全守和防守反击可以视作足球运动发展的两个方面，是攻防矛盾发展变化的产物。二者的纠缠已经从 19 世纪延续到 21 世纪，除非新的战术思想横空出世，否则这种争斗还将一直延续下去。

足球自由人：德国人的贡献

防守永远比进攻重要

　　根据场上的位置，后卫分为边后卫和中后卫，在中后卫里，又根据职责细分为盯人中卫、自由中卫和拖后中卫。似乎分工越细，防守就越严密。再后来，拖后中卫中又衍生出一个叫"清道夫"的工种，顾名思义就是要清除防守道路上的一切敌人。听名字就知道，这个工种很重要，却不好做。

　　"清道夫"最早起源于1966年的英格兰世界杯。当时，欧洲列强在两届世界杯冠军得主巴西队的强大火力下毫无还手之力，只能绞尽脑汁琢磨加强防守的办法，英格兰的4-4-2阵型正是在这届杯赛上发明的。在后卫线之后，再安排一名只守不攻的队员，执行单一的防守补位任务。这名队员的活动范围不超出本方半场，以保证清除球门前的一切威胁性来球。这是一名执行特殊任务的拖后中卫，常出现在彻底的龟缩打法中。这种把重心完全放在后场的打法，完全是迫不得已，它与崇尚进攻、讲究攻守平衡的现代足球理念完全背道而驰，很快就被国际足坛抛弃，取而代之的是自由人战术。

　　据说，第一个"自由人"是乌拉圭球员纳扎茨。作为队长，他曾率领乌拉圭队连夺1924年、1928年两届奥运会的冠军和1930年首届世界杯的冠军。不过由于年代久远，这位被称作"首位自由人"的后卫并没有影音资料流传下来。而当代的足球自由人，是因战术需要由"清道夫"发展而来的，因此也被称为进攻型清道夫。

他们与传统"清道夫"的最大区别是，除履行传统"清道夫"的一切职责外，还亲自参与进攻，甚至组织进攻。1970年世界杯的半决赛前，联邦德国队的"清道夫"贝肯鲍尔向教练建议，希望能得到更大的活动自由，根据场上形势灵活地展开进攻或防守，有效组织全队的攻防节奏。这个建议马上被主教练绍恩采纳，于是贝肯鲍尔第一次以"自由人"的身份走上赛场，表现优异。这一战术得以首次展现在世人面前。也正是在这场比赛中，贝肯鲍尔胳膊脱臼。他咬牙用绷带绑住手臂，继续完成比赛，这成为世界杯历史上最为震撼的场面之一，德意志铁血精神得到了彻底的展现。

贝肯鲍尔作为"自由人"强势崛起。1974年，第10届世界杯完全成就了"自由人"的辉煌。各支球队纷纷仿效德国队，将传统的"清道夫"改为时尚的"自由人"。而贝肯鲍尔率领联邦德国队击败了全攻全守的代表荷兰队，夺得世界冠军，"自由人"也随着创始人贝肯鲍尔一起被载入史册。

"自由人"的职责可以归纳为防守保护和无球前插，基本职责是防守。作为全队最后一道屏障，他总是出现在后防线的最关键位置。但同样可以在任何时候出现在场上的任何位置，他是球队组织和指挥防守的核心，也是球队进攻的发起者。

担任"自由人"必须具备几个条件。第一，要在队中极具威望，杜绝因与队友抢位置而发生的各种冲突。第二，作为全队的攻防核心，要具备良好的体能、超人的大局观和阅读比赛能力，知道何时防守，何时进攻，知道哪里最需要自己并且在第一时间赶到。第三，还要履行传统"清道夫"的义务，为守门员做最后的屏障。

"自由人"位置对球员综合素质的要求过高,能够胜任的少之又少。自贝肯鲍尔之后,世界足坛再无可与之相提并论的"自由人",后来的人要么回归传统"清道夫"角色,要么变成前腰。意大利伟大的后卫巴雷西也更像一个"清道夫"。阿根廷的帕萨雷拉、萨穆埃尔和巴西队 2002 年征战世界杯的中卫卢西奥,也有几分"自由人"的神韵。

　　真正盛产"自由人"的只有德国。德国人严谨又极富浪漫性。从传统上看,德国人善于赋予领袖一定的自主性,因此看似刻板的德国人其实蕴含着极大的创造性,在微观层面上活力无限。当这种精神被赋予一支足球队时,队中的领袖就会极具权威性,能对全体球员施以巨大的影响,从而达到自己的目的。这是德国盛产"自由人"的基础。

　　贝肯鲍尔之后,马特乌斯一度充任了"自由人"的角色。但他更以中场球员的身份闻名,真正继承足球皇帝衣钵的是 20 世纪 90 年代的马蒂亚斯·萨默尔,另一位天才的"自由人"。1996 年,萨默尔和德国队一起夺取欧洲杯冠军,并以"自由人"的身份问鼎欧洲金球奖。在这个位置上,萨默尔和贝肯鲍尔堪称双璧。

　　马蒂亚斯·萨默尔绰号"历史的见证人",出生于 1967 年 9 月 5 日。在前民主德国体制下成长起来的萨默尔赶上了好时候,柏林墙一倒,他便入选了新一届的德国队,是公认的 20 世纪 90 年代德国队后防的一道铁闸。如果没有他,德国队不可能夺得 1996 年欧洲杯冠军。

　　一个东德人,能在西德的足球圈里成为场上领袖,可以想象他的能力和所付出的努力。在场上,他极具大将风度,懂得用脑踢球。他坐镇中后场,指挥全局,且单兵作战的能力强,能适应场上的各个位置。在后场时,他能恰到好处地截断对手传球,在中场时,又能通过妙传紧密地衔接中前场,一旦冲入最前线,总能神奇地抓住机会,迅速破门得分。萨默尔把"自由人"战术提升到了一个全新的高度。观看德国队 20 世纪 90 年代的比赛时,每当萨默尔越过中线,就意味着德国队要开始进攻了。但由于伤病，萨默尔缺席了 1998 年的世界杯，这是德国队的一大损失。

21 世纪初的德国队里，站在"自由人"位置上的是梅策尔德。尽管他没有两位前辈的知名度和完美表现，但依然有灵光闪现的时刻。2008 年欧洲杯，德国队与葡萄牙队的比赛里，双方形成了人盯人的局面，僵持不下。第 26 分钟，梅策尔德突然启动，仿佛 12 年前的萨默尔，从后场带球高速向前推进。连过数名葡萄牙后卫之后被犯规铲倒在地，德国队获得了任意球机会。施魏因斯泰格将球长传入禁区，克洛泽头球破门。这就是经典的德式"自由人"，他们对于进攻端的贡献就是在两队僵持不下时能突然前插，打乱对方的防守阵型，利用一个点的突破，为全局制造机会。

自由人战术是德国人对足球理论和战术的最大贡献，它根植于德意志民族的独特文化，为世界足球画廊增加了一幅佳作。当我们看到萨默尔带球从后场直插前场时，仿佛看到赫尔曼走出德意志黑森林，又像是隆美尔兵临托卜鲁克。这就是现代人一直寻找的丢失已久的英雄主义，在我们这个时代弥足珍贵。

足球场上最自由的位置，恰恰由最具理性精神的德国人创造。这是否可以表明，自由就是理性精神的体现？具有理性精神的民族，是否才是最自由的民族？我们也许可以通过足球场上的这个窗口，来重新诠释自由的概念。

体育运动的根本目的是解放人类天性，追寻自由生活。人们通过体育运动释放活力，展示美感，追求自由，并实现相互间的沟通交流，自我突破，不断追求"更高、更快、更强"的目标。未来的终极赛场，也许是 22 个"自由人"自由驰骋的舞台。

足球
与政治

足球本来是游戏，是俱乐部、运动员玩的游戏。政治也是游戏，是政客们玩的游戏。

　　本来应该各玩各的，像两条平行线，永远不会有交集，也不应该有交集。但政治无孔不入，有一种天生将一切事物都纳入"轨道"的冲动。它本能地寻找能为自己服务的工具，历史、宗教、艺术、习俗和体育运动，一旦被它找上，就如附骨之疽，很难摆脱掉。越是群众基础好的事物，越让人如痴如醉的运动，就越能得到政客的青睐，成为操纵民意、达到自己目的的工具。近代以来，这种例子数不胜数。

　　20 世纪初，足球还是一片纯洁的天地，几乎没有外部力量介入，没有成为国家之间对抗的标志。如 1900 年足球开始进入奥运会，当时的英法等足球强国都是俱乐部出战，并没有国家队的概念。

　　20 世纪上半叶政治力量介入足球和两个因素有关，其一是世界杯的诞生。1926 年在雷米特先生的倡议下，国际足联准备正式开始举办世界杯比赛，足球进入了国家与国家对抗的模式。既然是国家之间的对抗，那么各国势必要调动国家的资源，于是公权力和各种觊觎公权力的势力介入足球就不可避免。这种权力的介入对足球这项运动意味着什么，当时谁也无法预测。雷米特先生有名言：足球可以带给人类永恒的信念和真正的和平。但这只是美好的愿望，我们看到真实的历史是：在政客眼里，无非是多了一个角逐的战场而已，尽管他们本身

也不否认足球能给人类带来美和快乐。

在 20 世纪，几乎所有的政治家和政客都为了这个球而手舞足蹈或黯然神伤，玩足球已经成了他们玩政治的一部分。他们会动用自己所有的一切力量来为本国球队挣得利益，最终也是为自己的国家挣得利益，当然也为自己挣得了利益。

第二个因素是法西斯国家主义的诞生。这种起源于意大利的思潮，宗旨就是通过宣传、集会、游行等群众运动的手段，来广泛地动员和组织民众，煽动民间的民粹主义思潮，从而达到夺取政权进而对内专制、对外侵略的目的。足球作为一种能让全民狂热的运动，自然是法西斯分子利用的有效工具。

所以我们看到在 20 世纪二三十年代的德、意等法西斯国家，后来的拉美军政府国家以及西亚的一些极权国家（如伊拉克）中，足球在官方的鼓励下是何等狂热，这些国家的足球技战术水平突飞猛进，战绩彪炳。但再发展也难以掩盖光鲜表面下"血与肮脏的东西"，这其中法西斯意大利做的尤为突出。

对这些国家而言，足球就是政治的一部分，踢足球就是为了政治，确切点说就是为了法西斯政权。在一个已经被改装成一辆战车的国家里，足球就是其中的一个驱动轮，它驱使着这辆战车驶向不可知的深渊。

已经从"足球政治"变成了"政治足球"。

仅就世界杯而言，我们看到了五花八门的政治与足球的纠缠不清，这里有幽默、有欢笑、有泪水、有鲜血、有机智权变也有尔虞我诈。总之，一部足球史，不仅是足球技战术的进步史和球星们的辉煌史，也是一部足球阴谋家的斗争史。缺少了这一块，这只黑白相间的足球就是不完整的。

让我们顺着历史的脉络，来看看那些足球与政治的故事。

对足球施加影响的最原始的也是最通用的手段就是退赛。这种"撤

娇"式的政治手段，在 20 世纪上半叶比较频繁，很多球队动辄退赛，留下一地鸡毛，让组织者在风中凌乱，自己却在暗中窃喜。仿佛足球世界缺了自己就不行，坐等别人上门来哀求。

1934 年第二届世界杯，上届冠军乌拉圭队堂而皇之地退出了比赛。他们的理由非常充分：上届在自己国家举办的比赛里，欧洲只来了四支队伍，而且还都是弱旅，那些强队根本不给面子。乌拉圭尽管是个小国，除了足球什么也没有，但好歹是上届冠军，自然要"礼尚往来"。

到了 1938 年法国世界杯，轮到阿根廷人抵制了。理由是按照欧洲、南美洲轮办世界杯的原则，这次应该轮到阿根廷了。但国际足联"开后门"，把举办权给了雷米特先生的祖国法国。阿根廷人一气之下退出了比赛。这本来也是情有可原，说得过去，但阿根廷人居然连续退了三届，时间跨度有 20 年！以至于现在去看世界杯历史总排名表，阿根廷人只参加了 16 届比赛，而巴西则功德圆满，参加了全部 20 届比赛。不知道现在阿根廷人是否会后悔当年的举动？

二战后，大量的亚非国家从他们的宗主国独立，国际足联一下子多了好多新的成员国。这些国家之间因历史、宗教、民族和意识形态的矛盾，常常爆发冲突，足球场也成了冲突的战场。特别是西亚地区，麻烦多多。国际足联常常为把土耳其、塞浦路斯、叙利亚以及以色列等被阿拉伯世界包围的国家分在欧洲区还是亚洲区进行预选赛而头疼。

特别是以色列，更是超级麻烦。1958 年世界杯亚洲区预选赛，以色列队的各轮对手土耳其队、印度尼西亚队、埃及队和苏丹队都因自身原因或者干脆就是不愿跟以色列队交锋而退赛。最终，以色列队一场比赛都没有打，就获得了亚非赛区唯一的参赛名额。

国际足联为了避免阿以冲突，甚至在 1970 年将以色列编入了大洋洲赛区，和新西兰分在一个组。直到 1994 年，他们才明确地将以色列归入欧洲赛区。

1966 年世界杯预选赛，国际足联只给了亚洲、非洲和大洋洲一个决赛名额，遭到这三大洲的一致抗议。1964 年 7 月，非洲足联成员决定全体抵制。仔细研究会发现，表面看非洲足联是因为名额问题，其实在 20 世纪 60 年代，非洲独立运动风起云涌，各个新独立的国家对他们的前宗主国，对压迫了他们几百年的欧洲殖民主义者深恶痛绝，连带着把包括足球在内的西方文化也排斥在外。这才是非洲足联抵制第八届世界杯的深层次原因。

1950 年巴西世界杯，苏格兰队的退赛理由更是荒唐可笑。

英国是足球的母国，国际足联特地批准英国的四个足球协会单独加入国际足联，并且单独组队参加世界杯。1950 年的世界杯，国际足联同意英国四支球队之间进行预赛，前两名可以参加世界杯决赛。当时四个足协都同意用 1949 年英国国家杯的结果作为预选赛结果，但苏格兰足协却自作主张地表示，如果苏格兰队输给英格兰队得了第二名，苏格兰队将放弃参加世界杯决赛！因为排在英格兰队后面是一种耻辱。后来，苏格兰队果然得了第二名，真的退出了比赛。苏格兰人的民族自豪感和独立之心可见一斑。由此，我们也可以进一步理解 2014 年夏天那场苏格兰独立公投。

退赛的理由林林总总，但效果并不好。除了示弱，除了影响自己的历史战绩外，没有任何结果。中国古诗云，沉舟侧畔千帆过，病树前头万木春。世界足球运动不会因为某些国家的任性而放缓前进的步伐，参与总比退出有益得多。在 20 世纪 80 年代后，就很少再有国家队负气退出比赛了。

因政治原因被禁赛则属于另一种情况，尽管这种情况并不多见。其中最著名的就是南斯拉夫被禁止参加 1992 年欧洲杯和 1994 年世界杯。

20 世纪 80 年代末，东欧动荡不已，南斯拉夫分裂，内战不断，并引起人道主义危机。欧洲足联和国际足联就此禁止他们参加上述比赛。这次禁赛毁掉了南斯拉夫最后一代足球名将。当时的南斯拉夫队号称"欧洲的巴西队"，队内有著名的三个火枪手——克罗地亚的普罗辛内斯基、塞尔维亚的萨维切维奇、马其顿的潘采夫。此外还拥有克罗地亚的博班、贾尔尼，塞尔维亚的米贾托维奇、斯托伊科维奇、米哈伊洛维奇、米洛舍维奇、尤戈维奇等球星，兵强马壮。预赛中他们 7 胜 1 负，昂首出线，对欧洲杯冠军志在必得，舆论也一致看好。

但禁赛让他们失去了最后一次为国效力的机会，也失去了为自己正名的机会。很快，这支队伍就风流云散，消失在芸芸众生之中了。他们的禁赛成就了小组赛的手下败将丹麦队，后者在 1992 年夏天书写了一篇精彩的"丹麦童话"。

在 100 多年的足球史上，政治对足球赤裸裸的介入和干预数不胜数，一般都存在于独裁国家，而民主国家相对较少。那些独裁者利用手中权力强行干预比赛结果，随意处置输球的队员，种种作为无不令人发指，对足球运动的造成的伤害更是罄竹难书。

1936 年 8 月 5 日，巴塞罗那俱乐部主席索诺尔因多次在公开场合批评法西斯弗朗哥政权而被捕，弗朗哥借口他从事加泰罗尼亚地区的分裂国家行为，而将他秘密枪毙。众所周知，弗朗哥一直自称皇家马德里球迷。

1952 年赫尔辛基奥运会上，苏联队在半决赛中以 1:3 败给了南斯拉夫队。当时的苏联和南斯拉夫正是东欧社会主义阵营中的死对头，斯大林认为这是苏联"社会主义"对南斯拉夫"修正主义"的失败，于是将拥有国脚最多的中央陆军队的全体队员流放到了西伯利亚。

伊拉克暴君萨达姆非常喜欢足球，他和儿子乌代都是超级球迷，他们用国家的力量和资源对足球进行大投入。乌代成了足协主席后，对国家队进行变态式的管理。他规定只能赢球，不能输球；赢了重奖，输了则要受到严厉的惩罚，包括肉体的惩罚，如用鞭子抽脚掌，或者让球员自己使劲踢坚硬的水泥墙和水泥足球，直到把脚踢得血肉模糊……在这种变态的管理下，伊拉克足球确实取得了很好的成绩，号称"两河雄狮"，称霸西亚。但再好的成绩也难以掩盖球员的斑斑血泪，有些球员至今谈到当年的情形还是不寒而栗。

在所有这些独裁者干预足球的例子中，谁也没有意大利的法西斯党党魁墨索里尼过分。在他的干预下，意大利队成功地两次夺得世界杯冠军，开创了意大利足球史上最辉煌的时代，尽管这一辉煌有污点存在。

应该说墨索里尼是很懂球的。他喜欢蔚蓝色的地中海，就将国家队的队服从白色改成了蓝色，这一队服沿用至今，意大利队也得名"蓝衣军团"。平心而论，蓝色的队服确实在国际足坛别具一格，引人注目。

但墨索里尼对待足球的态度却完全是功利性的，是为他打造"大罗马帝国"服务的。他要向全世界展示意大利在他领导下取得的空前成就，展示国家的空前团结和法西斯主义的昂扬斗志。足球是他最好的展示台。

为此，墨索里尼和意大利政府不惜一切代价取得了1934年世界杯的举办权，并许诺与缺钱的国际足联分成。同时，为了提高意大利队的水平，他们从阿根廷挖来了有意大利血统的著名球星奥西、古雅塔和蒙蒂。蒙蒂代表阿根廷队参加了1930年的首届世界杯，并且取得亚军，名声显赫。加入意大利队后，他成为世界上唯一一个代表过两个国家队参加世界杯的球员。再加上本国巨星梅阿查，墨索里尼临时组成了一支实力可观的球队。

墨索里尼对体育还有一个贡献，就是开创了封闭训练的先河。他命令意大利队到山中集训，不让队伍受到外界的干扰和诱惑，也杜绝了其他球队探知意大利队的战略战术。

不仅如此，他还通过意大利足协直接干预了比赛的进程！

足球与政治

在 1/4 决赛对阵西班牙队的比赛中，意大利队利用球场暴力和裁判的帮忙，生生将西班牙队挤出了四强。在这场比赛中，7 名西班牙球员和 4 名意大利球员在打斗中受伤，这是足球史上有名的暴力之战。而执法该场比赛的瑞士主裁判回国后受到处罚，原因是偏袒意大利，可见"群众的眼睛是雪亮的"！

　　意大利的半决赛对手是奥地利队。为了保证最后的胜利，意大利指定丹麦裁判埃克伦德执法半决赛和决赛。据说在比赛开始前，墨索里尼将埃克伦德叫到自己包间里面授机宜。尽管事后双方都否认，但很明显，埃克伦德在场上的判罚偏向意大利队。在法西斯的恐怖威胁之下，埃克伦德屈服了，开了世界杯黑哨的先河。

　　在 1:0 战胜奥地利队后，意大利队的决赛对手是由名将内耶德里领衔的捷克斯洛伐克队。本来意大利人想在决赛中和德国队碰头，这样柏林—罗马轴心就可以被复制到足球界，那是何等的风光！但德国人不争气，被捷克斯洛伐克人干掉了。

　　应该说，意大利队的决赛踢得不错，过程也相对干净。这场比赛也是 20 世纪 30 年代国际足坛最著名的两位门将——意大利的孔比和捷克斯洛伐克的普拉卡尼的对决，结果两人难分伯仲。

　　90 分钟的比赛里双方 1:1 战平。意大利队的进球是两位阿根廷外援的作用，古雅塔将球传给了奥西，后者把球踢进了对方的网窝。加时赛则完全是来自国际米兰队的梅阿查的舞台，他在受伤的情况下重新投入比赛，并且用一次助攻帮助队友斯奇亚维奥打入制胜一球。当时的《米兰体育报》称他为意大利队的"灵魂"。以意大利队当时的实力，确实没有赢得世界杯冠军的绝对把握。最终能够顺利夺杯，确实浸透了大独裁者的"汗水和心血"。

　　到 1938 年法国世界杯时，意大利队的实力就有了长足的进步。他们不仅夺取了 1936 年柏林奥运会的足球冠军，队中还拥有梅阿查、皮

足球与政治

奥拉等国际巨星，更有老帅波佐压阵。

　　尽管这次墨索里尼不能直接干预，但在决赛前他给国家队发了一封著名的电报："胜则奖，败则杀！"最终意大利队凭借雄厚的实力4:2击败了匈牙利队，蝉联冠军，没让那个不堪的场面出现。据说，赛后匈牙利队员开玩笑说："我们输了一场比赛，但救了22个人的命！"

　　20世纪30年代国际足坛最悲惨的事件发生在德国，被称为"辛德拉尔血案"。这是一桩赤裸裸的政治谋杀案。

　　辛德拉尔是二战前奥地利最著名的球星，他攻击力超强，脚法出众，被誉为"足球场上的莫扎特"。辛德拉尔代表奥地利参加了1934年的世界杯，被评为最佳运动员。1938年纳粹德国入侵奥地利，德奥合并。当时德国预组建德奥联队，实现所谓的强强联合，参加世界杯。辛德拉尔的名字自然在列，但他明确拒绝了这个邀请。这一举动惹恼了纳粹当局，1939年1月29日，辛德拉尔和夫人的尸体在他的公寓被发现。官方的说法是两人死于一氧化硫中毒，但传说他们是遭到了盖世太保的毒手，以警告奥地利的其他不合作分子。

　　当足球遭遇到法西斯，就是它最悲惨的时刻。有一个故事可以作为佐证。看过电影《胜利大逃亡》的球迷和影迷都知道盟军战俘和纳粹在球场上斗智斗勇的故事，这个故事的原型在乌克兰基辅，但结局要悲惨得多。

　　德军占领基辅后，为安抚乌克兰民众，组织了当地的足球联赛，前基辅迪纳摩队的一些球员就一起组队参赛。该队实力强劲，引起了占领军的注意。为显示自己的优越，德国人也组了一支球队，要与他们进行一场你死我活的对抗赛。面对德国人的死亡威胁，舍甫琴科的前辈们热血沸腾，民族主义情绪空前高涨，他们不顾一切地战胜了对手，鼓舞了整个民族的爱国热情，联合起来反抗纳粹的占领。当然，最后的结局是他们全部被害。

世上的事情就是这么奇妙。一般来说，都是强大的政治对小小的足球施加影响，但有时会反过来，小小的足球也能"四两拨千斤"，撼动强大的政治。

20世界60年代，中美洲爆发了一场足球引起的战争。这是两个"侏儒"之间的战争，打了六天六夜，国际社会戏称这场战争为"萨尔瓦多足球战争"或"一百小时战争"。除造成的破坏引起了国际社会的耻笑外，这场可笑的战争没有其他任何意义。大家都很清楚，足球本身无法引爆战争，只能算是导火线，真正的战争原因是两国间的长期矛盾。

中美洲盛行"考迪罗政治"，说白了就是大地产制、寡头制。这对于人多地少的国家更是雪上加霜。比如萨尔瓦多，国民经济发达但人多地少，于是萨尔瓦多人就大量移民到人少地多的邻国洪都拉斯，开垦了大量荒地，就这样扎了下来。对洪都拉斯来说，有人开荒种地本来也不是坏事，但这个国家也不太平，国内矛盾重重。1968年，洪都拉斯军政府陷入经济危机，社会矛盾尖锐，劳工冲突不断。这时的政府一定要找到替罪羊来转嫁危机。于是，在洪都拉斯生活的萨尔瓦多移民就成了"抢饭碗"的罪魁祸首。国内矛盾转变成了民族矛盾，洪都拉斯政府通过法律将这些人送回母国。大量回流的移民让本就人多地少的萨尔瓦多政府苦不堪言。这时候，民族自尊心和自豪感开始起作用了，双方的口水战和冲突持续发酵，打一架是最好的平息矛盾的方式。

这时，1970年世界杯预选赛中北美地区的比赛开始，而这两个国家又恰好分在一组。双方各自在主场击败对手，并痛打了对方的球迷。第三场比赛在墨西哥进行，萨尔瓦多队以3:2击败了洪都拉斯队，这成了压垮洪都拉斯的最后一根稻草，也成了他们屠杀萨尔瓦多人的借口。新仇旧恨一起算，1969年7月13日双方宣战，六天后，双方在美国的压力下停战。一出闹剧终于落幕。

如果说二战前足球运动员遭到的最大残害是"辛德拉尔血案"的话，那么二战后则是埃斯科巴枪杀案。这两起凶杀案表明，不论在国家暴力还是在社会暴力面前，足球运动员都十分弱小。

　　1994年的美国世界杯，哥伦比亚队挑战东道主美国队。哥伦比亚队队长、著名球星埃斯科巴不慎将球踢入自家球门，最终哥伦比亚队以1:2失利。这本是一个普通的乌龙球，在球场上经常发生。埃斯科巴也没有太当回事，回国后像往常一样生活。1994年7月2日，埃斯科巴在哥伦比亚麦德林郊外的一家酒吧外被枪杀。据报道，在酒吧中他和一些人就那个乌龙球发生了争执。凌晨三点左右，他被几个人用乱枪打死，其中就包括后来被判刑的凶手温贝托·穆尼奥斯·卡斯特罗。

　　据说这事和赌球无关，纯粹是口角导致的枪杀。但是谁会相信呢？世人皆知，包括国家队在内的整个哥伦比亚社会都被黑帮和暴力集团控制，球员和赌博集团有着千丝万缕的联系，有些球员本身就是黑帮赌博集团的一员。如传奇门将伊基塔在比赛前被捕，原因就是和毒枭的关系密切。而替补伊基塔出场的门将因为失误，导致哥伦比亚队输给了罗马尼亚队，替补门将的兄弟作为替罪羊在国内被枪杀。在和美国队的生死战前，哥伦比亚球员收到了赌球集团的死亡警告——必须出线。这些都表明，哥伦双亚队完全被赌博集团控制，他们的失利导致赌博集团损失惨重，而犯下最大错误的埃斯科巴为此付出了代价！

　　那么，黑帮之间的仇杀，与政治有什么关系呢？

　　当然有。在哥伦比亚，黑社会本身就是这个国家政治生活的一部分。哥伦比亚政治堕落，经济衰败，腐败丛生，导致毒品和走私贸易成了这个国家的经济支柱，而控制毒品的黑帮通过与政府若即若离的合流，进而控制了整个国家的社会生活。黑社会的准则成为整个社会的"潜规则"，国家黑社会化，黑社会国家化。而人民只能在这个黑社会国家苟延残喘，稍有不慎，立即招来杀身之祸。

这就是埃斯科巴枪杀案的根源。

埃斯科巴血案对哥伦比亚足球的打击是怎么形容都不为过的。1994年的哥伦比亚队绝对是南美的一流强队。他们在预选赛中5:0痛击阿根廷队，差点让阿根廷队折戟沉沙，最后只能请出马拉多纳来稳定军心。巅峰时期的哥伦比亚队一度排名世界第4名，但枪击案以后，阿斯普里拉、巴尔德拉马、瓦伦西亚等著名球星退出国家队，哥伦比亚队的水平也是每况愈下。到1998年时，排名滑落至第34名，而从2002年起，他们再也没有获得过世界杯决赛阶段的参赛权。

正因为足球和政治有着如此剪不断、理还乱的关系，正因为足球附带着如此多的政治功能，因此举办足球赛，特别是大型的世界杯、欧洲杯等赛事，本身就是一项政治活动。主办权的获得首先就是一种政治活动的产物。为此，各国不惜倾其国力为之一搏。

最明显的就是2006年德国获得世界杯的主办权。本来按照各大洲轮流主办世界杯的原则，2006年的世界杯理应归非洲国家主办。事实上，当时南非的呼声很高，各方也觉得大局已定，投票只是走过场。但德国不这么认为，德国人把主办世界杯当成宣传自己国家的大好机会，想要展示在他们领导下，欧盟欣欣向荣的面貌。为此，他们不惜把总理施罗德、外长费舍尔拉出来站台，亲自摇旗呐喊。同时，德国足球的骄傲，"足球恺撒"贝肯鲍尔担当了组委会主席。利用他在足球界的声望，贝肯鲍尔主动出击，四处去拉选票。果然不负众望，贝肯鲍尔靠老面子拉来不少选票。

德国人甚至还使出了盘外招。在决战的第三轮，国际足联执委、新西兰人邓普西弃权，最终德国以一票的优势击败南非，生生从后者手中抢得了主办权。我们不由得感叹，德国人做事的干练、韧劲和不达目的不罢休的精神，整个过程就像一部惊险刺激、尔虞我诈又高潮

足球与政治

送出的大戏。

当然，南非人也没有闲着。对南非人民来说，他们的闪光点也很多。现在的南非已经不是早年囚禁曼德拉、搞种族隔离、在国际上人人侧目的南非了。如今南非位列金砖国家之一，经济发展，种族和谐，一副欣欣向荣、国泰民安的景象，是到了该向全世界展示一下新南非的时候了。更何况他们还有曼德拉！这位老人就是个活化石，他的号召力怎会不强？

尽管南非2006年惜败，但2010年再战，则如探囊取物。

2004年5月15日，南非击败竞争对手摩洛哥，获得了2010年世界杯的主办权。在获胜后，南非总统姆贝基说："2010年世界杯为向世界展示非洲提供了一个宝贵的机会，这宣告非洲时代的到来，我们将承载非洲的复兴。"这是一个漂亮的政治宣言！

主办国选择的另一个功能是弥合矛盾，加强团结。这在2002年世界杯主办国的选择上表现得非常明显。

新世纪的第一届世界杯在亚洲举办，这绝对是全亚洲的荣誉。但最有资格举办的两个国家日本和韩国争执不下，鉴于他们之间的历史恩怨和现实矛盾，不论把主办权交给谁，都会引起无穷无尽的麻烦。于是国际足联就借鉴2000年欧洲杯由荷兰、比利时共同举办的做法，极富政治智慧地让日本和韩国合办，皆大欢喜。用一句我们熟悉的话说就是：政治上完全正确。事实也证明，这届世界杯得到了空前的成功。

欧洲杯是另一种情况。随着新千年的到来，欧洲的一体化进程也在加快，欧盟大有取代各国成为联邦的可能。足球圈内也加快了融合的过程，具体到代表欧洲足球最高水平的欧洲杯上，就打破了一国独办的传统，开始了两国合办的新形式。2000年是荷兰和比利时合办，2008年由瑞士和奥地利合办，2012年是乌克兰和波兰合办。最新的消息是，为了响应欧足联主席普拉蒂尼的"欧洲杯欧洲化"理念，2020

年欧洲杯将在欧洲 12 个国家的 13 个城市中进行，决赛在伦敦的新温布利球场举行。届时将没有东道主国家，真正做到欧洲人来办欧洲杯！

普拉蒂尼的这一设想，将彻底改变欧洲足球乃至世界足球的政治地图，是一种真正的变革。欧洲将再次领导世界足坛的潮流。这是一种更高级的政治，在民族主义大旗依然高扬的世界里，显得很突兀。

足球场就是一个舞台。舞台的前方树着两面大旗，一面是民族主义，一面是国家主义。世界上有相当多的人相信，踢足球是为了显示国家和民族的力量，而且他们认为，其他所有人都持有这种看法。

他们认为，这个舞台可以解决历史上的所有恩怨，发泄淤积在心中的所有仇恨和怒火。就像阿根廷队击败英格兰队之后，马拉多纳那毫不掩饰的表白；就像曾经是法国殖民地的塞内加尔队，在击败前宗主国后举国欢庆；就像伊朗队击败死对头美国队后的狂喜异常，就像郑大世在朝鲜队 1:2 输给美国队后的热泪……

这个世界能让人发泄的场合并不多，实际上绝大部分国家都根本没有任性的资本。唯其如此，足球场提供了一个相对平等的较量台，让那些一直委屈、窝囊的国家能获得一些胜利，哪怕是虚幻的胜利。

足球传奇
SOCCER LEGEND

后记

LEGENDARY TALES OF FOOTBALL

这本书的构思开始于我去美国的飞机上。

身处万米高空，我一边拟写提纲，一边浮想联翩。

2014 年的天空很不平静：MH370、MH17、GE222、AH5017……

关于足球，我想的最多的居然是足球史上的那些著名空难。

1949 年 5 月 4 日，基本囊括战后意大利足球精英的都灵队搭乘的航班在赛后回国途中，撞上了机场附近的苏佩加山，造成了举世震惊的苏佩加空难，都灵队毁于一旦，从此一蹶不振，同时也让意大利足球元气大伤 20 年。

1958 年 2 月 6 日，发生了体育史上最惨痛的悲剧之一慕尼黑空难。从 3000 英尺高空坠落的飞机让当时欧洲最强的俱乐部曼彻斯特联队几乎全军覆没，9 名主力球员和 3 名俱乐部官员死亡，主教练重伤，英格兰足球遭遇重创。

1987 年 12 月 8 日，秘鲁利马联合足球队乘坐的一架海军飞机在利马海面坠毁，除一人生还外，全部球员遇难。

1993 年 4 月 27 日，赞比亚国家队乘坐的军用运输机在加蓬附近坠毁，机上的 18 名国家队球员和官员全部遇难。他们是去塞内加尔参加 1994 年世界杯预选赛的，按照实力，他们本应进军美国。

……

在一本总体而言格调轻松的书的最后，提及这些令人不快乃至痛心疾首的事件，似乎有点煞风景。但这些惨案的存在时刻提醒着我们，足球就是我们生活的一部分，它在带给我们快乐的同时也带给我们悲伤，而且我们很难说清楚两者哪个更多一些。在很多场合，我都看到过球迷在自己的球队输球后喝得酩酊大醉，眼含热泪，慷慨激昂。很难判断他们是在追求快乐还是追求痛苦。也许对他们来说快乐就是痛苦，痛苦就是快乐。

所谓"求仁而得仁"，大概就是这个意思吧。

这本书的主体是在美国完成的，在那个寒冷的冬天，在那段陪伴女儿的时间里，我们俩在同一张餐桌上看书，她在这头，我在那头，她在复习功课，我在检索资料，偶尔我会读一段完成的稿子给她听，然后等待着她的夸奖或嘲笑……

本书能够最终顺利出版，离不开一些师长、朋友的关怀和帮助，在此，必须要郑重感谢。

首先要感谢的是北京市社会科学院体育研究所的金汕老师，这位我最为尊敬的中国足球界"大腕"能为我这个后进的一本小书拨冗作序，实在是让我又惊又喜，乃至诚惶诚恐，相信他的序言是本书最有价值的文字。

我的朋友，才华出众的青年评书表演艺术家、非遗项目（评书）北京传人、影视策划出品人勾超先生为本书的结构、文字和发行宣传提出了极为中肯和有价值的意见，他的帮助使我认识到益友的价值。

社会科学文献出版社是国内屈指可数的社科图书出版机构，他们出版的图书品位之高，在业界有口皆碑。在本书的创意和写作过程中，孙元明总监和顾婷婷老师的支持和鼓励，是本书能最终完成的重要保证。

本书涉及的时间和国别范围极广，以我的知识、认识和检索能力，很难独立完成资料的整理和校对。在写作过程中很多朋友给我提供了

文字和视频资料，同时对一些错误提出了修改意见，在此一并感谢。

　　作为一本写足球的书，我试图告诉一些年轻的球迷和准球迷们，足球的过去、现在和可能的将来；在过去的一个世纪里，足球界到底发生了些什么；为什么它在各个国家是不一样的，它是如何和各民族特点相结合，产生出所谓的力量足球与技术足球之别，以及这些不同风格对我们这个时代的意义。

　　这些显然过于复杂和庞大，我虽尽心，仍感力所不逮，所以本书中的所有不当之处都由作者一并承担责任。

阎峻峰
2015 年 07 月 25 日于北京

后记

图书在版编目(CIP)数据

足球传奇 / 阎峻峰著. -- 北京:社会科学文献出
版社, 2017.3
ISBN 978-7-5201-0288-9

Ⅰ. ①足… Ⅱ. ①阎… Ⅲ. ①足球运动-研究 Ⅳ.
①G843

中国版本图书馆CIP数据核字(2017)第009340号

足球传奇

著　　者 / 阎峻峰

出 版 人 / 谢寿光
项目统筹 / 顾婷婷
责任编辑 / 柳　杨　尤　雅

出　　版 / 社会科学文献出版社·电子音像分社图书编辑部 (010) 59367105
地址:北京市北三环中路甲29号院华龙大厦　邮编:100029
网址:www.ssap.com.cn
发　　行 / 市场营销中心 (010) 59367081　59367018
印　　装 / 北京季蜂印刷有限公司

规　　格 / 开　本:880mm×1230mm 1/32
印　张:11.625　字　数:291千字
版　　次 / 2017年3月第1版　2017年3月第1次印刷
书　　号 / ISBN 978-7-5201-0288-9
定　　价 / 45.00元